W0011215

Miriam Collée
In China essen sie den Mond

MIRIAM COLLÉE, geboren 1973, arbeitete beim STERN, bis sie 2008 ihren Job aufgab, um mit Mann und kleiner Tochter nach Shanghai aufzubrechen.

Das Leben könnte so schön sein: ein kleines Haus an der Alster, ein großer Garten, ein toller Kindergarten für die Tochter, gute Jobs für die Eltern, alle Träume erfüllt. Wäre da nicht die Frage: Und was kommt jetzt? Es kommt: ein Jobangebot aus China. Miriam und ihre kleine Familie stürzen sich ins Abenteuer und ziehen nach Shanghai Downtown – in eine Stadt, in der man fast alles kaufen kann, nur keine frische Luft. In der 20 Millionen Menschen wohnen, die gern mal im Schlafanzug auf die Straße gehen und rückwärtslaufen, um sich zu entspannen. In der Frauen Crispy, Toffie oder Chanel heißen und Angestellte einen im Stich lassen, weil sie sich eine westliche Nase operieren lassen. Einmalig komisch und manchmal am Rande des Nervenzusammenbruchs berichtet Miriam Collée von ihrem ersten Jahr in der schillernden Metropole Shanghai.

Miriam Collée

IN CHINA ESSEN SIE DEN MOND

Ein Jahr in Shanghai

Jochen Thiele
Bergsonstr. 70 a
81245 München
Tel. 089 / 864 38 65

kiepenheuer

ISBN 978-3-378-01106-9

Gustav Kiepenheuer ist eine Marke
der Aufbau Verlag GmbH & Co. KG

1. Auflage 2009
© Aufbau Verlag GmbH & Co. KG, Berlin 2009
Einbandgestaltung Andrea Glanegger, München
unter Verwendung einer Illustration für Cover und Vorsatz
von Monika Aichele, München
Autorenfoto © Daniele Mattioli
Druck und Binden CPI – Clausen & Bosse, Leck
Printed in Germany

www.aufbau-verlag.de

Für Tobi und Amélie

Einmal zum Mond und wieder zurück

Man kann dem Leben nicht mehr Tage geben,
aber dem Tag mehr Leben.

»Computer says no.« Die Dame der Gepäckermittlung des Flughafens von Shanghai starrt mit leerem Gesicht über den Tresen, der für ihre Körpergröße etwas zu hoch ist. Ob wir unser Gepäck denn wenigstens morgen erwarten dürften? Sie tippt in ihren Rechner, als ritte sie der Teufel. Tippt und tippt, schüttelt den Kopf und sagt: »Computer says no.« Wann dann? »Computer not know.« Tobi unterbricht die absurde Unterhaltung und zerrt mich genervt zum Ausgang. Er hat recht, es hat keinen Sinn. Draußen soll ein Fahrer auf uns warten, um uns ins Hotel zu bringen. »Look & See« nennt man die Woche, in der Ausländer das Land, in dem sie künftig arbeiten und leben sollen, mit ihrem Partner begutachten können, im Idealfall eine Wohnung finden, einen Kindergarten und alles andere, was man fürs Erste braucht, um ein Leben neu zu starten.

Unser momentanes Leben ist, wenn ich so darüber nachdenke, ziemlich schön. Wir haben vor zwei Jahren ein niedliches Backsteinhäuschen in Hamburg gekauft, mit Garten, Schaukel, Nacktschnecken, Apfelbäumen und dem ganzen Ich-bau-mir-ein-Nest-Programm. Vor der Tür steht am Wochenende eine Gemüsekiste vom Biobauern, in der Garage ein alter Porsche, zu dem mein Mann manchmal spricht (er behauptet, er würde ihm antworten), und im Gartenhäuschen ein Kühlschrank voll Bier. Unsere Tochter Amélie hat einen Platz im ökologisch und politisch korrekten Integrationskindergarten, ihre Eltern haben gute Jobs, einen Putzmann, eine Babysitterin, und sie lieben sich sogar. Was wollen wir also mehr?

Es ist schwer zu beschreiben, aber es ist so ein Gefühl. Es kommt manchmal, ganz leise, und fragt: Was kommt jetzt? Geht es nun die nächsten 20 Jahre so weiter? Sollten wir nicht noch viel mehr aus unserem Leben machen als joggen, arbeiten und zum Spielplatz gehen, am Wochenende grillen und im Sommer nach Sylt fahren? Sollten wir nicht alles rausholen, was rauszuholen ist? Ist da nicht noch ein bisschen mehr Abenteuer drin, mehr Aufregung?

Genau in dieser Stimmung kam Tobi eines Abends nach Hause, räusperte sich und sagte: »Weißt du, es gibt da einen wirklich tollen Job in Shanghai …« Und jetzt sind wir hier. Ohne Koffer und ohne Zahnbürste. Am Ausgang stehen tausend Fahrer mit Schildern, aber auf keinem steht »Mr. und Mrs. Collée«. Und wie sich später herausstellt, wartet auch kein Hotelzimmer auf uns. Die Relocation-Agentur, die vor Ort alles organisieren sollte, hat uns vergessen. Als Entschuldigung erhalten wir ein schlichtes »Sorry« per SMS. Und die Nachricht, dass wir die Haus- und Kindergartenbesichtigungen erst am letzten Tag unseres Aufenthalts vornehmen könnten, vorher wären leider alle Mitarbeiter ausgebucht.

Dank unserer Überredungskunst überlässt uns der Hotelmanager des Renaissance-Hotels das Busfahrerzimmer mit getrennten Betten. Wir machen uns gleich auf den Weg, das Nötigste einzukaufen: Deo, Unterhosen, Gesichtscreme, Zahnbürsten. Wer weiß, wann unser Gepäck gefunden wird. Gegenüber dem Hotel leuchtet in Neonschrift ein »Friendship Store«. Früher durften Ausländer in China nur in deklarierten, staatlich betriebenen Geschäften einkaufen, mit speziellen Währungszertifikaten. Einige dieser Läden stehen heute noch, als Relikt der Vergangenheit. Leider gilt das Gleiche offenbar für das Warensortiment, das aus den Fünfzigern zu stammen scheint. Also weiter in die Nanjing Road. Doch auch hier scheitern wir grandios. Wir finden zwar haufenweise Gesichtscreme, aber keine einzige ohne »Whitening Effect«. Noch schwieriger wird es beim Deo: Es gibt nämlich keins. Chinesen benutzen kein Deo. Manche meinen, ihnen fehle ein bestimmtes Enzym, das für die Schweißproduktion verantwortlich ist, andere behaupten, es käme vom Essen, dass sie nicht stinken. Nach vier Shopping-Malls, zwei Taxifahrten, drei Supermärkten und einer U-Bahn-Fahrt kann ich sagen: Es stimmt beides nicht. Chinesen könnten Deo sehr gut gebrauchen. Tobi nimmt das alles mit einer gewissen Genugtuung hin, denn er hat hier in China eine Mission. Sein Arbeitgeber, ein internationaler Konzern, hat ihn »entsendet«, wie man so schön sagt, um den Chinesen westliche Körperpflege nahezubringen. Sprich: Er soll sie davon überzeugen, Produkte zu kaufen, von denen sie nicht einmal wissen, dass sie sie brauchen.

Das Highlight des Tages: In einem japanischen Supermarkt gibt es biologisch abbaubare Tampons. Leider bleibt das das einzige Erfolgserlebnis. Wir finden weder Schuhe für Tobi, der sich am ersten Tag üble Blasen gelaufen hat, denn bei Größe 45 kapituliert jeder Schuhverkäufer, noch Hosen, die ihm wenigstens bis zu den Knöcheln reichen. Dafür immerhin Calvin-Klein-Unterhosen für 50 Cent pro Stück. Ich dagegen kann mich für 20 Euro komplett neu einkleiden. Wer kurze Beine, Körbchengröße A und ein Faible für kopierte Marc-Jacobs-Kleidchen hat, ist, modisch gesehen, in Shanghai im Paradies.

Da uns offenbar bis Ende der Woche keiner weiterhelfen will, sehen wir uns auf eigene Faust verschiedene Kindergärten an. In einer Montessori-Einrichtung breche ich im »Observation Room«, einer dunklen, spiegelverglasten Kammer, fast zusammen. Eltern ist der Zutritt zu diesem Kindergarten aus Prinzip verboten, sie dürfen den Kindern nur aus diesem Beobachtungsloch zusehen. Die Kinder, die Hälfte chinesisch, die andere aus allen Nationen bunt gemischt, betreten in Reih und Glied den Spielraum. Dann widmet sich jedes Kind, ohne ein Wort zu sprechen, diszipliniert einem Puzzle, einem Steckspiel oder einer Murmelbahn. Sie kommen mir vor wie kleine, stumme Soldaten. In Gedanken sehe ich bereits unsere kleine wilde Hummel schluchzend dazwischenstehen. Dabei bin nur ich es, die schluchzend hinter dem Spiegelglas steht, bis Tobi mich sanft aus der Dunkelkammer schiebt.

Als wir am letzten Tag unsere Relocation-Agentin treffen, haben wir einen chaotischen, aber sympathischen internationalen Kindergarten gefunden, in dem der Kulturschock hoffentlich am sanftesten vonstattengehen wird. Wir können uns also ganz der Häusersuche widmen. Es gibt in Shanghai im Groben drei Wohnkonzepte für »Expats«, wie die gängige Abkürzung für »Expatriates« (Auswanderer) lautet. Erstens: ein umzäuntes Gelände voller Ausländer und mit lauter gleich aussehenden Häusern am Stadtrand. Zweitens: ein Hochhauskomplex mit Pförtner und vielen anderen Ausländern im Stadtzentrum. Drittens: ein altes Lanehouse (die chinesische Reihenhausvariante, nur schmaler und höher gebaut) in einer kleinen Gasse im Französischen Viertel ganz ohne Ausländer. Wir haben uns beide für Möglichkeit drei entschieden. Warum ins Ausland gehen, um dann in einer deutschen Siedlung zu landen?

Von Tobis Firma erhalten wir ein ziemlich großzügiges Mietbudget. Vor dieser Reise träumten wir schon von einem Häuschen im Französischen Viertel mit Pool, doch jetzt stellen wir fest, dass man für den Preis einer Hamburger Elbvorortvilla in Shanghai höchstens ein dunkles Erdgeschossloch in einem Wolkenkratzer bekommt. Bewohnbare Häuser mit »West-Standard«, wie es so schön heißt, also mit schimmelfreien Bädern, Radiatorenheizung und Fenstern, die sich schließen lassen, gibt es nicht unter 4000 Euro pro Monat. Plötzlich verlässt mich mein Abenteuergeist. So viel Abenteuer hatte ich nicht gebucht! Wie soll das alles nur werden? Wie sollen wir hier leben? Was tun wir unserer Tochter an? Was uns? Warum sind wir noch mal hier? Was jetzt? Schwanz einziehen? Tobi schüttelt den Kopf. Aufgeben, ohne es versucht zu haben? Nein, das will ich auch nicht.

Wir sitzen in einer kleinen französischen Weinbar und trinken jeder das dritte Glas eines völlig überteuerten Bordeaux, es ist zehn Uhr abends. In zwölf Stunden geht unser Flugzeug zurück nach Deutschland. Wir haben kein Haus gefunden. Draußen gehen chinesische Familien mit Kleinkindern in wattierten Winnie-Pooh-Pyjamas vorbei, dazwischen stolpern junge Chinesinnen in glitzernden Zwölf-Zentimeter-Highheels über den Bordstein, dahinter sehen wir ein junges Mädchen mit einer breiten Plastikklammer auf der Nase, die offenbar einen westlichen Nasenrücken herbeibiegen soll. Ich fühle mich, als hätte man uns auf einem anderen Planeten ausgesetzt. Das hier ist nicht das andere Ende der Welt, das ist der Mond. Und wir sitzen mittendrin, in dieser kleinen Mondbar, am Fenstertisch. Und haben die Hosen voll.

JUNI

Die Ankunft

Ein neugeborenes Kalb fürchtet den Tiger nicht.

»Bist du aufgeregt? Wie fühlst du dich jetzt? Hast du Angst?« Tobi sieht mich mit großen Augen an. Amélie ist gerade aufgewacht, auf meiner Uhr ist es sieben Uhr morgens, in China bereits zwei Uhr nachmittags. Sie guckt aus dem Flugzeugfenster, aus dem man eigentlich nichts außer Nebel oder Smog sieht, und fragt ständig: »Ist das jetzt China?«, »Sieht so China aus?« In zehn Minuten landen wir. Und ich versuche, in mich reinzuhorchen. Was fühle ich eigentlich?

Ich kann nichts finden. Keine Aufregung, keine Nervosität, keine Neugier. Gar nichts. Wie ein weißes, leeres Blatt Papier. Ich kann mir einfach nicht vorstellen, wie das alles in den nächsten zwei Jahren werden soll, wie man in einer Stadt, in der man sich nicht verständigen kann, nicht einmal irgendetwas lesen, geschweige denn einkaufen, leben wird – mit einem dreijährigen Kind. Zum ersten Mal in meinem Leben bin ich komplett plan- und ahnungslos, aber irgendwie fühlt sich das seltsamerweise gerade ganz gut an. Tobi war in der Zwischenzeit noch einmal in Shanghai, um seinen Job anzutreten. Glücklicherweise hat er dabei auch ein Haus und einen Fahrer gefunden: Fang.

Fang ist schätzungsweise Ende 20, trägt Turnschuhe und ein weißes Poloshirt. Er ist sehr schmal, klein und blass, hat eine Brille und Zähne, die in alle Himmelsrichtungen aus seinem Mund ragen, und er spricht erstaunlich gut Englisch.

Das Beste aber ist: Er steht tatsächlich am Flughafen, um uns abzuholen. Auf dem Weg zu unserem Haus halten wir bei Starbucks. Draußen riecht es nach Asien, feucht und heiß. Wenn ich die Augen schließe, kommt mir der Geruch vertraut vor. Nur dass ich diesmal keine Flipflops, keinen Rucksack und keinen Lonely Planet trage, sondern 16 Kilo Amélie und einen sehr heißen Pappbecher mit Kakao. Amélie weint und hat Angst, weil ihr drei chinesische Teenager über die Haare streicheln wollen. Dann fahren ihr noch zwei Kellnerinnen durch die blonden Locken. Sie quietschen dabei und machen Gurrgeräusche wie bei einem Baby.

In unserem Haus werden wir von einer neunköpfigen Eskorte empfangen. »Mama, wohnen die alle mit uns hier?«, fragt Amélie. Ich lache und beruhige sie, doch da weiß ich noch nicht, wie recht sie haben soll. Im Wohnzimmer sitzen: zwei Maklerinnen, eine Frau von der Relocation-Agentur, ein Repräsentant unseres Landlords, der eigentlich eine Landlady ist, deren Haushälterin, ein Mann mit schlecht gebleachten Zähnen, den sie »the designer« nennen, und drei Arbeiter, die gelangweilt am Tisch sitzen und eine unerträgliche Schweißwolke verströmen, die sogar den stechenden Geruch von Formaldehyd und Lösungsmitteln verdrängt. Einer der Arbeiter schläft.

Der Landlordrepräsentant überreicht uns feierlich einen lilafarbenen Obstkorb. Jede Orange, jeder Apfel ist in buntes Glitzerpapier eingepackt, das Ganze dreimal mit Zellophanfolie umwickelt und mit Lametta und Herzchen beklebt. Amélie findet das super und ist die nächsten drei Stunden damit beschäftigt, den Glitzerkorb auseinanderzufummeln. Die Früchte darin stinken bereits und sind zur Hälfte verfault. Macht aber nichts, immer noch besser als der Schweißgeruch.

Ich gehe nach draußen frische Luft schnappen und sehe mir unser neues Zuhause von außen an. Das Haus ist grau verputzt und liegt in einer für chinesische Verhältnisse halbwegs sauberen Gasse. Vor der Renovierung waren es offenbar zwei schmale Häuser, die jetzt für ein »Western Standard Lanehouse« zusammengelegt wurden. An Stromkabeln, die wild zwischen den Gebäuden in der Straße baumeln, trocknen Unterhosen mit grünen Punkten und lila Sternen sowie eine Pyjamahose mit kleinen Dackeln darauf. Dazwischen hängen Schweine- und Hühnerbeine und ein paar Fische. An den Hauswänden der Nachbarn sind steinerne Waschbecken angebracht, in denen sich bunte Plastiksiebe, Töpfe und Teller stapeln. Unseres wurde offenbar entfernt. Gegenüber putzt sich ein Nachbar in Unterhose, T-Shirt und Badeschlappen die Zähne.

Innen ist alles sehr modern und stylish. »Luxury, very luxury«, wiederholt unser Landlordrepräsentant die ganze Zeit, als wäre eine Platte hängengeblieben. Das Haus hat 200 Quadratmeter, drei Stockwerke, zwei Zwischenstockwerke, drei Bäder, 150 Treppenstufen, einen begehbaren Kleiderschrank, einen kleinen »Garten«, der zwar zubetoniert ist, aber immerhin. Der Höhepunkt: ein Baum, der abends von einem Scheinwerfer angestrahlt wird. Nach der dreistündigen Hausbegehung stellen wir fest: Quer durch unseren »Luxury Master Bathroom« verläuft ungefähr auf Augenhöhe ein Schlauch, der das Kondenswasser der Klimaanlage durch ein Loch in der Außenwand in unseren Garten transportieren soll. Will man von der Dusche zum Waschbecken, muss man jedes Mal unter dem Schlauch hindurchtauchen. Die zwei Duschköpfe (die man allerdings nicht gleichzeitig benutzen kann, sonst knallt die Sicherung der Wasserpumpe durch) sind auf Tobis Brusthöhe angebracht. Dafür haben wir einen überdimensional großen

Spiegel mit zwei schief danebenhängenden »Designerleuch-
ten« (Neonröhren). Das macht aber nichts, weil im Haus
so ziemlich alles schief ist, von den Türen der Küchenschränke bis zu denen unserer »Luxury Wardrobes«, so dass
man sie nicht schließen kann. Dafür gibt es »Luxury Designer Lights« im Schrankinneren.

Uns werden 38 Schlüssel übergeben (für jedes Schloss ein
anderer – fällt wohl auch unter Luxus), und wir müssen
unterschreiben, dass wir keine der Luxusneonröhren, -bade-
wannen und keinen der Luxustoilettensitze stehlen oder ausbauen werden. Amélie war inzwischen auf allen Toiletten im
Haus pinkeln, und die Starbucks-Servietten sind aufge-
braucht. Wir würden jetzt gern mal zum Supermarkt aufbrechen, um das Notwendigste einzukaufen. Es ist halb acht.
Das Problem ist nur: Die Arbeiter am Esstisch scheinen
nicht gewillt zu gehen. Inzwischen schlafen alle drei.

Plötzlich beginnen der Designer und der Landlordrepräsentant zu brüllen, die Arbeiter wachen auf, die Maklerinnen zücken rosa Hello-Kitty-Notizbücher aus ihren Ta-
schen und fangen an, wild zu telefonieren. Dann brüllen alle
zehn auf einmal. Wir verstehen gar nichts, stehen etwas ratlos inmitten des Tumults wie zwei neugeborene Kälber, die
man zum ersten Mal auf die Weide geschickt hat. Offenbar
wollen die Arbeiter die Nacht bei uns verbringen. Man erklärt uns, dass der Landlord ihnen nur 80 Prozent des Lohns
bezahlt habe und den Rest als Sicherheit einbehalten wolle.
Erst wenn alles funktionieren würde, wolle er die Rechnung
komplett begleichen. Wie man uns versichert, sei das eine
gängige Praxis in Shanghai. Das sehen die drei Tagelöhner
offenbar anders. Es gibt also nur zwei Möglichkeiten: mit
den Arbeitern hier einziehen oder ins Hotel flüchten.

Es klingelt, die Polizei ist da. Die Polizisten stimmen nun
ebenfalls in den brüllenden Chor ein – und plötzlich sind

alle weg. Warum auch immer. Mir fällt ein Stein vom Herzen, wir können die erste Nacht doch allein in unserem neuen Zuhause schlafen. Und jetzt endlich einkaufen gehen.

Ein deutscher Kollege, der seit fünf Jahren in Shanghai lebt, hat uns die französische Supermarktkette Carrefour empfohlen, das sei hier DER Westler-Supermarkt; zwar etwas teurer, aber dafür gebe es Cornflakes, Vollkornbrot und sogar Barilla-Nudeln. Uns ist an diesem Abend nicht nach China-Abenteuern, also entscheiden wir uns für die vermeintlich sichere Carrefour-Nummer. Gleich am Eingang stehen riesige Wühltische mit Fröschen, Schildkröten, Schlangen und Krebsen – natürlich alle lebend – in Netzen. Amélie fragt, warum die Chinesen einen Zoo im Supermarkt haben und warum die Schildkröten gefesselt sind. Ich komme nicht dazu, ihr zu antworten, denn in diesem Moment rutscht sie zwischen Tiger Prawns und Tintenfisch-Aquarien aus und landet schreiend neben den braunen Kröten.

Tobi packt in der Gemüseabteilung erst einmal Kartoffeln und Möhren in Tüten, da kann man nichts falsch machen. Zwei Reihen weiter entdecken wir die Organic-Food-Abteilung, also alles wieder zurück und neu einpacken. An der Kasse (Kasse heißt hier: eine von mindestens 50, an denen je 100 Leute anstehen) verlieren wir die Biomöhren dann wieder, weil sie nicht abgewogen sind. Amélie, inzwischen fast verhungert, isst im Einkaufswagen verzweifelt zwei Tüten Baby-Bonbel-Käse für umgerechnet 14 Euro auf.

Zum Abschluss gehen wir mit Fang essen. Er fährt uns zielstrebig ins »How Way Restaurant«, das Lieblingsrestaurant seiner Freundin, und verspricht leckeres und scharfes Essen. Vor dem Eingang sitzen viele junge Chinesen mit nach oben gegelten Haaren auf Hockern oder stehen und warten. Ein gutes Zeichen. Wir erhalten einen Zettel mit der

Nummer 87. Eigentlich kein Problem, wenn uns Fang nicht gerade beiläufig mitgeteilt hätte, dass soeben die Nummer 40 aufgerufen wurde. Eine kleine, hübsche Chinesin in einem noch kleineren Minirock drückt Tobi einen Zettel in die Hand, die Nummer 61. Tobi ist enorm geschmeichelt, und ich bin zu müde, um eifersüchtig zu sein. Außerdem sind wir dank der Schlampe in zwei Minuten um 26 Tische aufgerückt. Ich glaube, Fang ist ein wenig stolz, mit den einzigen Langnasen hier zu sein.

Zwanzig Minuten später sitzen wir am Tisch, Amélie ist in ihrem Buggy eingeschlafen. Wir sehen in die Karte, in der alles auf Chinesisch steht. Doch das Essen riecht gut, und wir lassen Fang bestellen, alles außer Frosch und Schildkröte. Er nickt. Es kommen acht verschiedene Teller. In China bestellt nie jeder für sich, sondern einer für alle, möglichst so, dass für jeden Geschmack etwas dabei ist. Die Speisen werden in der Mitte des Tischs auf eine Drehscheibe gestellt, so dass jeder von jedem Teller picken kann. Es schmeckt toll, ölig zwar, aber lecker. Alles zusammen kostet gerade mal 13 Euro, und Fang lässt sich noch die Hälfte des Essens einpacken. »Never waste food«, sagt er, und wir nicken. Dann schläft Tobi am Tisch ein.

Hallo, Nachbarn!

Der Weise erwartet von den Menschen wenig,
erhofft viel und befürchtet alles.

Tobi will unseren Nachbarn einen Zettel in den Briefkasten werfen, auf dem in etwa stehen soll: »Hallo, wir sind Eure neuen Nachbarn. Wir kommen aus Deutschland, leider sprechen wir noch kein Chinesisch, aber wir werden es hoffentlich bald lernen und uns dann persönlich bei Ihnen vorstellen.« Eleanor, unsere Maklerin, soll das Ganze übersetzen. Sie sieht Tobi ungläubig an, dann kichert sie und erzählt Fang, was wir vorhaben. Nun kichern beide und sagen, das sei nicht üblich in China. Wir sollten es lieber mit einem simplen *»Ni hao!«* versuchen.

Wir haben Eleanor zum Dank für ihre Mühe bei der Häusersuche ein Geschenk aus Deutschland mitgebracht: eine echte Schwarzwälder Kuckucksuhr. Sie hat an der Universität Deutsch studiert und liebt Deutschland und alles Deutsche, wie sie sagt, auch wenn sie noch nie in Deutschland war. Wir waren uns sicher, dass sie vor Freude durchdrehen würde. Stattdessen nimmt sie das Geschenk mit einem kurzen »Danke« entgegen, blickt betreten zu Boden und packt es dann in ihre Tasche. Na ja, denke ich, vielleicht ist ihr so ein großes Geschenk peinlich oder unangenehm, und mache mir keine weiteren Gedanken darüber.

Amélie und ich üben also, *ni hao* im richtigen China-Gesang von uns zu geben. Man muss für die richtige Aussprache die Töne treffen, da einen sonst niemand versteht. Unsere ersten Opfer: die drei Damen gegenüber. Sie sehen freundlich aus, seltsam nur, dass alle die gleichen grünen Poloshirts tragen. Die Damen fangen an zu kreischen, als wir uns ihnen nähern. Sie kitzeln Amélie, kneifen sie in die Wange, und sechs Hände rubbeln ihr über die Haare. Jetzt kreischt auch Amélie. Eine Dame zerrt mich durch die Haustür. Ich stehe in einem Massagesalon. Zehn Metallpritschen sind auf gekacheltem Boden aufgereiht, an jeder Pritsche knetet ein grünes Poloshirt auf einem komplett angezogenen Menschen herum. Also keine Nachbarn, macht ja nichts.

Wieder draußen, sehe ich am Tor zu unserer Gasse einen netten alten Mann mit verrunzeltem Gesicht und lachenden, freundlichen Augen. Er trägt einen China-Strohhut, den man von den üblichen Reisfeld-Urlaubsfotos kennt, und fährt mit seiner Schubkarre alle naselang an unserem Haus vorbei. Er sieht mich an wie ein Weltwunder, als ich ihm die Hand schüttle. Kein Wunder, erklärt Fang, der das Schauspiel vom Auto aus beobachtet hat. Das sei die städtische Müllabfuhr, und der schüttle man nicht die Hand. »Nicht üblich.«

Dann, endlich, taucht doch noch ein Nachbar auf: Ein älterer Herr beschwert sich bei den heutigen 10 bis 20 Bauarbeitern in unserem Haus, die die 20 neu aufgetretenen Probleme beheben sollen. Die neuen Langnasen könnten ihn vom Seitenfenster ausspionieren, brüllt er. Deswegen sollen morgen drei neue Arbeiter kommen und eine Milchglas-Klebefolie anbringen.

Vorher kommt allerdings noch ein »TV-Engineer«, um den nagelneuen Flachbildfernseher in Gang zu bringen. Das findet Amélie besonders lustig, denn dabei gibt es einen lauten Knall, der TV-Engineer zuckt, aus der Wand schießt eine kleine Stichflamme, der TV-Engineer wird grau im Gesicht, und dann ist der Strom im ganzen Haus weg. Die Hausverwalterin sagt »don't worry«, der Engineer sei das gewohnt und komme morgen wieder.

Natürlich taucht der Fernsehmann am nächsten Tag nicht auf, auch am übernächsten nicht. Dafür unser Nachbar. Er stürmt ins Haus wie ein wild gewordener Ochse – ohne seine Schuhe an der Haustür auszuziehen, was ich mal als mangelnden Respekt auslege, da alle anderen Chinesen ihre draußen lassen. Er brüllt die Arbeiter an, die versuchen, die nicht funktionierende Klimaanlage zu reparieren. Leider versteht keiner, was er sagt, weil gerade ein Fahrrad mit selbstgebastelter Kassettenrecorder-Megaphon-Anlage um unser Haus kreist, um für was auch immer Werbung zu machen. Also rast er schnaubend auf die Hausverwalterin zu, brüllt ihr etwas ins Gesicht, etwa fünf Minuten lang. Sie übersetzt, dass er sich an dem Millimeter stört, der zwischen den zwei dilettantisch aufgeklebten Milchglasfolien frei geblieben ist. Dadurch könnten wir ihn schließlich immer noch ausspionieren. Mit einem Fernrohr. Oder einer Funkanlage. Ich würde ihr gern sagen, dass sie ihn beruhigen möge, die Wanzen, die wir über sein ganzes Haus verteilt haben, würden wunderbar funktionieren. Aber ich weiß nicht, was Wanzen auf Englisch heißt, und ihr Englisch ist weitaus schlechter als meines. Außerdem bin ich mir nicht sicher, ob die Chinesen Ironie verstehen.

Ich gebe das Projekt »Nachbarn begrüßen« für heute auf und gehe mit Amélie zu dem kleinen Laden vor unserer Haustür, der auf schätzungsweise vier Quadratmetern ein wunderbares Warensortiment anbietet: Regenmäntel, Fahrradschlösser, Wäscheklammern, Klobürsten, Hausschuhe, Windräder, Glühbirnen, Schürzen. Eine Art Mini-OBI. Amélie und ich stöbern ein bisschen herum und finden schließlich: drei grüne Plastikhocker, mit denen wir wenigstens nicht auf dem Boden essen müssen, einen Besen, eine Schaufel, einen Putzeimer und einen Hello-Kitty-Waschlappen. Ich bin begeistert, der Einkauf funktioniert ganz ohne Chinesisch und kostet zusammen nur drei Euro. Leider kommt in dem Moment, als wir bezahlen, die Frau des Verkäufers durch einen Vorhang geschlüpft und fängt bei Amélies Anblick an zu kreischen. Sie winkt zwölf andere Frauen herbei, und diesmal wuscheln ihr 30 Hände über die Haare. Wir packen Eimer, Hocker und Besen und rennen, so schnell wir können, nach Hause. Haare waschen.

Abends lese ich im Bett einen dieser »China für Anfänger«-Ratgeber. Darin steht: Eines der größten Fettnäpfchen, in die man in China treten könne, sei, eine Uhr zu verschenken. Eine Uhr schenken heißt auf Chinesisch *song zhong*, und das bedeutet »jemanden zu Grabe tragen«. So manche deutsche Firma habe sich in China schon mühsam aufgebaute Geschäftskontakte versaut, weil sie Schreibtischuhren als Werbegeschenk verteilt hat. Armbanduhren (chinesisch: *biao*) seien dagegen völlig in Ordnung. Wir haben unserer Maklerin also heute feierlich mitgeteilt, dass ihre letzte Stunde geschlagen habe. Nun, wenigstens wird ein original Schwarzwälder Kuckuck dazu pfeifen.

Health Check

Keine Arznei einzunehmen wirkt so gut,
wie einen mittelmäßigen Arzt zu haben.

Ich muss zum Gesundheitscheck. Jeder Ausländer, der ein Arbeitsvisum haben möchte (und auch dessen »Dependant«, Abhängiger, wie ich hier bei den Behörden heiße), muss da durch. Tobi hat die Prozedur schon hinter sich. Es gibt nur ein staatliches Krankenhaus in Shanghai, das die Untersuchungen an Ausländern durchführen und anschließend das Gesundheitszeugnis ausstellen darf. Auf dem Schild vor dem Eingangstor steht »Health Administration Service for Foreigners & Oversea Chinese«. Ich habe drei Passbilder mit sowie 30 Yuan (drei Euro) für den Antrag. Nachdem ich ungefähr fünf Formulare ausgefüllt habe und Amélie ihre Packung Sesamcracker an die Fische im Aquarium im Wartezimmer verfüttert hat, werde ich aufgefordert, in den Umkleideraum zu gehen. Amélie darf nicht mit, die Dame unserer Relocation-Agentur, die uns begleitet, verspricht, so lange auf sie aufzupassen.

21

Mir wird ein grünes OP-Häubchen gereicht, ein grüner Bademantel und ein Paar grüne Stoffüberzieher für meine Schuhe. Eine Krankenschwester im rosa Kittel schiebt mich in eine Kabine und bedeutet mir, ich möge mich obenrum nackt ausziehen, untenrum könne alles so bleiben, wie es ist. Ich entblättere mich und wickle mich halbnackt in den grünen Kittel oder was davon noch übrig ist, denn das Ding ist an den Seiten komplett aufgerissen und hat Löcher. Ich versuche, die Löcher so zu legen, dass kein Busen darunter hervorblitzt, ziehe die Hauben über Kopf und Schuhe und setze mich zusammen mit 20 anderen Ausländern ins Wartezimmer. Es ist ziemlich erniedrigend und gleichzeitig lustig, denn alle anderen sehen ja genauso lächerlich aus wie ich. Doch keiner spricht auch nur ein Wort. Schade eigentlich, ich wüsste zu gern, wer woher kommt und wo arbeitet. Vermutlich sitze ich gerade zwischen dem neuen »Bayer«-Vorstand und einem russischen Drogendealer.

Ich werde in Zimmer 502 gerufen, wo mir zwei Liter Blut abgezapft werden. Ein Teil davon wird direkt zum AIDS-Test gebracht. Dann geht es weiter zum Röntgen, wo mich ein Gerät aus der Nachkriegszeit erwartet. Ich möchte lieber nicht wissen, welche Strahlendosis bei der Aufnahme freigesetzt wird. Der Röntgenarzt blickt auf die Narbe, die ich auf meinem Arm habe. Als ich vier Jahre alt war, entdeckten Ärzte bei mir eine Knochentuberkulose, weswegen mir ein Teil der Elle abgesägt wurde. Seitdem kann ich den Arm nicht mehr richtig strecken, was ich nach 31 Jahren aber kaum mehr wahrnehme.

Mir fallen all die Geschichten von anderen Expats ein, denen angeblich das Visum verweigert wurde wegen einer unentdeckten Hepatitis-Erkrankung oder Ähnlichem. Wenn der Mann Tuberkulose hört, wirft er mich am Ende gleich raus. Also entscheide ich mich für eine Notlüge und sage:

»Knochen gebrochen, mit vier Jahren.« Er nickt, sieht sich den steifen Ellbogen und die zwölf Zentimeter lange Narbe genauer an. »Only broken?« Mir stehen Schweißperlen auf der Stirn. Ich nicke. Dann lässt er den Arm los und sagt: »Very bad doctors in Germany.«

Danach soll ich auf einem Stuhl im Flur warten. Auch hier herrscht Totenstille, alle blicken betreten zu Boden. Ich fühle mich wie ein Schwerverbrecher. »Collie, room number 504!«, ruft eine der Schwestern. Ich muss zum Sehtest. Ich bin erleichtert, hier kann nichts passieren, schließlich habe ich in Hamburg kurz vor der Abreise meine Augen lasern lassen, und mein Augenarzt hat mir eine 110-prozentige Sehfähigkeit bescheinigt. Ein niedlicher alter Mann im weißen Kittel hält mir einen verbeulten Blechlöffel vors Auge und will wissen, was ich mit dem anderen an der Wand erkennen kann. Nun, es gibt nicht viel zu sehen außer ein paar selbstgemalten, verschmierten Buchstaben, die wohl ein E darstellen sollen. »Which open?« Ich verstehe nicht. »Which open? Left, right, up, down?« Jetzt begreife ich, versuche, das Geschmiere zu entziffern, und antworte brav. Er schüttelt den Kopf, sagt »no good« und schickt mich zurück auf den Flur. Weiter geht's beim Ultraschall, wo mir eine Ärztin Gleitpaste auf den Bauch kleistert, als würde sie ein Hähnchen marinieren, sekundenschnell mit dem Gerät über meinen Bauch rollert und in Leber und Niere zwickt. Danach muss ich zum Blutdruckmessen. Stück für Stück werde ich abgefertigt wie auf der Autozulassungsstelle. Am Ende muss ich die 30 Yuan bezahlen und erhalte eine Quittung, mit der ich mir in fünf Tagen das Zeugnis abholen kann. Das Ergebnis: eine deformierte Wirbelsäule (davon wusste ich nichts), ein schlecht verheilter Bruch und eine 70-prozentige Sehschärfe, Brille wird dringend empfohlen. Und zum Schluss der Ratschlag: »Improve your lifestyle!« Aber: Ich habe bestanden, ich darf im Land bleiben.

Das Leben ist eine Baustelle

Ein Dummkopf, der arbeitet,
ist besser als ein Weiser, der schläft.

Unsere Relocation-Agentur hat zu einem Orientierungstag eingeladen. Vivien, eine frustrierte Australierin kurz vor der Menopause, erklärt uns, wie wir uns in Shanghai zurechtfinden sollen. Wir erfahren, dass es in China 50 000 Internetpolizisten gibt, die das Netz zensieren, und wir Abstand davon nehmen sollen, eine Yahoo- oder Hotmail-E-Mail-Adresse zu verwenden. Dass die vermeintlichen Lotteriescheine mit Rubbelfeldern, die man in den Restaurants erhält, offizielle Quittungen, sogenannte *fapiao*, sind. Der reine Kassenbon sei wertlos und werde bei Spesenabrechnungen nicht akzeptiert. Leider hat Tobi zu dem Zeitpunkt bereits Geschäftsessen-Quittungen für circa 300 Euro weggeschmissen. Konnte ja keiner ahnen, dass die Regierung Wirte mit Gewinnspielen ermuntert, steuerpflichtige Belege auszustellen.

Wir erfahren außerdem: In Shanghai leben schätzungsweise 19 bis 21 Millionen Menschen, so genau kann das wegen der vielen Wanderarbeiter keiner sagen. Es gibt eine China-Help-Hotline, die einem bei Bedarf alles auf Chinesisch übersetzt, was bei Taxifahrten hilfreich sein kann. Leider hilft einem nachts selbst das nicht weiter, da viele Taxifahrer dann aus Prinzip keine Ausländer mitnehmen (zu anstrengend). Wir sollen für eventuelle Taxifahrten Visitenkarten mit Adressangaben in chinesischen Schriftzeichen sammeln, mindestens zweimal die Woche zum Chinesischunterricht gehen, uns ein gemütliches Zuhause einrichten (Vivien wörtlich: »You will need here a peaceful oasis«), eine Hausratversicherung abschließen, keine chinesische Milch trinken (zu viele Antibiotika), kein chinesisches Fleisch kaufen (zu viele Anabolika), nicht mit Leitungswasser Zähne putzen oder Nudeln kochen und auf unsere Ehe achtgeben. Wie bitte?

Nun ... jetzt ist Vivien in ihrem Element: Von allen Ländern, in denen ins Ausland entsandte Familien leben, sei die Scheidungsrate von Expat-Ehen in China mit Abstand am höchsten. Die Gründe? Das Übliche: Der Mann arbeitet zu viel und erliegt irgendwann den Reizen der jungen, hübschen, hingebungsvollen chinesischen Chicks um ihn herum, die Frau (ohne Arbeit, ohne Freunde, ohne Anschluss, ohne Beschäftigung) pöbelt ihn zu Hause an, wird kaufsüchtig oder gleich depressiv. Ach ja, Alkohol sei auch ein großes Problem. Einer aktuellen Studie einer deutschen Versicherung zufolge, die den Gesundheitszustand von Expatriates untersucht hat, weisen 60 Prozent aller nach China entsendeten gesunden Deutschen in China Krankheitssymptome auf. Müdigkeit, Schlafstörungen, Magenschmerzen, Kopfschmerzen, Rückenschmerzen, Hypertonie oder Atembeschwerden seien aufgrund des erhöhten Stresses üblich. Danke, Vivien, das macht Mut.

Beginnen wir also mit dem praktischen Teil: ein gemütliches Zuhause einrichten. In den vergangenen zwei Tagen sind in unserer Luxusoase zusammengekracht: Amélies Kleiderschrank, ein Klorollenhalter, drei Schubladen, eine Regenrinne, zwei Türklinken, eine Designerleuchte. Zudem läuft die Geschirrspülmaschine aus, das Klo im Erdgeschoss auch, und der Ablufttrockner ist leider ohne Abluftschlauch installiert, so dass unser Bad bei jedem Trockenvorgang zum türkischen Dampfbad wird. Und dann ist noch der Inhalt unserer Küchenschränke verbrannt, weil die darunter angebrachten Halogenstrahler keinen Hitzeschild haben. Lässt man das Licht eine Stunde brennen, kann man in den Küchenschränken Spiegeleier braten. Wenigstens Amélie freut sich darüber, denn der karamellisierte Zucker, der seitdem aus den Lampen läuft, ist offensichtlich sehr lecker.

Überhaupt lernt Amélie hier sehr schnell. Ihr Wortschatz hat sich in der ersten China-Woche enorm erweitert. Das erste neue Wort war: »Primaanlage«. Unsere Primaanlage hat einen zwei mal ein Meter großen Kondensator, der dummerweise mitten in unserem Acht-Quadratmeter-Garten steht. Der Garten ist von einer Mauer umgeben, am Rand sind Beete, in denen ein paar Buchsbaumbüsche und unser toller Baum wachsen. Auf unseren Wunsch hat der Landlord auf dem betonierten Boden Holzplanken verlegen lassen, so dass unser Austritt jetzt eigentlich ganz romantisch aussieht. Leider können wir ihn nicht nutzen, da der Primaanlagenkondensator so viel heißen Wind auf die Terrasse bläst, dass man sich am Baum festhalten muss, wenn man sich dem Gerät nähert.

Gerade als ich versuche, dem Repräsentanten des Landlords klarzumachen, dass wir gern ohne diesen heißen Wüstenwind auf unserer Terrasse sitzen würden, kommt Amélie rausgehüpft und sagt: »Mama, in meinem Zimmer regnet es.« Prima. Es stellt sich heraus, dass es auch in drei weiteren Zimmern regnet, wenn man die Klimaanlage anschaltet, da die Männer, die die Geräte eingebaut haben, die Kondenswasserschläuche zur Anlage zurückgeführt haben, statt sie nach draußen abzuleiten. Auch eine Form der Abkühlung.

Langsam wird mir bewusst, dass all die Tagelöhner, die unser Haus zusammengeschustert haben, wohl nie eine berufliche Ausbildung genossen haben. Sie basteln hier alles genauso zusammen, wie sie ihre Hütten auf dem Land bauen oder reparieren. Am nächsten Morgen kommen also fünf neue Bauern, die versuchen, die Geräte zu reparieren, und ein Mann der mir unbekannten chinesischen Spülmaschinenfirma, den unsere Hausverwalterin als »Dishwasher-Engineer« vorstellt. Ich schöpfe Hoffnung, das klingt halbwegs professionell. Der Techniker packt fünf Meter Gummiabdichtungsband aus seinem Koffer und macht sich an die Arbeit, das alte Gummiband (der fabrikneuen Spülmaschine) abzulösen und die Tür mit dem neuen zu bekleben. Nach einer Stunde präsentiert er stolz sein Werk. Die Tür lässt sich jetzt nicht mehr schließen, der Gummi ist zu dick. Der Techniker wirkt nicht sonderlich überrascht und verabschiedet sich mit dem Versprechen, morgen mit einer neuen Spülmaschinentür vorbeizukommen.

In der Zwischenzeit haben die Bauern die Abdeckungen der Klimaanlagen abgerissen und die Wände aufgehackt. Dabei haben sie im ganzen Haus Abdrücke ihrer schwarzen Patschehändchen auf den frischgestrichenen Wänden hinterlassen. Ich versuche, dem Chef der Bande zu erklären, dass sie die Flecken bitte wieder streichen mögen. Er sieht mich ungläubig an. Die Hausverwalterin übersetzt. Ich zeige beiden im Kinderzimmer exemplarisch fünf der schätzungsweise hundert Flecken im ganzen Haus. Der Bauer nickt und sagt: »Okee, okee« und *deng yixia*, einen Moment bitte. Kurz darauf kehrt er mit einem Farbeimer und einem Pinsel in der Hand zurück. Er geht zielstrebig ins Kinderzimmer und pütschert über exakt die fünf Flecken, auf die ich gezeigt habe. Dabei kleckert er den gesamten Boden und Amélies Bettwäsche mit Farbe voll. Ich deute wutschnaubend auf die anderen Flecken. Er zuckt mit den Schultern, schimpft irgendetwas und geht. Die Hausverwalterin übersetzt: Ich solle mich nicht ständig aufregen, das sei nicht gut fürs Herz. Schließlich würden doch alle fleißig arbeiten, statt zu schlafen, wie auf manch anderer Baustelle. Und die anderen Flecken hätte ich nun mal nicht angeordnet. Selber Schuld. Ich muss noch viel lernen.

Die Geschichte mit der Spülmaschine ging übrigens so aus: Die Tür, die der Techniker am nächsten Tag brachte, passte nicht. Ich wurde wütend und bestand auf einer neuen Spülmaschine, diesmal bitte europäischen Fabrikats. Nach etwa 20 Telefonaten zwischen der Hausverwaltung und dem Landlord kam tags darauf eine Maschine der Marke »Brico«. Ich kenne die Marke nicht, angeblich ist sie britisch. Diese Maschine lief zwar nicht aus, doch als ich sie anschaltete, erklang ohrenbetäubender Lärm, die Küchenarbeitsplatte fing an zu beben, dann knackte es, und unsere schöne weiße Corian-Arbeitsplatte war der Länge nach durchgebrochen. Ich setzte mich auf unseren grünen Plastikhocker und machte Atemübungen. Es ist bloß eine Geschirrspülmaschine, alles wird gut, nur eine Geschirrspülmaschine. Die Hausverwalterin sah mich besorgt an, dann reichte sie mir ihr Hello–Kitty-Notizbuch und einen Stift. »Welche Marke?«, fragte sie. Ich notierte: »Siemens«. Oder »Bosch«. Jetzt steht in unserer Küche tatsächlich eine deutsche Spülmaschine, nicht ganz zwar, denn es ist ein ausschließlich für den chinesischen Markt produziertes Siemens-Modell, das deutlich billiger (und lauter und schlechter) als ein importiertes ist. Aber egal, ich will nicht undankbar sein.

Die Sache mit der Schaukel

Wenn ich einen grünen Zweig im Herzen trage,
wird sich ein Singvogel darauf niederlassen.

Wochenende. Die ersten Tage ohne Arbeiter in unserem Haus. Amélie will schaukeln. Tobi und ich wollen in den Stadtteil Pudong, auf die andere Seite des Huangpu-Flusses. Wir einigen uns auf einen Kompromiss: heute Hochhäuser, morgen Schaukeln. Metrofahren klappt problemlos, dauert aber wie alles in Shanghai Stunden. Allein um unsere Straße, die Huai Hai Lu, von Ost nach West mit dem Auto abzufahren, braucht man je nach Verkehrslage 40 bis 60 Minuten. Nach einer knappen Stunde sind wir im »Neubaugebiet« von Shanghai. Vor 25 Jahren war Pudong noch eine Sumpflandschaft, heute ist es ein Spielplatz für Architekten aus aller Welt. Als Erstes nehmen wir uns den Pearl Tower vor, den Fernsehturm von Shanghai, der eine Mischung aus Raumschiff Orion und dem Berliner Alex ist. Wir fahren mit dem Aufzug auf die Aussichtsplattform und quetschen uns in die Menschenmassen. Immer wenn man meint, der Aufzug sei schon brechend voll, passen in China noch mal zehn Leute mehr hinein.

Oben sind wir von den seltsamsten Hochhäusern umzingelt, die ich je gesehen habe. Die Schautafeln aus dem Jahr 2007 sind bereits völlig veraltet, es sind mindestens fünf neue Wolkenkratzer in unmittelbarer Nachbarschaft dazugekommen. Der neueste steht direkt vor unserer Nase im Pudonger Finanzdistrikt Lijiazui. Wenn es nach der chinesischen Regierung geht, soll dieser Stadtteil einmal die New Yorker Wall Street ablösen. Um das zu demonstrieren, wurde gerade der World Financial Tower fertiggestellt, der angeblich auf 2000 Säulen im Sumpfland des Flußufers ruht.

Das 492 Meter hohe Gebäude sollte einmal das höchste der Welt werden, doch weil die Arbeiten während der asiatischen Finanzkrise fünf Jahre lang ruhten, haben der Taipeh 101 in Taiwan (508 Meter)und der Burj Arab in Dubai (812 Meter) längst die vorderen Plätze belegt. Als die Arbeiten 2003 wieder aufgenommen wurden, musste der Originalentwurf des Architekturbüros Kohn Pedersen Fox allerdings noch einmal umgearbeitet werden: Man störte sich daran, dass der Turm mit der runden Öffnung in der Mitte zu sehr an die Flagge des Erzfeindes Japan erinnere. So wurde aus dem runden ein eckiges Loch. Und aus dem geplanten Symbol der Natur (der eckige Pfeiler sollte für die Erde stehen, das offene Rund für den Himmel) ein überdimensionaler Flaschenöffner. Macht nichts, die Chinesen haben einen Sinn fürs Praktische, die Miniaturversion für die heimische Bierflasche verkauft sich blendend, und hübsch ist der Turm auch so.

2013 soll sich zum Flaschenöffner und dem benachbarten Jin Mao Tower ein weiterer Wolkenkratzer gesellen, ein 692 Meter hoher »gewundener Drache«, und damit ein Dreieck aus Superwolkenkratzern entstehen. Sir Norman Foster bot an, hier ein riesiges Bambusrohr zu bauen, doch bei der Ausschreibung fand der Drache offenbar mehr Gefallen. Der Ausblick raubt einem auch ohne Drachen bereits den Atem. Ich bin irgendwie stolz, dass wir in diese Stadt gezogen sind, in diesen Beton- und Hochhausdschungel ohne Ordnung, Stadtplanung oder Logik. Amélie kommt nicht dazu, die Aussicht zu genießen, sie wird dauernd fotografiert und, von Grunzgeräuschen begleitet, mit Lollis beschenkt.

Am Sonntag versuchen wir, unser Schaukelversprechen einzulösen. Im Fuxing-Park soll ein toller Kinderspielplatz sein, wurde mir gesagt. Der Park ist wie jede chinesische Grünanlage komplett gepflastert, dazwischen liegen säuberlich angelegte Blumenbeete, die wie die Bäume von einem grauen Staubschleier bedeckt sind. Aus den Bordsteinen, sogenannten Singsteinen, tönt dieselbe Klingklong-Musik, die einen auch in Aufzügen, Kaufhäusern und Hochhauslobbys verfolgt. Nur eine Gruppe Rentner übertönt die Fidelei mit etwas flotterer Dudelmusik, die aus ihrem selbstgebauten Ghettoblaster-Mobil schallt (einer batteriebetriebenen Musikanlage samt Boxen, die mit einem Kilo Paketklebeband kunstvoll auf einem Rollwagen festgeklebt ist). Dazu tanzt die Seniorengruppe Standardtänze, die alle irgendwie nach Walzer aussehen. Es sind fast nur Frauen, die paarweise den Anweisungen einer Vortänzerin in der Mitte folgen; nur zwei Tänzerinnen haben männliche Partner dabei. Wir gehen weiter und suchen die Schaukeln. Doch statt eines Spielplatzes finden wir ein veraltetes Kirmeskarussell, verrostete Mini-Achterbahnen, die mit zwei Kilometer pro Stunde im Kreis herumfahren, und Zuckerwattestände. Die Zuckerwatte essen merkwürdigerweise nur Erwachsene. Ein schätzungsweise sechzehnjähriger Junge schenkt Amélie einen Luftballon und sagt auf Englisch, er würde sie lieben.

Wir klappern noch zwei weitere Parks ab. Keine Schaukeln. Ich könnte uns für unser leichtfertiges Versprechen ohrfeigen. Im Taxi sehe ich im Vorbeifahren irgendwo bunte Spielgeräte, doch als wir davorstehen, stellt sich das Ganze als Seniorensportanlage heraus. In fast jedem Park stehen diese Dinger, die wie Spielzeug-Fitnessgeräte aussehen: Crosstrainer, Hüftdrehschwinger, Stepper und Schwingringe, alles ohne Gewichte. Die Geräte werden tatsächlich genutzt, allerdings anscheinend nur von Menschen über 50. Wir finden weder Kinder noch Schaukeln. Am Ende lassen wir uns von einem fliegenden Händler eine batteriebetriebene Seifenblasenpistole mit pinkfarbenem Schaumwasser andrehen, Hauptsache, Amélie gibt endlich Ruhe. Die Pistole hält genau zwei Stunden, dann läuft nur noch pinkfarbenes Seifenwasser aus dem Pistolenschaft. Made in China.

Der erste Gesichtsverlust

> *Solange du dem anderen sein Anderssein*
> *nicht verzeihen kannst, bist du*
> *noch weitab vom Weg der Weisheit.*

Es regnet. Seit zwei Wochen. Unsere Stimmung ist auf dem Tiefpunkt. Die Chinesen nennen die Regenzeit im Juni *meiyu*, Zeit, die Beeren bringt. Treffender wäre: Zeit, die Schimmel bringt. In unserem Wohnzimmer haben sich an den Wänden interessante florale Motive entwickelt, die von Hellgrün bis Dunkelbraun schimmern. Der »Designer«, dessen bloßer Anblick mich in den letzten Tagen schon aggressiv machte, will das Problem beheben, indem er wasserfesten Lack gegen die äußeren Hauswände schüttet. Jawohl: schüttet. Mit dem Eimer ausholen und drauf damit. Unser Haus, einst das einzige frisch gestrichene in der ganzen Straße, sieht jetzt von außen genauso gammelig aus wie die Häuser unserer Nachbarn.

Dann erwische ich meinen Malerfreund dabei, wie er, mit Eimer und Pinselchen bewaffnet, im Wohnzimmer steht, um allen Ernstes die Schimmelflecken einfach zu übermalen. Ich schiebe ihn vorsichtig hinaus und versuche, dabei freundlich zu bleiben. Schließlich habe ich gelesen, wie wichtig es ist, in diesem Land sein Gesicht zu wahren. Brüllen und außer Kontrolle geraten geht gar nicht, dann ist das Gesicht verloren.

Der Schreiner (oder wie auch immer er sich nennen mag), der im Flur ein Treppengeländer anbringen soll, packt gerade seine Bohrmaschine aus. Wunderbar, denke ich, und bitte ihn, ein kleines Loch in das TV-Schränkchen zu bohren, damit wir den Kabelsalat, über den wir täglich stolpern, ins Schrankinnere verlegen können. Wendy, die Hausverwalterin übersetzt. Die Übersetzung für »bitte Loch in Schrank bohren« dauert zehn Minuten. Seine Antwort noch einmal so lange. Dann übersetzt Wendy kurz und prägnant: »Cannot.« Ich will wissen, warum. »Oh«, sagt sie, »dieser Mann ist nur verantwortlich für Löcher, die in Stein gebohrt werden. Der Mann, der Löcher in Holz bohrt, muss erst bestellt werden. Und dafür brauchen wir eine Genehmigung des Landlords.«

Amélie fragt täglich, wann ihr Kindergarten anfängt, und balanciert einstweilen zwischen Kreissägen, Lötgeräten und Lackeimern, die überall herumliegen. Die Problemliste in unserem Haus ist inzwischen auf 33 Punkte angewachsen, der Chemikaliengestank unerträglich. Noch zwölf Tage, bis das Sommerprogramm des Kindergartens anfängt. Noch zehn Tage, bis der Container mit unseren Möbeln und dem ersehnten Spielzeug kommt. Noch zwölf Tage Regen.

Als nachmittags der Himmel etwas aufreißt, gehe ich mit Amélie nach draußen, die Umgebung erkunden. Man wird diese dämlichen Arbeiter ja wohl mal ein paar Stunden mit der Hausverwalterin allein lassen können. Das Highlight des Tages, ach was, der Woche: Wir entdecken um die Ecke ein Shopping- und Kinocenter. Darin finden wir erstens: einen Starbucks Coffee Shop, zweitens: einen Edelsupermarkt namens »City Shop«, in dem es Importwaren wie deutsches Bio-Dinkelvollkornbrot, Rahmspinat mit Blubb oder Cornflakes (für schlappe acht Euro) gibt, und drittens:

eine Eisdiele mit selbstgemachtem Eis, das sogar ein bisschen nach Italien schmeckt. Das reicht zum Überleben.

Wir bummeln zwei Stunden durch die Straßen, dann machen wir uns, blendend gelaunt und mit einer großen Eistüte in der Hand, auf den Rückweg.

Als wir zu Hause ankommen, haben die Arbeiter, die die defekte Glastür in Amélies Dusche ausbauen wollten, die neu verlegten Kacheln im Bad zertrümmert; und der Maler, der sich irgendwie wieder hereingeschlichen haben muss, hat seinen Farbeimer samt Farbrollen und Pinsel in der Duschwanne festtrocknen lassen. Mir reicht's, ich will nicht mehr, ich kann nicht mehr, ich will nach Deutschland. Es ist so weit: Ich platze. Schmeiße alle Arbeiter eigenhändig mit großem Gebrüll aus dem Haus, Pinsel und Farbrollen hinterher. Zwölf Männer an der Zahl, den Designer eingeschlossen, sind ja zum Glück alle kleiner als ich und schmaler auch. Amélie weint. So hat sie mich noch nie erlebt. Ich mich auch nicht. Ich weiß nicht, wozu ich noch fähig sein werde, wenn wir hier zwei Jahre geblieben sind. Wendy, die Hausverwalterin, hat Angst vor mir bekommen. Ich versuche, mich zu beruhigen, und sage ihr, dass der Landlord bitte professionelle Handwerker schicken möge, keine Bauern mehr. Sie nickt, zieht eilig ihre Schuhe an und geht.

Ich versuche, die Wanne zu schrubben, doch sie ist nicht zu retten. Der Rost des Eimers und die Farbe haben sich zu tief in das billige Keramikimitat gefressen. Ich denke an die Handwerker, die unser Haus in Hamburg renoviert haben. Wie ungerecht ich war. Wie ich mich aufgeregt habe, wenn sie eine halbe Stunde zu spät oder gar nicht kamen. Wie ich geflucht habe, wenn der Zeitplan oder das Budget überschritten wurde. Meine Güte, wie kleinlich von mir. Es waren Handwerker. Sie hatten eine Ausbildung. Eine richtige Ausbildung. Und sie haben Dinge repariert, statt sie zu zerstören. Wie kann es sein, dass die ganze Welt vor China zittert, wenn dieses Land solche Handwerker und »Techniker« hat? Wenn keiner mitdenkt, sondern nur haarklein ausführt, was man ihm sagt? Wenn neu gebaute Häuser nach vier Jahren als »alt« gelten und nach weiteren vier Jahren zusammenfallen? Wie kann das alles sein? Oder haben wir nur besonders viel Pech?

Dagegen spricht folgende Geschichte: Ein kanadischer Kollege von Tobi ist kürzlich aus Shanghais nobelstem Apartmentkomplex »Rich Gate« ausgezogen (Mietpreis: circa 28 Euro pro Quadratmeter). Nicht nur, dass man beim Bau vergessen hatte, die Abwasserleitungen zu erneuern (weshalb alle Bewohner des Luxushauses ihr Klopapier in einem Extraeimer sammeln mussten). Seine Frau wäre in der Wohnung auch fast in den Wahnsinn getrieben worden. Sie konnte die Quelle eines diabolischen Gestanks einfach nicht orten, der ihr jedes Mal beim Betreten der Küche entgegenwehte. Sie ließ jeden Schrank auseinanderbauen, fand jedoch nichts, und niemand glaubte ihr. Bis schließlich eines Tages das Spülbecken ausgewechselt werden musste. Beim Ausbau fand man Müllreste einer schwer rekonstruierbaren, aber schätzungsweise zwei Jahre alten Mittagsmahlzeit. Der Arbeiter, der das Becken damals eingebaut hatte, hatte seine Schweinsragout-Styroporbox einfach in dem Loch der Arbeitsplatte entsorgt.

Abends gucken Tobi, Amélie und ich Heidi. Heidi ist bei Klara in Frankfurt und sehr, sehr traurig. Keine Bäume, keine Wiesen, keine Berge. Sie will nach Hause. Ich muss heulen. Geht ganz gut ohne Gesicht.

Guiling, Herr Li und das Luxusklo

Bevor du dich daranmachst, die Welt zu verbessern,
gehe dreimal durch dein eigenes Haus.

Ayi heißt wörtlich übersetzt Tantchen. Jeder Ausländer in
China hat mindestens ein Tantchen, denn Tantchen sind bil-
lig und machen in der Regel alles: Putzen, Waschen, Kochen,
Kinderbetreuung oder auch mehr. Neulich hat mir eine
Belgierin ihr Leid mit den Ayis geklagt. Die erste habe den
halben Inhalt ihres Kleiderschranks geklaut, die zweite re-
gelmäßig in ihrem Jacuzzi gebadet und dort viele schwarze
Haare hinterlassen, und die letzte, ein junges Ding aus der
Provinz Anhui, habe dem Ehemann gegen »extra money«
splitternackt Sex angeboten, als sie selbst mit den Kindern in
Brüssel war.

Per SMS erhalte ich von einer Housekeeping-Agentur
zwei Vorschläge: Miss Zhao, 28, und Guiling, 50. Ich sym-
pathisiere spontan mit der Fünfzigjährigen. Beide kommen
nachmittags zum Vorstellungsgespräch – gleichzeitig. Eine
sitzt auf dem schimmligen Leihsofa unseres Vermieters, die
andere auf dem durchgesessenen Hocker daneben und zeigen ihre Empfehlungsschreiben. Beide sprechen rudimentär
Englisch, weswegen sie doppelt so viel kosten wie normale
Ayis, grob überschlagen 250 Euro pro Monat für eine Voll-
zeitstelle. Unser Putzmann in Hamburg hat genauso viel
gekostet. Er ist einmal pro Woche gekommen.

Ich versuche, mich zu sammeln. Ich werde von nun an
also keine Wäsche mehr waschen, nicht mehr kochen, nie
wieder staubsaugen und keine Hemden mehr bügeln. Phantastisch. Erst habe ich meinen Job in Hamburg gekündigt,
jetzt werde ich auch noch zu Hause arbeitslos. Was all die
anderen *Tai Tais* (Ehefrauen) denn hier so machen den gan-

zen Tag, fragte ich neulich eine Kindergartenmutter. Kein Problem, sagte sie: Chinesisch lernen, Shopping, Maniküre, Pediküre, Fußmassage, zum Fake-Markt fahren, zum Yogastudio, zum Antiquitätenmarkt, zum Tai Chi, zum Charity Bazar und wieder zurück. Und wenn ich mich wirklich sehr langweilte, könnte ich immer noch chinesische Waisenhäuser besuchen.

Ich bitte Guiling, gleich am nächsten Tag anzufangen, und kaufe mir den »Ayi Survival Guide«. Abends im Bett blättere ich darin. Er bietet die wichtigsten Sätze für den Ayi-Alltag auf Chinesisch: Bitte zieh im Haus die Straßenschuhe aus! Bitte wasch dir die Haare! Bitte zieh dich ordentlich an! Bitte stiehl nichts! Bitte putz dir die Zähne! Und so weiter. Alle Sätze kann man sich auf einer CD zum Nachsprechen anhören. Ich bin sprachlos. Beim Kapitel »Tai Tai Questions for the Ayi« schlafe ich ein.

Am nächsten Morgen klingelt Guiling in einer geblümten Schlafanzughose. Zur Feier des Tages hat sie ihre Haare rot getönt und trägt eine frische Dauerwelle. Sie ist nicht größer als 1,50 Meter, kompakt und zupackend. Das ist auch gut so, denn in unserem Haus wartet ihr erster Härtetest auf sie: Eine unserer »Luxury Toilets« (so steht es im Mietvertrag) hat ihren gesamten Inhalt (Durchfall aller Familienmitglieder) im Erdgeschoss verteilt. Guiling übersteht ihn mit Bravour. Wirft einen skeptischen Blick auf meinen teuren Vileda-Import-Wischmop (»No good!«) und kauft beim Höker gegenüber erst einmal ein chinesisches Modell: einen Holzstiel, um den zerrissene bunte Stoffreste gebunden sind. Nach einer kurzen Hausbesichtigung (»Old house, no good!«) genügt auch unsere Fliegenklatsche ihren Qualitätsansprüchen nicht, ebenso das Putzmittelsortiment, das ich mir im Carrefour zusammengesucht habe. Wie soll man auch unterscheiden, welche der Flaschen mit den bunten Schriftzeichen für Glas, Fußböden oder Geschirr gut ist?

Guiling schüttelt den ganzen Vormittag den Kopf und sagt die fünf englischen Wörter auf, deren sie mächtig ist: »No good. Me show you.« Gegen Mittag schwingt sie sich auf ihr Mountainbike und kehrt mit sechs Tüten voll Putzmittel, Gemüse und einer aufladbaren Elektroschockfliegenklatsche zurück, an der sich Amélie erst mal einen kleinen Stromschlag holt.

»*E bu e?*« Guiling zeigt auf die Gemüsetüte. Ich blättere im Ayi-Ratgeber, Kapitel »Fragen an die Tai Tai«, und finde folgende Übersetzung: »Hungrig, nicht hungrig?« Ich nicke und sehe in die Tüten. Darin sind diverse grüne Stängel, Blätter, Shrimps, Hühnchen und Tomaten, alles sieht knackfrisch und köstlich aus. Für einen Moment vergesse ich sogar die eindringlichen Warnungen vor chinesischem Gemüse (voller Pestizide) und vor chinesischem Fleisch (voller Anabolika). Egal, wir werden es schon überleben. Guiling packt das Gemüse ins Waschbecken und lässt es voll Wasser laufen. Das Leitungswasser in Shanghai ist gelb, deswegen haben wir in alle Toiletten Carrefour-Klosteine mit Meeresduft geworfen, so dass das Wasser jetzt blau ist. Wenn man pinkelt, wird es grün. Amélie verbringt deshalb jedes Mal mindestens eine halbe Stunde auf dem Klo, weil sie zusieht, wie sich die «Zauberfarbe« ändert.

Doch zurück zum Gemüse: Es schwimmt im gelben Wasser, und jetzt schüttet Guiling eine Ladung grünes Spülmittel darauf. Ich stoße einen hysterischen Schrei aus, woraufhin sie mir erklärt (»very good, me show you«), dass in der grünen Schaumflasche kein Spülmittel, sondern Gemüsewaschmittel ist. Einatmen, ausatmen, ganz ruhig. Wir werden auch das überleben. Und Durchfall haben wir eh schon.

Während ich mich auf das Atmen konzentriere, klingelt es. Eine stark geschminkte Frau von der Hausverwaltung steht vor der Tür, die sich »Rainbow« nennt und mir drei Arbeiter vorstellt: Mr. Li, den »Toilet-Engineer«, Mr. Wang, den neuen »Designer«, und Mr. Zhang (das ist die Dumpfbacke, die beim letzten Versuch, die Toiletten zu reparieren, zwei Silikonflaschen geleert hat). Der Toilettentechniker stellt fest, dass der Abfluss verstopft ist und die Toiletten nicht fachgerecht installiert wurden. Guter Mann.

Dann hacken die drei vor unserer Haustür ein riesiges Loch in die Straße; alle Nachbarn haben sich bereits darum versammelt. In der Zwischenzeit versuche ich, dem Kloexperten, dem scheinbar einzig professionellen Menschen hier, zu erklären, dass es toll wäre, wenn die billigen Plastiksitze unserer Luxustoiletten nicht so wacklig wären, damit wir uns nicht bei jedem Hinsetzen die Haut zwischen Klobrille und Klorand einklemmen müssten (was sehr schmerzhaft ist). Guiling übersetzt. Irgendwie. Dann schüttelt der Toilettentechniker den Kopf und macht eine Sitzprobe, so vorsichtig, als würde er sich auf ein rohes Ei setzen, und sagt: »*Mei you wenti.*« Kein Problem.

Ich trete zum Gegenbeweis an und setze mich extra schwungvoll auf die Klobrille. Sie quietscht und verrutscht wie erwartet. Die drei Arbeiter, Guiling und Rainbow sehen mich an wie eine Außerirdische. Dann sagt der Regenbogen: »Ich weiß nicht, ich war noch nie in Europa. Aber wir in China setzen uns nicht so auf eine Toilette.« Meine Geduld ist am Ende. Ich brülle zurück (mein Gesicht habe ich beim Klo-Testsitzen ohnehin längst verloren). »ABER WIR IN EUROPA SETZEN UNS ANDERS AUF TOILETTEN, UND ICH WILL EINE TOILETTE MIT EINER ORDENTLICHEN KLOBRILLE!« Und dann, leiser, flehend hinterher: »Good quality, please toilet seat, good quality.« Der

Regenbogen übersetzt. Antwort des Klotechnikers: »*Mei you.*« Ham wa nich. Dann setzt er sich auf sein Elektrofahrrad, das von Paketklebeband zusammengehalten wird, und fährt triumphierend davon.

Noch schlimmer geht immer

Hoffnung ist wie der Zucker im Tee:
Auch wenn sie klein ist, versüßt sie alles.

Wir schwimmen in unserer eigenen Scheiße. Ich denke: Schlimmer kann es nicht mehr kommen. Doch es kommt: ein Anruf meines Vaters, ein roter Brief vom Finanzamt sei per Nachsendeantrag nach einer Woche Herumirren durch Deutschland bei ihm eingetroffen. Er sei ihm wichtig erschienen, deshalb habe er ihn geöffnet. Es ist ein Pfändungsbrief, angeblich haben wir versäumt, unsere Steuernachzahlung fristgemäß zu begleichen. Der Vorstand der Deutschen Bank habe auch schon einen Brief erhalten, damit dem Finanzamt der Zugriff auf sämtliche Konten ermöglicht würde. Das ist das Ende. Unser Haus, unser schönes Haus in Hamburg wird gepfändet, und wir schwimmen in China in der Scheiße. Und Geld können wir auch keines mehr abheben.

Tobi ruft unsere Steuerberaterin an; gut, dass sie so weit weg ist, sonst hätte ich sie auf der Stelle erwürgt. Sie sitzt auf dem Pferd, ist ja Sonntag. Momentan könne sie nichts für uns tun, sagt sie seelenruhig, da hätte sich das Finanzamt wohl geirrt, sie habe längst alles geklärt und so weiter. Im Hintergrund hört man Pferdehufe klappern und Vögel zwitschern. Ekelhaft, diese Idylle. Es gibt nur zwei Möglichkeiten: Entweder wir weinen uns jetzt gemeinsam in den

Schlaf oder wir betrinken uns. Ich will nicht schon wieder heulen, Tobi sowieso nicht, also holen wir uns in unserem 24-Stunden-Shop gegenüber Dosenbier, alle Sorten.

Wir trinken ein japanisches, drei chinesische Dosen, ein Budweiser und ein Heineken (kostet viermal so viel wie alle anderen). Als die Dosen alle sind, köpfen wir den Freixenet-Sekt, den wir im Carrefour für 16 Euro gekauft haben. Vielleicht findet sich auf dem Flaschenboden ja ein Fünkchen Hoffnung. Dann skypen wir mit unseren Freunden in Hamburg. Sie müssen sich ziemliche Sorgen machen, denn wir sind sehr, sehr voll. Doch nur so ertragen wir es, uns vorzustellen, wie unsere Freunde die nächste Woche auf einem niedlichen kleinen Bauernhof auf Sylt verbringen werden. Tut trotzdem gut, mit ihnen zu sprechen. Skype ist immer noch ein technisches Wunder für mich. Man sieht die Menschen, hört sie sprechen, sie sind so nah, dass man sie umarmen möchte, und weil das nicht geht, tut es gut und weh zugleich. Aber dank Skype habe ich nie das Gefühl, mich allzu sehr von meinen Freunden zu entfernen. Man sieht die neue Bluse, das neue Sofa, den neuen Haarschnitt. Dabei fällt mir ein: Wo soll ich hier nur zum Friseur gehen?

Am Ende bringen unsere daheimgebliebenen Seelentröster uns wieder zum Lächeln. Irgendwann, behaupten sie ernsthaft, würden wir über unsere ersten Monate hier lachen. Schließlich gebe es Schlimmeres im Leben als undichte Toiletten. Es gebe Hoffnung. Und zur Not immer das grüne Sofa in ihrem Wohnzimmer, auf dem wir schlafen können. Danke.

Nur für Männer (»Is better for you«)

Rechtzeitiges Weglaufen ist (bei sich abzeichnender
völliger Aussichtslosigkeit) das Beste.

Vor unserer Tür steht unser Fahrer Fang mit leuchtenden Augen. Heute hat er unser neues Auto abgeholt: einen Buick GT8, ein riesiges weißes Schiff mit sieben Sitzen. Laut Firmenrichtlinien hatten wir die Wahl zwischen einem weißen, blauen oder silbernen Buick. Alle Expats fahren so ein Ungetüm, die Innenausstattung ist bei allen gleich. Fang ist glücklich: Einen weißen haben nur die wenigsten Fahrer, denn auf den muss man acht Wochen warten. Außerdem hat das neue Modell einen integrierten DVD-Recorder, jetzt kann er den ganzen Tag Filme sehen, wenn er vor unserem Haus oder Tobis Büro herumlungern muss.

Amélie hat zur Feier des Tages gleich ihre Detlev-Jöker-Kinderlieder-CD mitgebracht. Es gibt nichts Schrecklicheres – Reinhard Mey für Kinder. Ich verfluche die Mutter heute noch, die uns die komplette CD-Serie geschenkt hat. Jetzt muss Fang jeden Tag »Im Kribbelkrabbelmäusehaus« hören und »Rirarutschmobil«, denn Amélie vergisst es nie: »Fang, Kindermusic, please!« Die beiden haben sich trotz enormer Kommunikationsprobleme erstaunlich schnell angefreundet. Fang hat ihr sogar schon chinesische Kinderstäbchen geschenkt, mit denen Amélie allerdings hauptsächlich Käse aufspießt.

Tobi ist zwar immer noch wehmütig, weil sein geliebter alter Porsche in einer Hamburger Garage vor sich hin gammelt, während wir uns hier von einem Fahrer im Kleinbus durch die Stadt kutschieren lassen. Doch aus Protest hat er den Wagen mit dem dicksten erhältlichen Motor ausgewählt, obwohl die statistisch belegte Durchschnittsgeschwindigkeit in Shanghai elf Kilometer pro Stunde beträgt (Fang schafft es allerdings, noch langsamer zu fahren). Ich freue mich auf den Tag, an dem unser Container kommt und ich ihn mit meinem Fahrrad überhole.

Ein Auto selbst zu steuern ist für Ausländer und Shanghai-Anfänger so gut wie unmöglich. Erstens sind die Verkehrsregeln nicht wirklich durchschaubar: Sechsspurige Autobahnen werden selbstverständlich als achtspurige benutzt, Ampelzeichen interessieren hier genauso wenig wie Blinker, und es scheint, alle fahren gleichzeitig im Schritttempo auf eine Kreuzung zu und schlängeln sich dann rüpelhaft aneinander vorbei. Zweitens passieren hier an jeder Ecke kleine und große Unfälle, in die man lieber nicht verwickelt sein möchte. Und drittens kommt man zwar problemlos an ein Auto, nicht jedoch an ein Nummernschild. Nummernschilder werden von den Behörden alle vier Wochen an Meistbietende versteigert. Da sich jeden Monat um die 15 000 Menschen um rund 5 000 Nummernschilder schlagen, liegt der Durchschnittspreis für ein Nummernschild mittlerweile bei 4 000 Euro. Auf dem Schwarzmarkt bei eBay dementsprechend höher.

Uns bleibt also nichts anderes übrig, als uns mit unserem weißen Kleinbus anzufreunden. Das fällt im Moment noch etwas schwer, da Fang seinem Namen, der auf Chinesisch »der Wohlriechende« bedeutet, alle Ehre gemacht und einen automatischen Duftspender gekauft hat, der einen unerträglichen Pfirsichduft im Auto verteilt. Immerhin öffnen sich die Türen automatisch, und ich fühle mich jedes Mal wie Lady Di, wenn wir bei *Jia Le Fu* vorfahren, wie Carrefour in China heißt, und die Tür zur Seite gleitet. Übersetzt heißen die drei Worte »Familie, Glück, Wohlstand« – leider kann man nichts davon an der Kasse kaufen. Dummerweise wird gleich am Eingang, zwischen den Kröten und Schlangen, aus Lady Di jedes Mal ganz schnell eine von hundert anderen *Tai Tais*, die am Ende mit prall gefüllten Tüten und Paletten voller Importmilch in der Tiefgarage auf ihren Buick warten.

Als Tobi abends nach Hause kommt, geht er gekrümmt die Treppen nach oben und wirft sich stöhnend aufs Bett. Er habe seinen trostlosen Arbeitstag in einem Massagesalon ausklingen lassen, erklärt er. Dazu muss man wissen, dass Tobi seit einem Monat an einem kleinen Schreibtisch in einem Großraumbüro sitzt, vor einem Laptop, auf dem ihm unverständliche Programme eingerichtet sind, und einer Telefonanlage mit chinesischer Bedienungsanleitung, mit der er nicht mal seine Mailbox einrichten kann. Den halben Vormittag hat er heute mit der Bestellung eines Radiergummis verbracht. Da in China alles zentral und möglichst modern, also online, geregelt wird, muss jeder Mitarbeiter sein Büromaterial übers Intranet bestellen. Bei Ordnern und Stiften hat Tobi irgendwann aufgegeben und Fang gebeten, ihm im nächstgelegenen Schreibwarenladen Stifte, Locher und Papier zu besorgen. Der Versuch, ein Regal oder einen Schrank zu bekommen, verlief noch problematischer. Die Generalbevollmächtigte für Büromöbelbeschaffung sagte erwartungsgemäß: »Cannot.« Anschließend befragte sie sicherheitshalber noch ihren Computer, aber der sagte ebenfalls: »No«. Vermutlich fehlten mal wieder ein paar rote Stempel. Schließlich teilte man Tobi mit, dass der Computer ihm erst ein Regal besorgen könne, wenn ein anderer Mitarbeiter sein Regal aufgebe. Regel ist Regel, und Ausnahmen sind in der chinesischen Bürokratie nicht vorgesehen. Wie lange das dauere?, fragte Tobi. Die Antwort: »Computer don't know.«

Zum Trost gibt es eine Initiative, um die Mitarbeiter glücklicher zu machen. »Little things that make your day happy« heißt sie. Dazu zählen: Nashi-Birnen und Bananen, die man sich umsonst aus bereitgestellten Obstkörben nehmen darf. Da die Kantine täglich das gleiche Essen anbietet (Bratreis, Dumplings, also mit Schweinefleisch gefüllte Teigtaschen, oder Nudelsuppe mit schwimmenden Fleischknochen und Innereien), hat Tobi dankbar zugegriffen. Heute erhielt er von einer chinesischen Kollegin prompt eine Rüge: Sie habe beobachtet, dass er eine Nashi UND eine Banane genommen habe, pro Mitarbeiter sei jedoch pro Tag nur ein Obststück vorgesehen.

Um es kurz zu machen: Tobi steht immer noch unter Schock und fragt sich jeden Abend, warum er sein schönes, großes Büro in Hamburg, seine zwei fähigen Teamassistentinnen und seine liebgewonnenen Mitarbeiter gegen das hier eingetauscht hat. Wie es sein kann, dass er samt Familie ins Ausland verfrachtet wird, um dann vor Ort Radiergummis zu bestellen und Nashi-Birnen abzuzählen.

Aber zurück zu seiner Massage. Nach einem weiteren frustrierenden Tag im Büro machte er auf dem Heimweg bei einem Massagesalon halt. An der Kasse empfahl ihm eine Mitarbeiterin eine »Special Treatment Massage, only for men«, Begründung: »Better for you.« Tobi ließ sich überzeugen, war ja auch »better for her«, weil doppelt so teuer. Er wurde ins oberste Stockwerk geführt, weit weg vom Geschehen, sollte einen Leinenschlüpfer anziehen und sich auf eine Pritsche legen. Er befürchtete das Schlimmste, dachte, wie er mir versicherte, an Weglaufen. Sagte etwas wie: »Hallo, Lady, ich bin siebenunddreißig und noch knackig, ich bin noch nicht bereit, für Sex zu bezahlen.« Doch ehe er eine Antwort erhielt, drückte und knetete sie bereits so heftig auf seinem Rücken herum, dass die roten Flecken jetzt noch zu erkennen sind. »You see«, sagte sie, »better for men, too hard for women.«

IKEA oder: Alles wird gut

Wer eine Katastrophe überlebt, wird Glück haben.

Wir pinkeln seit drei Tagen in Tupperschüsseln. Dank IKEA verschafft einem wenigstens das ein bisschen Heimatgefühl. Es ist nämlich das gleiche Schüsselset, das wir auch in Hamburg hatten. Eigentlich haben wir uns fest vorgenommen, das blaugelbe Möbelhaus in Shanghai zu meiden. Schließlich haben wir in Hamburg erst vor kurzem feierlich das letzte BILLY-Regal rausgeschmissen. Doch hier fangen wir wieder von vorn an. Gehe zurück auf Los und kaufe: Starter-Set, Tupperschüsselsammlung, EXPEDIT-Regal. Immerhin: Den Nudeltopf mit integriertem Sieb kannte ich noch nicht.

IKEA heißt hier »Yi Jia«, was wörtlich übersetzt »passend für dein Haus« bedeutet. Chinesen sind sehr erfinderisch, wenn es um die Übersetzung ausländischer Firmennamen geht. Grundregel Nummer eins: Wer auf dem chinesischen Markt Erfolg haben will, sollte sicherstellen, dass die potentiellen Käufer a) den Namen aussprechen können und b) der Name wenigstens halbwegs Sinn ergibt. Das Übersetzungsprinzip funktioniert dabei genauso wie bei Vornamen: Man geht entweder phonetisch vor und sucht eine ähnlich klingende Silbenkombination; so wird aus Martin ein »Madin«, aus Petra eine »Peidela«, aus Goethe »Gede« oder aus Altkanzler Schröder »Shiluode«. Die zweite Variante ist die semantische Herangehensweise: Aus Felix wird etwa »Xingfu«, was auf Chinesisch das Gleiche wie im Lateinischen bedeutet: der Glückliche. Dritte Möglichkeit: Man verbindet beides miteinander. Als Paradebeispiel einer besonders gelungenen Übersetzung gilt »Kekou Kele« für Coca-Cola (schmeckt gut, macht Freude), allerdings brauchte das Unternehmen auch zwei Anläufe dafür. Der erste Versuch »Kouke Koula« floppte. Kein Chinese wollte ein neuartiges Getränk probieren, das »Beiß in die wächserne Kaulquappe« hieß. Ebenfalls gelungen sind die Übersetzungen »Ximenzi« für Siemens (Tor zum Westen) und »Ba Mao« für BMW (Kostbares Pferd). Als OBI im Jahr 2000 den großen Angriff auf China plante und in Wuxi nahe Shanghai den ersten »Oubcide« eröffnete, war man sehr stolz auf den bedeutungsschwangeren Namen »Europa, doppelt deutsch«. Leider bedachte man bei OBI bei dieser Wahl nicht, dass Chinesen für den Preis eines doppelt deutschen Qualitätsschraubenziehers mit rostfreien Edelstahlschrauben auch gleich einen billigen Arbeiter bezahlen können, der ihnen die ganze Sache erledigt. Zwar mit chinesischem Billigmaterial vom Höker um die Ecke, aber wen interessiert das schon, wenn es ein paar Monate hält und hinterher mit Klebeband geflickt werden kann? Auch das europäische Warensortiment (etwa die skandinavische Holzhütte mit eingebauter Sauna) kam bei den Chinesen nicht besonders gut an. Das Ende der Geschichte: Nach fünf Jahren China-Euphorie und einer Investitionssumme von 130 Millionen Euro zog sich OBI 2005 vom chinesischen Markt zurück und verkaufte seine 18 chinesischen Filialen an den britischen Konkurrenten Kingfisher.

Der inzwischen über achtzigjährige Ingvar Kamprad hingegen hat offenbar alles richtig gemacht. Seit 1998 in Shanghai die erste IKEA-Niederlassung ihre Tore öffnete, startete das Möbelhaus, bekannt für sein »demokratisches Design«, einen ungeahnten Eroberungsfeldzug in China. Zwar schüttelte damals so mancher den Kopf über das teure West-Geschäft, das doch tatsächlich Pappboxen (!) für 59 Yuan (sechs Euro) anbietet, und noch heute steht Yi Jia für »schickes Design, unvernünftiger Preis«. Doch für die heranwachsende Mittelschicht ist gelegentliches Unvernünftigsein inzwischen fast ein Statussymbol. Auf jeden Fall ist ein EKTORP-Sofa für Chinesen etwas sehr Besonderes und Stylishes, sehr *shi shang*, was man wohl am ehesten mit »cool« übersetzen kann. Mittlerweile gibt es neun IKEA-Filialen auf chinesischem Boden, jedes Jahr sollen zwei weitere dazukommen.

Die Shanghai-Filiale sieht aus wie überall, nur ist sie noch voller als die in Hamburg-Schnelsen an einem Samstagvormittag. Im Restaurant gibt es Köttbullar mit Kartoffelpüree, sie kosten hier halb so viel wie in Deutschland, dafür muss man doppelt so lang anstehen. Ich kann mich nicht erinnern, je so eine lange Warteschlange gesehen zu haben. Zum Getränkeautomaten schaffen wir es nicht. Er wird belagert von Chinesen, die das Wort »Selbstbedienung« auf ihre eigene Art ausgelegt haben und eimerweise »Kele« und Sprite zapfen. Macht nichts, denn hier habe ich zum ersten Mal Oberwasser: Ich kenne mich aus! Unser Ausflug hat also etwas Erhebendes und Erniedrigendes zugleich. Wir lassen 250 Euro an der Kasse, lehnen die »Family Card« ab und nehmen zum Trost noch eine Rolle Marabu-Schokolade mit, die bereits auf dem Weg zum Auto geschmolzen ist. Auf dem Heimweg erhalten wir eine SMS der Hausverwalterin: Die Toiletten seien zwar immer noch undicht, der Toilettentechniker arbeite noch an der Problemlösung, aber der Landlord habe zum Trost neuen Toilettensitzen zugestimmt.

Zur Feier des Tages gehen Tobi und ich aus, Amélie bleibt zum ersten Mal bei Guiling. Kurz bevor wir aufbrechen, geht das Kopfkino los: Was, wenn Guiling sie entführt? Wie viel bekommt man wohl für ein kleines Mädchen mit blondem, lockigem Haar auf dem freien Markt? Wie soll ich sie je wiederfinden? Tobi beruhigt mich, immerhin haben wir Guilings Handynummer und die ihres Agenturchefs. Wir brechen auf und gehen ins »Bamboo«, ein vietnamesisches Restaurant. An den Seiten liegen gutaussehende Menschen zwischen 30 und 40 Jahren an niedrigen Sofatischen, trinken Cocktails und klappern mit ihren Stäbchen wild durcheinander auf unendlich vielen Tellern vor ihnen. Es sieht phantastisch aus und schmeckt auch so. Zum ersten Mal seit drei Wochen fühle ich mich wie ein zivilisierter Mensch an einem zivilisierten Ort, nein, ich fühle mich großartig! Alles um uns herum ist spannend und aufregend: das Essen, die Leute, die Bar, die Kellnerinnen, sogar die Blumengestecke; ich habe selten etwas Aufregenderes gesehen. Und niemand trägt Badelatschen oder Pyjamas!

Wir bestellen eine Flasche australischen Wein (den einzigen unter 60 Euro), er schmeckt scheußlich, aber mit Wasser und Eiswürfeln geht's. Egal. Es ist ein toller Abend, eine tolle Stadt, ach, dass wir das alles erleben dürfen. Leben wir nicht am Place-to-be? Hey, New York war gestern, heute ist Shanghai. Ich erhebe das Glas, und Tobi ruft »*Ganbei!*«, was wörtlich übersetzt heißt: Trockne das Glas! Prost! Nein, ich will nicht mehr jammern und schimpfen. Hallo, Shanghai, wir werden uns schon noch kennen und mögen lernen, da bin ich ganz sicher.

Der Kindergarten

Wende dein Gesicht der Sonne zu,
dann fallen die Schatten hinter dich.

Endlich. Ich bin erlöst. Nach drei Wochen Papierraupen basteln, Ameisen zählen (besonders ergiebig: die Straße, die von unserer Waschküche durchs Wohnzimmer führt), Tupperschüssel-Picknick spielen, Buchstaben malen (S wie

Schimmel, T wie Toilette, K wie kaputt), Lego bauen und Pumuckl spielen (ich bin Meister Eder und Amélie der Pumuckl, der alle Schlüssel versteckt; bei unserem Berg von Schlüsseln kann man damit ganze Nachmittage totschlagen) beginnt Amélies Kindergarten-Sommerprogramm. Der Kindergarten liegt mitten in der French Concession, dem schönsten Viertel der Stadt, zumindest dem europäischsten. Von Pappeln gesäumte Alleen führen an französischen Altbauten vorbei, man kann Fahrrad fahren, es gibt Cafés und kleine Boutiquen.

Die Kindergärten in den Ausländersiedlungen am Stadtrand mit den gelangweilten, übergewichtigen Muttis davor, die wir uns angesehen haben, waren ein Alptraum. Jetzt bin ich gespannt, ob sich unsere Erwartungen an diesen erfüllen. Vor allem bin ich neugierig auf die anderen Mütter. Ein bisschen Kontakt zu anderen Menschen könnte nicht schaden. Amélie ist wunschlos glücklich: Es gibt eine Schaukel, drei Riesengoldfische, zwei Hasen, Sand und Kinder, die auch blonde Haare haben (das war ihr sehr wichtig). Gleich am Eingang steht ein sehr niedliches Mädchen, das mit seiner Mutter Deutsch spricht. Beide sehen aus wie aus einem Bellybutton-Katalog. Ich spreche sie freundlich an: »Hallo, Ihr seid auch aus Deutschland?« Die Tochter nickt, die Mutter sieht mit verachtendem Blick einmal an mir herunter und wieder herauf, dann dreht sie sich auf ihrem Keilabsatz um und spricht mit einer Kindergärtnerin fließend Chinesisch. Ich habe verstanden. Später erfahre ich, dass sie auch aus Hamburg kommt. Bestimmt Eppendorf, denke ich und beschließe, an diesem Tag keine Deutschen mehr anzusprechen.

Um uns herum plappern Kinder in den verschiedensten Sprachen: Dänisch, Koreanisch, Französisch, Japanisch, Italienisch, Spanisch und natürlich Englisch. Meine Güte, sind hier viele Engländer. Ich sehe nicht viele Mütter, die meisten Kinder werden von ihren Ayis oder Fahrern gebracht, mit zwei Lollis im Mund oder auf Händen getragen. Weiter hinten, bei den Wippen, finde ich doch noch ein paar West-Mütter. Zum Glück sind nicht alle so zickig wie meine erste Begegnung, sondern sogar ganz nett; schließlich haben sie alle dasselbe durchgemacht. »Oh, du bist in ein altes Lanehouse gezogen? Wie mutig!« Na ja, vielleicht sagen wir besser: wie naiv. Ich weiß, wir sind selbst schuld, alle hatten uns gewarnt, in ein altes Haus zu ziehen. Und anscheinend sind wir auch die Einzigen. Der Rest wohnt in Apartmentblocks und Hochhäusern mit Pförtnern, englischsprachigem Service-Desk, Help-Hotlines, Schwimmbad, Fitnesscenter, Sauna, Beauty-Spa und anderem Komfort. Wir wollten da nicht hin. Ich wollte mich nicht zwei Jahre lang fühlen wie ein Hotelgast. Ich wollte ein Zuhause. Jetzt haben wir eins. Zusammen mit zehn bis fünfzehn schweißgetränkten Mitbewohnern pro Tag.

Amélie schaukelt und quietscht vor Vergnügen. Die Eltern sind eine angenehme Mischung aus Ökos, Schickimicki- und ganz normalen Leuten, von allem scheint etwas dabei zu sein, und das auch noch aus allen Ländern der Welt. Ich beneide Amélie fast ein bisschen. Ich wäre auch gern in einen internationalen Kindergarten gegangen, dann könnte ich jetzt vielleicht Chinesisch. Amélie sieht das etwas anders: »Mama, ich habe dem Mädchen gesagt, es soll da weggehen, aber es versteht mich nicht! Mama, die verstehen mich alle nicht!« Sie ist regelrecht empört. Die meisten Eltern brechen auf, ich bleibe. Music Time. Es werden amerikanische und chinesische Kinderlieder gesungen, dazu spielt ein alter Chinese Violine. Amélie findet alles sehr befremdlich, wippt aber mit den Füßen mit. Danach schmeißt sie mich tatsächlich raus: »Das ist hier doch nicht für

Mamas!« Ich bin sehr stolz auf sie und gehe nebenan einen Caffè Latte trinken. Die Sonne kämpft sich durch den morgendlichen Smog, ich halte ihr meine Nase entgegen und schließe die Augen. Ja, so könnte es gehen, das Leben hier.

Ein Container! Ein Container!

Wer viele Schätze anhäuft, hat viel zu verlieren.

Heute ist ein großer Tag: Unser Container kommt. Vor allem heißt das: Unser Bett kommt. Wer je auf einer chinesischen Matratze geschlafen hat, weiß, was dieser Tag für uns bedeutet. Unsere Leihmatratzen fühlen sich an wie Holzbretter mit Eisenspiralen darin. Legt man sich darauf, bohren sich die Spiralen durchs Rückenmark bis in die Schulterknochen und, wenn man es nicht mehr aushält und sich – als eingefleischter Seitenschläfer – auf den Rücken dreht, schließlich auch ins Steißbein. Die Schmerzen sind inzwischen so groß, dass Tobi täglich zwei Tabletten Diclac einwirft und ich freiwillig jeden Abend zu den Kollegen in den grünen Poloshirts gegenüber gehe, um mich massieren zu lassen. Dabei gucke ich immer durch ein Loch, das ziemlich dilettantisch in die Gummimatte geschnitten wurde, auf der ich bäuchlings liege, auf ungepflegte Füße in Badelatschen und einen verwarzten Linoleumboden und stelle mir vor, ich wäre im Shangri-La-Spa und die bunten Flecken da unten seien schwimmende Orchideen. Ich muss dabei immer an etwas denken, das meine Tante Nenne gern sagte: Wer am Boden liegt, kann nicht mehr fallen.

Eine siebzigminütige traditionelle chinesische Druckpunktmassage kostet hier neun Euro und funktioniert ungefähr so: Man meldet sich an, wobei ich immer nach dem

Masseur mit dem Nummernschild »007« frage, auf Chinesisch »Ling Ling Qi«, da er der Einzige ist, der ein paar Brocken Englisch spricht. Dann bekommt man eine Art Leinenpyjama, der in Farbe und Form an einen OP-Kittel erinnert, damit die eigene Kleidung während der Kneterei nicht zerknittert. In teuren Massagesalons sind die Pyjamas aus Seide, da Seide auf der Haut besser rutscht. 007 beginnt immer im Nacken. Er packt mich von hinten am Hals wie eine Löwenmutter ihr Junges und beginnt zu kneten, bis ich mir einbilde, alle Halswirbel zerbröseln zu hören. Dann bohrt er seine Fingerknöchel entlang der Wirbelsäule nach unten, natürlich mit seinem ganzen Gewicht, und verharrt dabei meist genau dort, wo es am meisten schmerzt, um noch einmal tiefer zu bohren. Jedes Mal, wenn ich denke, jetzt ist es geschafft, kehrt er zurück, um diesmal seine Daumen bis zu meinen Innereien zu vergraben.

»You okay, Miss?«

Stöhnen.

»Miss?«

»Me okay, Ling Ling Qi.«

»Too strong, Miss?«

»Yes, too strong.«

»Oh, *laowai* too weak.«

Laowai nennen die Chinesen Ausländer, was wörtlich »alter Mann von draußen« heißt und daher kommt, dass viele Ausländer (im Gegensatz zu chinesischen Männern) einen Bart tragen, der eben mit einem alten Mann assoziiert wird.

Danach knetet 007 das Fleisch meiner Arme und Beine genauso hart durch wie zuvor meinen Rücken und trommelt rhythmisch auf den Arminnenseiten. Er dreht meine Arme auf den Rücken, zieht, schiebt, schüttelt, reibt, bis ich meine, keine Luft mehr zu kriegen. Meine Nervenbahnen explodieren in alle Himmelsrichtungen; wenn er links oben knetet, zieht es im rechten großen Zeh und umgekehrt. Zum Abschluss packt er mich an beiden Knöcheln und macht wilde Beinfiguren, als wolle er die Budapester Beinschere oder eine Kamasutraposition mit mir nachstellen. Wieder wird geschüttelt und geklopft, dann, endlich, die Erlösung: Er massiert die Kopfhaut, ganz zart, und presst seine Finger leicht auf Schläfen, Augen und Stirn. Die ganze Prozedur ist für mich jedes Mal ebenso Folter wie Wunder. Denn hinterher fühle ich mich wie neugeboren. Da die chinesische Massage sich den Energiebahnen widmet, den Meridianen, ist man nach einer Massage entspannt und elektrisiert zugleich. Man ist gelöst und gleichzeitig voller Energie, es ist phantastisch.

Noch phantastischer ist die Dame, die heute Morgen an unserer Tür klingelt: eine sehr aufgeräumte, hübsche Chinesin in einer makellos weißen gebügelten Bluse und Trainingshose, die auch noch fließend Englisch spricht. Es ist schwer zu erklären und klingt sehr anmaßend, aber man sieht es wirklich sofort: In ihrem Gesicht findet sich keine Spur von Dummheit. »China ist das Land der unbegrenzten Möglichkeiten«, hatte ein Kollege, der schon lange in Shanghai lebt, einmal zu mir gesagt. Und hinzugefügt: »Und das Land der unbegrenzten Dummheit.« Ich fand ihn damals unverschämt. Jetzt weiß ich, was er damit meinte. Diese Gesichter, die Unverständnis, Verlegenheit und Dämlichkeit auf einmal ausdrücken, diese offenstehenden Münder mit dem regungslosen Lächeln, diese stoische Ruhe und Schlaffheit in der Körperhaltung werden mich eines Tages in den Wahnsinn treiben.

Ich weiß, ich sollte so etwas nicht sagen, geschweige denn schreiben, schließlich sind wir Fremde in diesem Land, die sich anpassen sollten, nicht umgekehrt. Wir sind die Dummen, die kein Chinesisch können und keine Ahnung von chinesischer Kultur haben. Die Visitenkarten mit einer Hand überreichen (wie unhöflich!), die versuchen, Taxen mit einem einfachen Winken zum Anhalten zu bewegen (statt mit dem Handrücken nach oben auf und ab zu wedeln), die im Restaurant getrennt Essen bestellen (und nicht mit jedem alle Gerichte teilen) und so weiter. Warum sollten wir von ihnen erwarten, dass sie alles so tun, wie wir Westler es gewohnt sind? Doch es ist verdammt schwer, politisch korrekt zu sein, wenn man ständig haarscharf an einem Nervenzusammenbruch vorbeischrammt.

Die Dame an der Tür stellt sich uns als »May, Ihre Umzugskoordinatorin« vor. Sie wirkt geradezu engelsgleich und dazu sehr wach und klar. Auf jeden Fall organisierter als Tobi und ich zusammen. Sie beschriftet alle Türen, drückt uns eine Liste in die Hand. Jeder Karton, der ins Haus getragen wird, muss von uns abgehakt werden, dann dirigieren wir ein Dutzend »Asian Tigers« (so heißt unsere Umzugsfirma) durchs Haus.

Nach drei Stunden sind alle Kartons unter Dach und Fach, alle Möbel aufgebaut, und der Versicherungsschaden ist dokumentiert. Das Gästebett ist zerbrochen, Amélies Kindertisch samt -bänkchen, zwölf Gläser und drei Bilder, vier Untertassen, zwei Suppenteller ebenfalls, und unsere geliebten Büffelhornlampen haben jetzt leider grüne statt weiße Lampenschirme (Möglichkeit eins: wegen der Feuchtigkeit, Möglichkeit zwei: Jemand versucht gezielt, uns in eine Psychose zu treiben). Für Tobi das Schlimmste: Sein Rennrad scheint verbogen. Das ist einerseits nicht schlimm, weil man in dieser Stadt ohnehin nirgendwo Rennrad fahren kann, es sei denn, man ist lebensmüde; andererseits ist es natürlich sehr, sehr schlimm, denn es ist ja kein Rennrad, sondern Tobis RENNMASCHINE, und er leidet sehr.

Erst der Porsche weg, jetzt auch noch die Rennmaschine hinüber.

May zuckt die Schultern und lächelt. »Wer viele Schätze hat, kann viel verlieren«, sagt sie. »Altes chinesisches Sprichwort.« Dann hinterlässt sie uns 20 Listen, Fragebögen und Zettel, die wir ausfüllen und der Versicherung schicken müssen. Wir nehmen alles entgegen. Nichts kann diesen Tag trüben. Fahrräder! Spielzeug! Kleider! Schuhe! Und vor allem: Matratzen! Punktelastische, rückenschonende Kaltschaummatratzen! Ich weiß nicht, wann ich zuletzt so glücklich war. Zu allem Überfluss hat der Zoll zwar den Alkoholkarton, den wir verbotenerweise eingeschmuggelt haben, offensichtlich durchsucht, jedoch nicht konfisziert. (Zu dem Zeitpunkt wissen wir noch nicht, dass uns vier Monate später eine Rechnung vom Zoll über 350 US-Dollar zugestellt werden wird.)

Amélie schläft an diesem Abend selig mit ihrer Legokiste im Arm ein, Tobi und ich mit einer Champagnerflasche.

JULI

Vom Versuch, einen Brief aufzugeben

Nur wenn du wagst, Dinge zu tun,
die du bisher nicht beherrscht hast, wirst du wachsen.

Chinesen stehen früh auf. Sehr früh. Zuerst rührt sich der Vogel unserer Nachbarin, ein schwarzer Beo, der *ni hao* sagen kann, das ist meist so gegen fünf. Es folgt der Recyclingmüllmann, der mit seiner aus zwei blechernen Topfdeckeln selbstgebastelten Klingel auf seinem Fahrrad um unser Haus scheppert und Pappe, Glas und alles irgendwie Wiederverwertbare sammelt. Dann, so gegen halb sechs, erwacht der Rest der Nachbarschaft. Spätestens um sechs herrscht reger Betrieb auf den Straßen, und die Chinesen widmen sich ihrer Lieblingsbeschäftigung: Essen. Das Frühstück wird in der Regel auf der Straße eingenommen, im Gehen, auf dem Weg zum Bus oder zur U-Bahn. Dafür kauft man im Supermarkt oder in den kleinen Kiosken, die es an jeder Ecke gibt, *Baozi* (sprich: Baodse), gedämpfte, farblose Brötchen mit Fleisch-, Gemüse- oder einer klebrigen, süßen Bohnenpastenfüllung. Sie werden in einem kleinen Plastiktütchen gereicht, falls man beim Essen kleckert. Ich habe es noch nie geschafft, ein *Baozi* zu essen, ohne zu tropfen, denn die Füllung ist mal mehr, mal weniger flüssig und immer kochend heiß. Die Brötchen schmecken nach rein gar nichts, die Füllung variiert von Kiosk zu Kiosk. Jedenfalls sind sie billig (20 Cent pro Stück) und machen satt.

Spätestens ab sechs Uhr morgens also sind die Bürgersteige voller Menschen, die ihre verschlafenen Gesichter in dampfenden Plastiktüten vergraben. Der Preis für das frühe Aufstehen: Mittags, spätestens um halb eins, schlafen alle wieder ein. Egal wo. Unser Recyclingmüllmann auf dem Müllhaufen seines Fahrradanhängers, Bauarbeiter auf Steinhaufen, Köche in der Küche, Männer vor leeren Suppenschüsseln im Restaurant, Zigarettenverkäufer am Kiosk, Melonenverkäufer auf Melonen, Rentner im Klappstuhl am Straßenrand. Selbst bei Meetings im Büro sind Zehnminutennickerchen am Konferenztisch gang und gäbe.

Auch ich bin heute früh aufgestanden, denn ich habe eine Mission: Amélie will unbedingt all ihren Freunden in Deutschland Lernstäbchen schicken. Sie isst inzwischen ziemlich gut damit, vor allem Guilings Shrimps. Also haben wir Briefe geschrieben, Lernstäbchen gekauft und in Kuverts gepackt; und nun stehe ich auf dem Postamt am Ende einer circa 50 Meter langen Menschenschlange. Die Hälfte der Leute trägt Schlafanzug. Ich fühle mich blendend und abenteuerlustig und sehr selbstständig. Gerade habe ich Amélie mit dem Fahrrad in der Kita abgeliefert, habe zum ersten Mal eine Kreuzung auf Chinesisch überquert (Ampel missachtet, in die Mitte gefahren, abgewartet, in der Nase gebohrt, eine freie Lücke genutzt und mich mit viel Klingeln quer hinübergekämpft). Und ich habe sogar das Postamt allein gefunden.

Als ich nach 45 Minuten endlich an die Reihe komme, packe ich meine Briefe aus und simuliere mit den Armen ein Flugzeug und mache dabei Pfeifgeräusche. Der Postbeamte sieht mich fassungslos an, dann brüllt er los. Ich zucke mit den Schultern, er brüllt noch lauter, ich versuche es noch mal mit der Flugzeugnummer, da greift er schließlich nach den Briefen in meiner Hand und reißt sie mit Gewalt auf. Dann brüllt er wieder und drückt mir die aufgerissenen

Kuverts in die Hand und zeigt mir mit einer angewiderten Handbewegung den Ausgang. Ich fliege aus dem Postamt. Auch eine Form von Luftpost – und das erniedrigende Ende meines Abenteuers, meines selbstständigen Höhenflugs. Ich könnte heulen. Ich habe Abitur, fünf Jahre studiert und bin nicht einmal in der Lage, allein einen Brief aufzugeben.

Vor dem Postamt kichern ein paar Chinesen, die die Szene beobachtet haben. Bloß schnell weg hier. Leider hat mein Fahrradsattel inzwischen die Temperatur einer Kochplatte, ich verbrenne mir fast den Hintern darauf. Jetzt weiß ich auch, warum so viele Chinesen im Sommer immer mit nassen Handtüchern auf dem Kopf unterwegs sind. Sie kühlen das Hirn und alles, was man sonst noch braucht.

Wir haben 41 Grad, und das bei einer Luftfeuchtigkeit von 95 Prozent. Die Stadt klebt vor Schweiß und Staub. Das Gute an der Luftverschmutzung ist, dass der Feinstaub offenbar auch die UV-Strahlen filtert. Jedenfalls habe ich die 28 Flaschen importierte chemikalienfreie Lavera-Sonnencreme noch nicht ein einziges Mal angerührt, und trotzdem ist keiner von uns bisher verbrannt.

Die Shanghainesen haben ihre eigene Art, mit der Hitze umzugehen: Sie essen Unmengen von Wassermelonen. Überall auf den Straßen sieht man Menschen, die in der Hocke balancieren und mit einem Suppenlöffel riesige Wassermelonen aushöhlen. Wassermelonen zählen in der Traditionellen Chinesischen Medizin zu den »kalten Nahrungsmitteln«, die die Hitze im Körper eindämmen und eine heilende Wirkung auf den Organismus haben sollen. Die Jüngeren krempeln sich zusätzlich zur Belüftung ihre T-Shirts bis zu den Brustwarzen hoch, so dass ab 36 Grad aufwärts die Straßen voller nackter, schmaler Hühnerbrüste sind.

Die Frauen bewahren mehr Contenance und tragen auf ihren Elektrofahrrädern eine Art Tischdecke mit Spitzenbordüre und Gummizug obendran auf dem Kopf. Dann noch den vollverspiegelten Sonnenschutzschild aufgesetzt, der immer ein bisschen nach »Star Wars« aussieht – und fertig ist Darth Vader im Spitzenumhang. Damit kombinieren sie gern fleischfarbene Nylonsöckchen, denn Chinesen gehen davon aus, dass Kälte (und damit Krankheiten) über die Füße in den Körper wandert, weswegen diese unter allen Umständen wohltemperiert sein müssen. Die modebewussteren Frauen schützen sich vor der Sonne, indem sie ihre Jacken verkehrt herum anziehen und hinten offen lassen.

Ich habe mir auch so ein Darth-Vader-Visier gekauft. Es hält zusätzlich den Baustellenstaub ab und ist sehr praktisch, auch wenn es die Frisur ruiniert. Nicht dass mich das stören würde, denn wer keine Frisur hat, kann sie auch nicht ruinieren. Ich habe keine Ahnung, wo ich hier einen guten Friseur finden soll oder besser gesagt: einen Friseur, der auch Haare schneidet. Das mit den Friseursalons ist in Shanghai nämlich so eine Sache. Man erkennt sie in der Regel an sich drehenden kleinen Litfaßsäulen mit holographischen, hypnotisierenden Mustern vor dem Eingang. Sind die Muster jedoch pink oder glitzern und leuchten nachts in funky Farben, kann man sicher sein, dass man dort keinen Haarschnitt, sondern einen Blowjob bekommt (sehr günstig übrigens, habe ich mir sagen lassen, für umgerechnet drei bis fünf Euro). Jedenfalls habe ich das Haareschneiden auf unbestimmte Zeit verschoben.

Wir haben hier ohnehin andere Probleme: Kakerlaken zum Beispiel. Heute Morgen saß ein fünf Zentimeter großes Exemplar (ohne Fühler gemessen) im Wohnzimmer, das Tobi mit einem Hammer zertrümmert hat. Und dann diese Sprache! *Putonghua*, das Hochchinesisch, ist die meistgesprochene Sprache der Welt. Ja, ich weiß, es muss theoretisch möglich sein, Chinesisch zu lernen: 1,4 Milliarden Chinesen haben es geschafft und diverse Expats auch. Praktisch scheitern Tobi und ich jedoch beide an dieser Aufgabe.

Nach fünf Privatstunden können Tobi und ich nicht mehr als das besagte *ni hao* und *xiexie* (danke) und üben immer noch Laute und Töne beziehungsweise den Gesang der Laute. Tsch, dsch, sch, ch – bei jedem Laut muss man die Zunge anders rollen und in Kombination mit Vokalen mal von unten nach oben, mal von oben nach unten singen. Ein und dasselbe Wort kann je nach Singsang komplett verschiedene Bedeutungen haben. Die Silbe *ma* beispielsweise heißt je nach Intonation »Mutter« oder »Pferd«. Wer ein Mädchen mit ein paar Brocken Chinesisch beeindrucken will, sollte bei dem Kompliment »Du gleichst deiner Mutter« also vorsichtig sein.

Hinzu kommt, dass Chinesisch lernen für Ausländer eine reine Willens- und Geduldsfrage ist. Es geht schlicht darum, möglichst viele Wörter auswendig zu lernen. Grammatikalisch ist Chinesisch nämlich unglaublich einfach: Es gibt keine Zeitformen, es wird weder dekliniert noch konjugiert. Statt »ich bin Deutsche« sagt man hier »ich sein deutsch Mensch« (*wo shi deguo ren*), statt »Wie viel kostet das?« einfach »Viel wenig Geld?« (*duo shao qian?*). Auch die Wortkombinationen sind simpel und logisch: *Mai* (von unten nach oben gesungen) heißt beispielsweise »kaufen«, *mai* (von oben nach unten gesungen) »verkaufen« und *maimai* »Geschäfte machen«.

Ich finde das Rauf- und Runtersingen niedlich, Tobi findet es schwul. Genauer gesagt hat er Probleme mit dem vierten Ton, den man von oben nach unten singt, wie bei einem affektierten »Puuuh!«. Er weigert sich, den vierten Ton auszusprechen (»Ich bin doch keine Tunte!«), was unseren armen Chinesischlehrer Liwei jedes Mal zur Verzweiflung treibt. Ich kann mich beim Unterricht ohnehin kaum konzentrieren, weil ich ständig von pubertären Lachkrämpfen geschüttelt werde, wie ich sie nur aus der Schulzeit kenne. Die Tränen laufen, der Bauch tut weh, ich kann nicht aufhören zu lachen, und Tobi übt weiter »tschrrrr«.

Der Markt der verlorenen Seelen

Tore und Fenster müssen einander entsprechen.

Man kann in Shanghai so gut wie alles kaufen: Schwarzbrot, Sauerteigbrot (es gibt sogar eine deutsche Bäckerei), Pfanni-Knödelpulver, Illy-Kaffee (für schlappe zwölf Euro), die gesamte H&M-Zara-Mango-Palette, sogar Flensburger Bier. Nur leider: kein Grün. Ich hätte nie gedacht, dass mir diese Farbe so fehlen würde. Statt echter Bäume pflanzen sie hier überdimensionale Plastikblumenbäume in den Parks. Dafür geht es dort bedeutend lustiger zu als in Deutschland: Rentner treffen sich nicht nur zum Standardtanzen, sie turnen an Bäumen oder spielen Mahjong, Arbeiter machen nach Feierabend ihre Tai-Chi-Übungen, und Friseure bieten ihre Dienste an, was rege angenommen wird.

Im Park am People's Square findet jeden Samstagnachmittag ein besonderes Schauspiel statt. Schätzungsweise 500 adrett gekleidete Damen und Herren versammeln sich hier und klemmen mit Wäscheklammern selbstgebastelte Pappschilder in die Büsche oder pinnen Zettel in Klarsichtfolien an die Bäume. Sie tragen Blümchenkleider, gebügelte Hemden, Regenschirme oder nasse Handtücher auf dem Kopf, denn es ist unerträglich heiß an diesem Wochenende.

Wendy, eigentlich unsere Hausverwalterin, der Tobi kürzlich einen neuen, erträglicheren Job als Marketingassistentin verschafft hat, will sich bei ihm bedanken und hat uns auf ein Eis im Häagen-Dasz am People's Square eingeladen. Für den Preis einer Kugel Eis bekommt man in jedem durchschnittlichen chinesischen Restaurant zehn warme Mahlzeiten, wovon sie sich jedoch nicht hat abhalten lassen. Jetzt übersetzt sie uns mit einer großen Eiswaffel in der Hand, was auf den Schildern steht: »Mann, ledig, Jahrgang 71, 1,70 Meter, ein Haus in Hongqiao, zwei Apartments, Master's Degree, angestellt bei großer US-Firma, Monatsgehalt 12000 Yuan (circa 1200 Euro), Nichtraucher« steht auf einem der Zettel oder: »Frau, ledig, 27, 1,60 Meter, hübsches Gesicht, Anwältin, Monatsgehalt 9000 Yuan (circa 900 Euro), Nichtraucherin, Vater Ingenieur, Mutter Ärztin«.

Es sind die Eckdaten ihrer Töchter und Söhne, die hier wie Gebrauchtautos angeboten werden. Die Baujahre liegen zwischen 1970 und 1983, die Ausstattung scheint durchweg tipptopp: Uni-Abschluss, gebildetes Elternhaus, gute Jobs. Sie haben nur einen Makel: Sie sind über 25 und Singles. Chinas Ein-Kind-Politik hat den Druck, die Tochter oder den Sohn in den fruchtbarsten Jahren unter die Haube zu bekommen, deutlich erhöht. Schließlich haben Eltern nur diese eine Chance auf ein Enkelkind. Auch wenn die Zeit organisierter Ehen in China zumindest in den Städten längst vorbei ist – wer nicht rechtzeitig zum Zug kommt, kann sicher sein, dass die Familie einschreitet und, vorsichtig ausgedrückt, Vorschläge macht.

Ein Mann, der sich uns freundlich als Herr Chen vorstellt, steht auf einem grünen Plastikhocker und brüllt wie ein Marktschreier die Vorzüge seiner Tochter über die Büsche: »29, schöne weiße Haut, 1,68 Meter, Art Director in einer Werbeagentur, Audi A4, Wohnung, Mutter Ärztin, Vater Lehrer.« – »Die wird er nie los«, tuscheln zwei Frauen, »die verdient über 30000 Yuan.« Man kennt sich. Manche kommen seit Jahren hierher. Das Glück könnte ihnen ja gerade heute begegnen.

Einige Eltern haben eng bedruckte kleine Handouts mit den wichtigsten Daten vorbereitet, andere haben die Schilder mit E-Mail-Adressen zum Abreißen versehen. Bei Interesse und passablem Gegenangebot werden eilig Schuhkartons mit Bildern ihrer Schützlinge vom Kleinkindalter bis zum letzten Bikini-Urlaubsfoto hervorgekramt. Die Professionelleren haben Leporellos gebastelt: Sohn mit bestem Freund, Sohn beim Tischtennis, Sohn im Anzug, Sohn vor seinem Auto.

Die abgegriffenen Bilder in Herrn Chengs Tasche zeigen einen chinesischen Jean-Seberg-Verschnitt mit Kurzhaarschnitt, Leggins, Minirock, Ringelshirt und Highheels. »Schöne weiße Haut«, sagt er, in China ein Statussymbol der Oberschicht. »Und schlank.« Seine Tochter scheint eine echte Sahneschnitte, die er anpreist wie einen zu lange gelagerten Schinken.

Karrierefrauen, die auf die 30 zugehen, sind ein Problem in China. Sie sind schwer vermittelbar in einem Land, das zwischen Aufbruch, Tradition und Statusdenken gefangen ist. Kein normaler Chinese will eine Frau, die älter oder größer ist als er oder eine bessere Ausbildung hat. Und schon gar keine, die mehr verdient oder ein größeres Auto fährt. Natürlich wollen die Männer aber auch keine, die überhaupt kein Auto hat oder ungebildet ist. »Tore und Fenster müssen einander entsprechen« lautet ein altes chinesisches Sprichwort.

Weil seine Tochter angeblich keine Zeit hat, selbst ein passendes Tor oder Fenster zu besorgen, sieht Herr Cheng es als seine Pflicht zu helfen – natürlich ohne ihr Wissen. Dreimal habe er bereits ein Treffen arrangiert, was dann ungefähr so verläuft: »Neulich habe ich meinen alten Freund XY getroffen, der hat einen Sohn, und wir wollten mal alle zusammen essen gehen ...« Bisher sei leider nie etwas daraus geworden. Ob er sich vorstellen könne, dass seine Tochter ihr Single-Leben vielleicht sogar genieße? Herr Cheng schüttelt den Kopf und wendet sich angewidert ab. »*Laowai*«, sagt er, Langnasen, und steigt wieder auf seinen Hocker. Menschen, die nicht heiraten oder am Ende keine Kinder wollen, gelten in China als *guai*, suspekt.

Eine Frau vom benachbarten Busch hat die Unterhaltung mitangehört und schaltet sich ein: »Die Kinder arbeiten und arbeiten, von morgens bis abends, wie soll da Zeit bleiben für die Partnersuche?« Die Frau hat rotgefärbte Haare und eine progressive Dauerwelle. Sie hat von ihrem Sohn ein obligatorisches Ich-und-mein-Auto-Foto samt Lebenslauf, mit Steinen und Buchsbaumzweigen umrahmt, auf dem Boden drapiert, was ein bisschen aussieht wie eine Traueranzeige. Ihr Sohn, 33, leitender Bankangestellter, Auto, Apartment, ist ebenfalls solo. Und die Bank, schimpft sie, kümmere sich kein bisschen um die Partnersuche! Andere Betriebe dagegen würden Tanzpartys für Single-Mitarbeiter organisieren. Also nehme sie sich nun der Sache an. »Wir Eltern tun alles für unsere Kinder, das versteht ihr Ausländer nicht.« So kann man es auch sehen. Welche Mutter würde sich bei uns jeden Samstagnachmittag in den Park stellen, um ihr Kind unter die Haube zu bringen?

Kuppeln ist in China keine Ausnahme, sondern Normalfall. Im Grunde bleibt jungen Leuten auch nichts anderes übrig, denn offensives Flirten ist verpönt und Anbandeln ein langwieriger Prozess. Für Frauen gilt: Der erste Schritt muss vom Mann ausgehen. Für Männer gilt: Man spricht keine fremden Frauen an, weder auf Partys noch auf der Straße. Zu peinlich, zu aufdringlich und vor allem: zu groß ist die Gefahr, sein Gesicht zu verlieren. Als einzige Möglichkeit bleibt also, jemandem vorgestellt zu werden. Daher gleicht die chinesische Partnersuche einem Masterplan in drei Akten, an dem das gesamte soziale Netzwerk beteiligt ist: Familie, Freunde, Kollegen.

Erster Akt: das unverbindliche Vorstellen. Zweiter Akt (gegenseitige Sympathie vorausgesetzt): die *Ai-mei*-Phase, was wörtlich die Keine-Liebe-Phase meint. Man könnte es auch als Liebe-Verzögerungs-Phase bezeichnen. Es ist eine romantische, sorglose Grauzone zwischen platonischer Freundschaft und Liebesbeziehung ohne Verpflichtungen. Vom Mann wird in dieser Zeit vor allem eines erwartet – Aufmerksamkeit in jeder erdenklichen Form: 10 bis 20 SMS pro Tag, kurze Mails, Blumenboten, kleine Geschenke, Teddybären, Ohrringe, der Lieblingsjoghurt, was auch immer. Dritter Akt: das eigentliche Dating, das in der Regel nach einer symbolischen Ouvertüre folgt (Kuss, Händchenhalten etc.).

Zu viele Akte für ihren Jungen, findet die Frau mit der Dauerwelle und winkt jemanden herbei. Es ist ihr Sohn, der leitende Bankangestellte. »Wie ist es gelaufen?« – »Geht so«, sagt seine Mutter. Dann wendet sie sich an Wendy und zeigt auf mich. Ob ich nicht eine Freundin hätte, die noch solo sei, will sie wissen. Eigentlich solle ihr Sohn zwar nicht ins Ausland, aber die Kinder würden immer so hübsch. Wendy ist die Situation sichtlich unangenehm. Sie begrüßt den jungen Mann und stellt uns vor. Er heißt Liwei, hat feine Gesichtszüge, trägt eine Brille und einen Ipod Shuffle am Kragen und kann Englisch. Er ist richtig nett und wirkt ziemlich locker. »Ich bin längst auf Single-Börsen im Internet umgestiegen«, erzählt er vollmundig. »Die Mädchen in Shanghai sind doch alle nur aufs Geld aus.« Wendy lacht verlegen.

Da verhakt sich plötzlich ein Mädchen mit ihrem Knirps-

Schirm in Liweis Ipod-Kabel. Ein verstohlenes Lächeln, weg ist sie. Das wär' Ihr Preis gewesen. »Warum hast du sie nicht angesprochen?«, fragt Tobi. Sie ansprechen? Ein fremdes Mädchen? Liwei schüttelt den Kopf. »Nein, nein.« Niemals? »Vielleicht höchstens in einer Extremsituation.« Dann überlegt er kurz und sagt: »Bei einem Erdbeben oder so.«

Hongbao und Amok laufende Nachbarn

Mit Geld kann man sogar Götter bestechen.

In der Nacht werden wir von lautem Rumpeln geweckt, können aber nicht feststellen, woher es kommt. Am nächsten Morgen wird schnell klar, was die Ursache war: Unser verrückter Nachbar, der uns für West-Spione hält, hat die Klimaanlage, die nach langem Verhandeln endlich nicht mehr in, sondern vor unserem »Garten« steht, eingetreten. Die Rotationsblätter sind zerbrochen, nichts geht mehr. Und das bei 40 Grad.

Wir rufen Eleanor an, unsere Maklerin, die seit Wendys Weggang nun auch die Hausverwaltung mit übernehmen muss. Die ruft ihre Chefin an, die den Repräsentanten des Landlords, der den Landlord beziehungsweise die Landlady, die ihre Arbeiter. Eine Stunde später stehen fünf Menschen ratlos vor den Trümmern unserer »Luxury Central Air Condition« (Mietvertrag). Der Repräsentant des Landlords murmelt etwas, was uns Eleanor mehr oder weniger mit »Hab ich doch gleich gesagt« übersetzt, und geht erst einmal zur Polizei, Anzeige gegen unbekannt erstatten.

Unsere Nachbarn laufen schon seit ein paar Tagen Amok, allen voran der Verrückte. Angeblich fühlen sie sich von dem Kondensator, der in unserer Gasse steht, gestört. Daneben hängen zwar circa acht weitere Kondensatoren von den Nachbarhäusern, aber unser Gerät sei eben nicht an der Wand angebracht wie die anderen, es sei zu laut, der heiße Wind, der gegen eine Hauswand (!) geblasen wird, unerträglich und überhaupt: alles viel zu gefährlich, wenn da ein Kind seine Finger reinsteckt! Schön, dass wir das Ding einen Monat lang auf unserer Terrasse stehen hatten. Nachdem wir uns lange genug beschwert hatten, ließ der Landlord seine Feldarbeiter zunächst ein Regal bauen, auf das er die tonnenschwere Anlage stellen wollte, damit die Heißluft über die Mauer nach draußen geblasen würde. Das zusammengelötete, wacklige Gestell, das die Arbeiter dann brachten, krachte allerdings bereits zusammen, als Amélie darauf rumturnte. An der Wand aufhängen sei nicht möglich, erklärte uns Eleanor, weil die Mauern zu brüchig seien. Erst unsere Drohung, die aberwitzige Miete zu reduzieren, hat Wirkung gezeigt.

Seit einer Woche steht das Ungetüm nun endlich draußen, und Amélie hat im Garten sofort das Planschbecken, das unsere Freundin Tanja geschickt hat (danke für dieses Care-Paket!), aufgebaut – herrlich. Angeblich ist es zwar illegal, sein Gebläse rauszustellen, aber nachdem die Vermieterin der Nachbarschaftsvorsteherin (zu erkennen an einer roten Armbinde) *Hongbao* gegeben hatte, einen roten Umschlag mit Geldgeschenk (so wird hier Schmiergeld überreicht), war es plötzlich nicht mehr illegal.

Nach zwei Tagen rief dann Eleanor an. Die Klimaanlage müsse leider, leider zurück in unseren Garten, sonst käme der Laster nicht durch die Gasse.

Ich: »Welcher Laster?«

Sie: »Der Laster, der einmal im Monat kommt.«

Ich: »Welcher Laster?«

Sie: »Der, der die na ja … In den alten Häuser, also die

Leitungen, die von den Häusern, also bei alten Häusern ist
das anders, und der Laster …«

Ich: »Welcher Laster?«

Sie: »Na ja, in den alten Häusern, die Rohre …«

Ich: »Was?«

Sie: (kichert)

Ich: (brülle) »Was zum Teufel soll das?«

Sie: (leise) »Shit.«

Ich: »Was?«

Sie: (lauter) »Der Laster, der die Scheiße abholt.«

Wahrscheinlich bekam der Scheißlasterfahrer auch noch
Hongbao, jedenfalls gewährte man uns noch drei weitere
herrliche Tage im Garten. Und jetzt das. Wir geben auf. Der
verrückte Nachbar hat gewonnen. Lieber eine laute, gefähr-
liche Klimaanlage im Garten als gar keine.

Tag des Lächelns am Huangpu

Der kürzeste Weg zwischen zwei Menschen ist ein Lächeln.

Dieses Wochenende spielen wir Touristen und fahren zum
»Bund«, wie die Uferpromenade am Huangpu genannt
wird. Ihre Kolonialhäuserzeile ist das übliche Titelmotiv der
Shanghai-Reiseführer. Leider wird die gesamte Straße gerade aufgerissen, da bis zur Expo 2010 eine Fußgänger-
promenade entstehen soll, unter der eine neue U-Bahnlinie
fahren und der Autoverkehr sechsstöckig fließen werden.
Die Arbeiter baggern und schweißen und löten 24 Stunden
am Tag, auch am Wochenende. Das macht die Sache ziemlich laut und staubig, aber trotzdem lustig, denn eigentlich
ist es hier auch nicht anders als an den Landungsbrücken
in St. Pauli. Barkassen und absurde »Miss Louisiana«-Aus-

flugsdampfer mit Wasserradattrappen karren Touristen über den Fluss, es riecht nach Pommes, und fliegende Händler verkaufen Haifischdrachen und Minileuchttürme. Über die Promenade schleppen sich trotz Hitze Tausende Menschen, die sich gegenseitig fotografieren, lächelnd, mit Victory-Zeichen, vor dem Hintergrund der anderen Uferseite: Pudong.

Oder sie lassen sich fotografieren. Entlang der ganzen Uferpromenade stehen Dutzende Hochzeitspärchen mit Dauerlächeln, umringt von Fotografen, Beleuchtungsassistenten, Haar- und Make-up-Stylisten. Hochzeitsgäste sind weit und breit nicht zu sehen, denn die Fotosession ist die Zeremonie vor der Zeremonie – und der wichtigste Teil einer chinesischen Hochzeit, der in der Regel so abläuft: Das Brautpaar sucht ein »Wedding Studio« auf (die ganze Huai Hai Lu ist voll davon), die Braut wählt drei bis vier verschiedene Leih-Outfits aus, darunter mindestens ein weißes Glitzerbrautkleid, ein enganliegender roter Qipao, also das traditionelle chinesische Kleid, und ein rosa Prinzessinnenkleid mit viel Rüschen und Tüll. Am Fototag oder -wochenende werden alle Kleider samt wechselnden Frisuren und Make-ups an verschiedenen Schauplätzen aufgenommen, wobei der Bräutigam die Braut auffangen, küssen, anschmachten oder durch die Luft wirbeln muss – vor dem Fernsehturm, im Park, vor dem Museum, am Brunnen, am Bund. Manche Paare stellen ihre Hochzeit unter ein bestimmtes Motto, etwa »Cinderella Dream« oder »European Romance«; dann werden die Fotos mit pinkfarbener Blumendeko inszeniert oder entsprechende Locations aufgesucht, zum Beispiel »Themenparks« wie Anting, eine chinesische Version vom Bauhaus-Weimar, nahe dem Volkswagenwerk, oder das unbewohnte, einer britischen Kleinstadt nachempfundene Thames Town in Songjiang. Die besten Bilder werden für die heimische Fotogalerie vervielfältigt, im Büro vorgezeigt und an 200 Hochzeitsgäste geschickt, darunter lohnt der ganze Aufwand nicht. Das allerbeste Bild wird dazu auf ein überlebensgroßes Poster gedruckt, das dann im Hochzeitsrestaurant am Eingang hängt.

Amélie ist von den Hochzeitspaaren so angetan, dass sie, ohne nach vorn zu sehen, in einen mobilen Fahrradgrill rennt, auf dem Hühnchenspieße vor sich hin brutzeln (so wie sie aussehen, seit mindestens zwei Tagen). Glücklicherweise läuft der Zusammenstoß ohne Verbrennungen ab, so dass uns der erste Notaufnahmen-Sonntag in einem chinesischen Krankenhaus für heute erspart bleibt. Nach dem Schock setzen wir uns erst mal auf die Dachterrasse des »historischen Leuchtturms«. Bestimmt eine weitere Touristenfalle, aber egal, es gibt immerhin Carlsberg-Bier. Von oben hat man einen wunderbaren Blick auf das Fotoschauspiel. Neben uns sitzt ein junges chinesisches Paar, das, wie sich herausstellt, frisch verheiratet ist. Sie haben im Juli geheiratet, für August war leider kein Termin mehr frei, geschweige denn für den 8. 8. 2008, der dreimal Glück verspricht. Nicht umsonst werden die Olympischen Spiele an diesem Tag um 20.08 Uhr eröffnet. Acht heißt auf Chinesisch *ba*, was so ähnlich klingt wie *fa*, und das wiederum bedeutet »reich werden«.

Eine durchschnittliche Hochzeit in Shanghai macht genau das Gegenteil: arm. Über 12 000 Euro geben Shanghainesen im Durchschnitt für ihre Hochzeit aus, was einem Jahresgehalt unseres Tischnachbarn entspricht, wie er uns freimütig mitteilt. Erst neulich habe ich gelesen, dass die Hochzeitsindustrie in China mittlerweile 2,5 Prozent des Bruttoinlandsprodukts ausmacht. Kein Wunder. Die größten Posten sind dabei die Fotoarbeiten und natürlich das zehngängige Hochzeitsmenü. Um einen Teil der Ausgaben

wieder hereinzubekommen, muss jeder der 200 Hochzeitsgäste als Geschenk einen *Hongbao* (roten Umschlag) mit
50 bis 150 Euro überreichen. Jetzt wissen wir auch, warum
Fang jedes Mal so schlecht gelaunt ist, wenn er auf eine
Hochzeit eingeladen ist.

Wir bleiben mindestens drei Stunden auf dem Leuchtturm sitzen, und nach und nach beginnt auf der anderen
Seite die Pudong-Skyline zu leuchten und blinken. Das
letzte Gebäude, der Pearl Tower, wird erst um halb acht an-
geknipst. Doch das Warten lohnt sich: Offenbar hat ein
Lichttechniker die gesamte Farbpalette aller erdenklichen
Leuchtmittel zusammengekauft, jedenfalls blitzen und dre-
hen sich bunte Lichter, dass einem schwindelig wird. Jedes
Fenster mit türkischer Weihnachtsbeleuchtung in St. Pauli
ist ein Dreck dagegen. Selbst die Schiffe verwandeln sich im
Dunkeln in grün, blau und pink blinkende mobile Leucht-
reklametafeln.

Weil direkt gegenüber die »Superbrand Mall« (in der es alles außer Superbrands gibt) so schön golden leuchtet, beschließen wir, noch auf die andere Seite zu fahren. Vielleicht
finden wir ja dort ein Lego-Bauernhaus, das sich Amélie seit
Monaten wünscht. Was man vom Leuchtturm aus allerdings
nicht gesehen hat: Auf dieser Seite des Flusses sind noch
mehr Leute unterwegs. Ein breiter Menschenteppich schiebt
sich durch die goldene Tür der Superbrand Mall. Familien,
Pärchen, Rentner. Fang, unser Fahrer, zeigt sich ungerührt
und sagt nur: »Es ist Samstagabend.« Klar, ich kann mir
nichts Schöneres vorstellen, als Samstagabend in eine Shopping-Mall zu gehen! Fang meint, er mache das auch oft mit
seiner Freundin, obwohl er Shoppen hasse. Wenn sie Samstagabend nicht shoppen gehen, gehen sie zu Kentucky Fried
Chicken, Chicken Wings essen. Das mag er genauso wenig,
aber seine Freundin. Doch manchmal, wenn sie »romantisch

ausgehen«, wie es Fang nennt, entscheiden sie sich für ein Lokal, das er auch mag: Pizza Hut. Der Vorteil von Pizza Hut ist – von dem exklusiven exotischen Essen mal abgesehen, dass es im Gegensatz zu den üblichen China-Restaurants Zweiertische gibt.

Meistens gehen sie jedoch gar nicht aus; dann guckt Fangs Freundin eine der 300 chinesischen Soaps, während er am Computer rumballert. Das Ganze nennt er dann: »enjoying air condition«. Tobi kann das nicht fassen – keine Bars, nie tanzen gehen, in keinen Club oder so? Nie? »O no.« Fang lacht verlegen. »Kala-o-k« (Karaoke) ja, manchmal, mit seiner Clique. Tobi hat er mal von »KTV« erzählt, Karaoke-Television-Clubs mit »leichten Mädchen«. Sie werden dafür bezahlt, dass sie nett zu einem sind. Solange ich im Auto sitze, würde Fang jedoch nie darüber sprechen. Zum ersten Mal wird mir bewusst, dass man in den meisten »normalen« Bars (Bars, die ICH normal finde) fast nur Langnasen sieht, und die sind alle mehr oder weniger in unserem Alter. Deswegen finde ich Ausgehen hier wohl auch so angenehm, weil man sich nicht fühlt wie eine abgetakelte Oma zwischen jungen Teppichludern.

Wir drängeln uns also durch die schwitzende Masse zum Lego-Regal im Toys'R'Us. Es gibt Polizeistationen, Baustellen, Feuerwehrautos, Space Shuttles, aber keinen Bauernhof. Wie naiv von uns. Zum Trost findet Amélie Steckperlen, mit denen sie zu Hause ihr neues »allerliebstes Lieblingsgebäude« nachbaut: den Pearl Tower. Nur blinken kann er nicht.

Jedes Ding hat seinen Ursprung

Flüsse haben Quellen, Bäume haben Wurzeln.

An diesem Morgen werden wir von einem neuen undefinierbaren Geräusch geweckt: ein lautes, grelles Rasseln oder Zischen, schwer zu beschreiben, aber ohrenbetäubend. Tobis erster Gedanke: Die Klimaanlage ist wieder im Eimer. Meiner: Die Nachbarn haben sich verbündet und erklären uns mit selbstgebastelten Rasseln den Krieg. Dann fliegt das Geräusch weiter, buchstäblich. Wenig später findet Tobi einen toten Käfer mit überdimensional großen Flügeln auf unserer Terrasse. Eine kurze Internetrecherche hilft weiter. Laut Wikipedia handelt es sich um eine Singzikade: »Insekten, die durch Stridulation (Aneinanderreiben von Körperteilen) von Menschen hörbare Laute produzieren. Dafür verfügen sie über speziell ausgebildete Trommelorgane.« Amélie versteht nur Bahnhof, also erkläre ich ihr, dass in unserem Baum Tausende von Käfern sitzen, die trommeln. Jetzt trommelt sie immer auf ihrem Fahrradsitz, wenn wir an einem Baum voller Zikaden vorbeifahren.

Die Chinesen lieben singende Insekten. Schon zu Kaiserzeiten fingen die Hofkonkubinen im Sommerpalast Grillen, die sie in goldenen Käfigen hielten und bei Bedarf dem Kaiser vorsingen ließen. Es gibt in Shanghai einen eigenen Insektenmarkt, wo die Tiere, je nach Seltenheit und Größe, für bis zu 100 Euro verkauft werden. Dort finden an jeder Ecke Grillenwettkämpfe statt, um die jeweils ein Dutzend Männer stehen, die fluchen, zetern und rauchen, was das Zeug hält, und damit ein typisch chinesisches Hobby pflegen. Allerdings rauchen fast ausschließlich Männer, für Frauen gilt es als unschicklich. Dafür paffen die Männer für zwei: Sowohl in den Städten als auch auf dem Land raucht fast die Hälfte von ihnen. (Damit ist jeder dritte Raucher auf der Welt ein Chinese, was dem Gesundheitsministerium zunehmend Sorge bereitet.) Doch zurück zu den Grillengefechten: Ein Schiedsrichter kitzelt dabei die verstörten Grillen unentwegt mit einem Strohhalm, um sie in Kampfstimmung zu bringen. Auch auf den Straßen bieten fahrende Händler Zikaden, Heuschrecken oder Grillen in Marmeladengläsern an. Neulich wunderte ich mich in einem Taxi während der ganzen Fahrt über ein lautes Trommeln und machte mir ernsthaft Sorgen, ob das Auto nicht an der nächsten Ampel liegenbleiben würde, so laut war der Krach. Doch dann präsentierte mir der Taxifahrer stolz die Quelle des Krawalls: seine zwei Laubheuschrecken, die er neben seiner Teeflasche geparkt hatte. »*Jiao Gege*«, sagte er, »the Singing Brothers«.

Heute Nachmittag nehmen wir lieber das Fahrrad und fahren zur Taikang Lu, die aus einem alten, sehr charmanten Gewirr aus kleinen, verwinkelten Gassen und verfallenen Häusern besteht. Teilweise sehen die Gebäude aus, als würden sie jeden Moment zusammenfallen, teilweise, als wären sie für einen stylischen Werbekatalog restauriert worden. Zwischen Galerien, Highend-Boutiquen, Bars, Cafés, Ateliers und Weinläden putzen sich Menschen in verschimmelten Waschbecken vor dem Haus die Zähne oder dösen in Sperrmülliegen vor der Tür. Während wir Organic Ginger Chili und Apple Mint Ice Cream, die vor unseren Augen frisch zusammengemixt und schockgefrostet wurde, aus biologisch abbaubaren Eisbechern löffeln, erledigt ein Nachbar seine gesamte Körperwäsche in Unterhose am Becken vor seiner Tür. Eine alte Frau sitzt daneben auf einem Plastikhocker, pellt Shrimps und wirft die Schalen zwischen seine Beine. In der Galerie gegenüber kann man eine tönerne Armee für 3500 Euro pro »Soldat« kaufen: rote Porzellanriesenbabys mit Maschinengewehren in der Hand. Und dazwischen quetschen sich schwitzende, moskitozerstochene Touristen in Trekkingsandalen durch die Gassen.

Bei Zaza, einem Comic-Künstler aus Shanghai, kaufen wir einen bedruckten Jutebeutel (»I'm not a plastic bag«), der in Shanghai der letzte Schrei ist, seit Plastiktüten im Supermarkt kostenpflichtig sind. Ein putziger Versuch der Regierung, die Umwelt zu retten. Der Grund für diesen Sinneswandel ist, dass die Kosten der Umweltverschmutzung in China bereits zehn Prozent des Bruttoinlandsprodukts betragen und damit genauso hoch sind wie das Wirtschaftswachstum – es geht also plötzlich ans Eingemachte. Trotzdem ist in den vergangenen Jahren nahezu alle zwei Wochen ein neues Kohlekraftwerk ans Netz gegangen, so dass die Regierung dieses Jahr einen unschönen Rekord melden musste: China hat die USA als weltweit größter Verursacher von CO_2 abgelöst. Aber toll, dass wir jetzt Plastiktüten sparen und übrigens auch Holzstäbchen. Seit Anfang April hat Peking nämlich eine Stäbchensteuer eingeführt, um den Holzverbrauch zu senken. Fünfundvierzig Milliarden Paar Wegwerfstäbchen pro Jahr erschienen offenbar selbst den Landesvätern zu viel.

Mit unserem neuen Ökobeutel am Lenker machen wir uns auf den Heimweg. Das Dumme ist nur: Tobis Fahrrad hat einen Platten. Kein Problem, an jeder Ecke sitzen hier Fahrradschrauber. Der nächste, den wir finden, wittert sofort ein gutes Geschäft, zerlegt Tobis goldenes Batavus-Rad in seine Einzelteile, telefoniert und verschwindet dann auf seinem Moped. Etwas ratlos holen wir uns im Supermarkt nebenan erst mal zwei Dosen Tsingtao-Bier und Amélie einen Saft und betrachten, auf verrosteten Hockern sitzend, die traurigen Überreste von Tobis Fahrrad. Zehn Minuten später kommt der Schrauber zurück: mit einem neuen

Schlauch, einem neuen Mantel und einem neuen Ventil. Protest ist zwecklos, wie auch. Und immerhin wechselt er den Rahmen nicht aus. Das Ganze kostet uns 15 Euro, was wahrscheinlich so viel ist, wie er sonst in einer Woche verdient. Egal, in Deutschland hätten wir allein für ein Ventil so viel bezahlt. Wir fahren nach Hause. Die Klimaanlage funktioniert noch, die Toiletten auch – ein guter Tag geht zu Ende.

AUGUST

Das zarte Pflänzchen Stolz

Die Moral stärkt man mit einem Trommelwirbel.

Unser erster Besuch ist da. Frank sitzt auf unserer Terrasse und raucht. Das Seltsame ist, dass sich das Zusammensitzen wie in Hamburg anfühlt. Nur der Ausblick ist anders: Statt auf vermoosten Rasen und drei alte Tannen schauen wir auf einen unförmigen grauen Kasten, den wir seit letzter Woche auf der Terrasse haben. Die letzte Idee des Landlords war, die Klimaanlage zu verkleiden, damit die Heißluft nach oben geblasen wird. Daraufhin funktionierte erst mal drei Tage gar nichts mehr – das nennt man wohl Wärmerückstau –, bis der bekannte Heimwerker-Amateurtrupp anrückte und den Kasten auf halber Höhe abschnitt. Jetzt bläst uns also die halbe Heißluft auf der Terrasse entgegen. Frank packt währenddessen seine Mitbringsel aus: Lego-Bauernhaus, James-Bond-DVD-Sammeledition und: *Stern, Spiegel, Gala, Bunte, Süddeutsche, Zeit, FAS, Neon, brand eins*. Es ist wie Weihnachten und Ostern zusammen.

Wir kaufen ein Gäste-Klapprad mit kariertem Stoffkörbchen vorn dran und juckeln auf den Rädern durch die French Concession, kaufen in den absurdesten Shops noch absurdere Sachen (zum Beispiel vom Laster gefallene Prada-Schuhe, die exakt ein Monatsgehalt unserer Ayi kosten), Ameisenversuchskästen, in denen sich Ameisen Gänge durch blaues Glibbergel buddeln sollen, Designerplüschtiere, chinesische Zigaretten. Wir schippern nach Pudong mit der Fähre (die so nach Pisse stinkt, dass Amélie spontan aufs Klo muss, das es natürlich nicht gibt) und sehen uns aus dem Hyatt Hotel im Jin Mao Tower die Betonwüste Shanghais von oben an. Wir fahren in die Moganshan Lu, das Kunst- und Galerienviertel der Stadt, trinken Espresso und beobachten die Bohemiens beim Wichtigsein. In der Wukang Lu flattern die Unterhosen im Wind, die Zikaden trommeln in den Platanen, und zum ersten Mal empfinde ich so etwas wie Stolz. Ich bin plötzlich stolz, in dieser Stadt zu wohnen. Am Puls der Zeit, am anderen Ende der Welt. Bis zu diesem Tag überlebt zu haben. Auf einmal fühlt sich das Abenteuer, das uns die letzten zwei Monate abwechselnd in den Wahnsinn oder in Depressionen getrieben hat, doch ganz gut an. Zumindest heute.

Warum China-Riegel Leben retten

Menschen kennen nicht ihre Fehler, Ochsen nicht ihre Stärke.

Wir sind in Wuhan, einer typisch chinesischen Großstadt im Landesinneren mit knapp neun Millionen Einwohnern. Tobi soll hier die Seele des chinesischen Konsumenten erkunden und zwei Tage (und angebrochene Nächte) mit jungen Zielgruppenchinesen verbringen. Er hat in den vergangenen Wochen bereits viel über Körperpflegerituale in China gelernt, etwa dass Chinesen sich lange Zeit nicht die Zähne putzten, die jüngere Generation jedoch einen Sinn in der Putzerei erkannt hat: Der Geschmack im Mund ist morgens besser. Deswegen putzen sich die meisten Chinesen sinnigerweise nur morgens die Zähne, nicht aber abends. Sie duschen übrigens auch abends, nicht morgens, um sauber und rein ins Bett zu gehen. Und sie cremen sich gern und viel ein, natürlich mit »Whitening Effect«.

79

Während Tobi sich seiner Zielgruppe widmet, versuche ich, mit Amélie die Stadt zu erkunden. Kaum haben wir das Hotel, ein geschmackloses Hochhaus voll Marmor und Gold (genauer: Vollplastik), verlassen, weigert sich Amélie, auch nur einen Fuß vor den anderen zu setzen. Ich zerre ein bisschen an ihr wie an einer störrischen Kuh, gebe jedoch schließlich auf. Ich kann es ihr nicht verübeln bei 42 Grad. Laut Reiseführer ist Wuhan »einer der vier Hitzeöfen Chinas«, umgeben von Hügeln und einer »einzigartigen Seenlandschaft«. Alles, was ich sehe, sind baufällige Hochhäuser, staubige, stinkende Straßen, Shopping-Malls und ein paar »Edel«-Boutiquen (»Prader« und «Valentinor«).

Also nehme ich Amélie Huckepack und laufe zur nächstbesten Shopping-Mall, um einen Buggy zu kaufen. Die Modelle sind durch die Bank grauenhaft und viel zu klein, also nehme ich das billigste, ein wackliges Winnie-Pooh-Gestell mit Sonnendach, an das Amélie mit ihrem Kopf stößt. Ich muss mich bücken, um ihn zu schieben, aber das ist immer noch besser, als 16 Kilo Huckepack durch einen Hitzeofen zu tragen.

Vor der Tür ergattere ich nach etwa 20 Minuten ein Taxi und zeige dem Fahrer auf der Karte den West Lake, »dessen schattiges Ufer zum Verweilen einlädt«, wie es in meinem Reiseführer heißt. Der Mann stinkt und nickt, das Taxi, ein alter VW Santana, der vermutlich aus den Achtzigern stammt, stinkt nur. Vermutlich hat das Auto noch nie einen Staubsauger, geschweige denn einen Putzlappen gesehen. Dafür trägt sein Fahrer einen mindestens fünf Zentimeter langen kleinen Fingernagel, der sich bereits nach innen rollt. Was bei uns als Koksernagel bezeichnet wird, war in China zu Zeiten der Qing-Dynastie ein Zeichen von Reichtum und Wohlstand. Auch heute noch geben viele Chinesen, lustigerweise hauptsächlich Taxifahrer, mit einem langen kleinen Fingernagel zu verstehen, dass sie nicht körperlich arbeiten müssen, um ihre Brötchen zu verdienen, sondern einen »besseren« Job haben. Beim Einsteigen tritt Amélie erst mal auf den Aschenbecher, der zwischen den beiden Vordersitzen liegt. Daraufhin verteilt sich eine Aschestaubwolke auf unseren nassgeschwitzten Beinen. Immerhin gibt es eine Kindersicherung: der gesamte Türgriff ist mit Paketklebeband zugepflastert.

Die Taxifahrer in Wuhan fahren genauso wahnsinnig wie die in Shanghai, als würde sie der Teufel reiten. Nur an der Ampel schlafen sie meist wegen kompletter Übermüdung ein. Diese Sekundennickerchen beunruhigen mich mehr als die Vollbremsungen an jeder Straßenkreuzung. Meine Fingerknöchel sind weiß, die rechte Hand umklammert krampfhaft den Griff der Autotür, die andere Amélie. Schön, dass wir in Deutschland wochenlang Ökotest- und ADAC-Hefte gewälzt haben, um den sichersten, frontal- und seitencrash-geprüften, PVC- und Kadmium-freien und natürlich teuersten Kindersitz zu kaufen. Und das alles, um dann hier in China durch rostige VW Santanas zu fliegen, denn Sicherheitsgurte gibt es zwar, sie sind allerdings sicher unter den waschbaren Stoffüberzügen, die alle Taxifahrer über ihre Sitze stülpen, verstaut.

Nach einer halben Stunde Fahrt durch immer unwirtlichere Gegenden vergewissere ich mich beim Fahrer, ob wir auch richtig sind, denn die Richtung scheint komplett falsch zu sein. Ich zeige ihm noch mal den West Lake auf der Karte, er nickt und stinkt und fährt weiter. Nach 40 Minuten erkenne ich eine Brücke am Fluss, die auf dem Stadtplan ganz im Osten liegt, wo es keinen See gibt. Ich schreie, der Taxifahrer schreit auch, Amélie singt ein Matrosenlied (»Winde wehn«). Dann öffne ich an einer Ampel die Tür und zerre Amélie und Winnie Pooh aus dem Auto. Der

Taxifahrer steigt aus und brüllt weiter, ich gebe ihm 50 Yuan – dann stehen wir gottverlassen in einem Industriegebiet in Wuhan, und der Schweiß rinnt uns in die Unterhosen. Um uns herum nur Fabriken und Laster. Ich habe Angst. Ein paar Arbeiter auf der anderen Straßenseite sehen uns an, als wären wir grüne Marsmännchen. Dabei wollte ich doch nur etwas Grün sehen!

Am Ende der Straße entdecke ich ein Restaurant, vielleicht ist das unsere Rettung. Ich gehe hinein und sage »*Chuzuche*«, Taxi, das habe ich mit unserem Chinesischlehrer geübt. Keine Reaktion. »*Chu-zu-che.*« Die Kellnerin winkt einen Kollegen herbei, schließlich kommt die ganze Belegschaft und beäugt uns. »*Chuzuche. Chuzuche.*« Mir fällt das Abschiedsgeschenk meiner Freundin Dorthe ein: der »China-Riegel«, ein Wörterbuch für Notfälle, in meiner Handtasche. Ich zeige auf »Taxi«, und die Kellnerin sagt: »*Chuzuche*«, genau so, wie ich es ausgesprochen habe. Immerhin: Sie ruft uns ein Taxi. Dorthe, du hast unser Leben gerettet.

Erschöpft, hungrig und durstig landen wir nach vier Stunden wieder in unserem Plastikbarockhotelzimmer. Ich bestelle an der Rezeption eine »Western Pizza« aus dem »Room Service Menu« auf unser Zimmer, die sich als Toastbrot mit Käse und Dosenchampignons herausstellt, und setze ansonsten keinen Fuß mehr vor die Tür.

Um halb zwei Uhr nachts kehrt Tobi mit einer angebrochenen Wodkaflasche von einem KTV-Abend mit seiner potentiellen Zielgruppe zurück. Er ist mit den Nerven am Ende. Zuerst musste er sich mit seiner Zielgruppen-Clique Entenfüße, Igel und Schildkrötensuppe teilen, anschließend Karaoke singen (»Should I Stay or Should I Go« von The Clash), und zum Abschluss hat er auch noch einen chinesischen Jungen fast zum Weinen gebracht. In seiner direkten

Art hat Tobi ihn nach ein paar vertraulichen Wodka Red Bull an der Bar gefragt, ob er schwul sei, woraufhin der junge Mann in Tränen auszubrechen drohte.

Homosexualität ist in China weder legal noch illegal. Zwar werden Schwule und Lesben nicht mehr systematisch verfolgt wie zu Zeiten der Kulturrevolution, doch bis 2001 galt *Tongxinglian*, wie die gleichgeschlechtliche Liebe hier heißt, noch offiziell als Geisteskrankheit. Die Akzeptanz ist in der chinesischen Gesellschaft bis heute sehr unterschiedlich: In Großstädten wie Shanghai, Peking oder Shenzhen gibt es nicht nur eine rege Gayszene, sondern sogar schwullesbische Sportvereine. Erst im Juli hat am Bund in Shanghai unter großem Tamtam der lokalen Lifestyle-Presse das »D2« eröffnet, ein Großraum-Gayclub für ein gehobenes Publikum. Dagegen ist der mit zahlreichen Golden Globes und Oscars dekorierte Film »Brokeback Mountain« bis heute verboten, da er vom Zensurkomitee der Partei mit dem Prädikat »unzüchtig« versehen wurde. Und während über Christopher Street Days im Westen regelmäßig im Panoramateil der Zeitungen berichtet wird, erfährt man über die Situation der Homosexuellen in China fast nichts.

Im Juli tauchte im größten chinesischen Internetforum »Tianya« ein Video auf, das ein Fahrgast in der Shanghaier Metro mit seiner Handykamera aufgenommen hatte: Ein Mädchen sitzt in der U-Bahn. Ein zweites Mädchen kommt hinzu. Sie legt ihren Kopf auf den Schoß des anderen Mädchens. Dann küssen sie sich. Ende. Das verwackelte Knutschvideo war innerhalb weniger Tage in ganz Online-China berühmt. In hitzigen Forendiskussionen wurde das Verhalten der beiden als »ungehörig und pervers« bezeichnet.

Dabei ist *Tongxinglian* in der chinesischen Geschichte nichts Ungewöhnliches. Nahezu allen Herrschern der Han-

Dynastie (206 v. Chr. bis 220 n. Chr.) werden homosexuelle Neigungen nachgesagt. Auf vielen alten Gemälden sind Männer beim Liebesspiel abgebildet. Selbst in dem Literaturklassiker »Der Traum der roten Kammer«, Pflichtlektüre jedes chinesischen Schülers, werden sowohl hetero- als auch homosexuelle Liebesgeschichten beschrieben. Dennoch ist der Schritt zu einem öffentlichen Coming-out für die meisten Homosexuellen in China kaum denkbar. Zu groß ist der gesellschaftliche Druck. Der arme Kerl, den Tobi heute Nacht zur Rede stellte, erzählte ihm, dass Schwule nach einem Outing nicht selten entlassen oder von ihren Freunden geschnitten werden. Das Schlimmste sei jedoch, dass die Eltern mit einem Outing das Gesicht verlieren würden. Denn ein Sohn ohne Frau und Kinder gilt in China als verlorene Seele. So bleibe also nur, die Sexualität im Geheimen auszuleben. Die meisten Schwulen und Lesben über 30 seien daher verheiratet und haben Kinder. Er selbst werde sich auch bald eine Freundin zulegen und heiraten müssen.

Als Tobi ging, wollte er ihm die Flasche »Absolut Wodka« in die Hand drücken. Sie war bereits bezahlt und noch halbvoll. Never waste alcohol. Doch der Junge wehrte ab und gab sie Tobi vor der Tür des KTV-Lokals zurück. Er wolle sie nicht mitnehmen, eigentlich vertrage er keinen Alkohol, sagte er. So kommt es, dass Tobi nun eine Wodkaflasche in das Gefrierfach unserer Minibar quetscht. Er ist so aufgewühlt und berührt von dem, was er gehört hat, dass wir erst gegen drei Uhr einschlafen.

Um vier sind wir wieder hellwach. Dann nämlich kehren unsere Zimmernachbarn volltrunken in ihr Hotelzimmer zurück und starten eine lustige Pokerpartie, die uns alle aus dem Schlaf reißt. Tobi klopft an die Tür, natürlich versteht ihn keiner. Nach drei Anrufen bei der Rezeption bietet man uns schließlich einen Umzug ans andere Ende des Flurs an.

Als wir am nächsten Tag unsere Koffer aus dem alten Zimmer holen, fällt Tobi der Wodka ein. Er zieht die Flasche aus dem Eisfach. Sie ist gefroren. Samt Inhalt. Mein letzter Chemieunterricht liegt knapp 20 Jahre zurück, aber wenn ich mich richtig erinnere und 20 Jahre Alkoholpraxiserfahrung dazurechne, gefriert vierzigprozentiger Alkohol erst ab minus 30 Grad. Das Gefrierfach hat laut Anzeige minus 18 Grad. Tobi hält sich den Kopf. Zum einen, weil er unerträglich schmerzt, zum anderen, weil er sich ärgert. Wie dämlich zu glauben, der Alkohol in diesem Land sei KEIN FAKE!

Es hilft nichts. Tobi muss arbeiten. Nach glibbrigen Maiskolben zum Frühstück sehen Amélie und ich uns den Yellow Crane Tower auf dem Schlangenhügel an, angeblich eine der 40 größten Touristenattraktionen Chinas. Der Turm ist hübsch, wurde aber in seiner 1800 Jahre langen Geschichte ungefähr zehnmal zerstört und wieder aufgebaut, das letzte Mal 1981. Also wieder ein Fake. Dafür strahlt die Tempelanlage drum herum eine großartige Ruhe aus. Und nachdem wir uns 215 Stufen nach oben geschleppt haben, dürfen wir für zehn Yuan dreimal eine riesige Glocke läuten.

Diesen Höhepunkt toppt nur noch die Eröffnungsfeier der Olympischen Spiele, die wir uns abends in der Hotellobby ansehen. Tobi weigert sich, ein weiteres Mal chinesisch zu essen. So landen wir alle mit einem riesigen Haufen Delivery-Sushi vor den Breitbild-Fernsehschirmen in der Lobby und sehen uns das Spektakel an. Sehen diese Unmengen von Menschen, die durchs Stadion fliegen, zeichnen, schweben, tanzen. Alles sehr unwirklich, sehr märchenhaft, sehr lecker und sehr unheimlich. Ich habe Gänsehaut.

Krönender Abschluss der Feier: Der ehemalige »Turnprinz« Li Ning, der unter seinem Namen Chinas größte Sportartikelfirma gründete, entzündet, in 50 Metern Höhe schwebend, das olympische Feuer – ausgerechnet Li Ning, dessen Firmenlogo sich aus einem umgedrehten Nike-Swoosh und einem umgedrehten Adidas-Slogan zusammensetzt (»Anything is possible« statt »Impossible is nothing«) und der Adidas' größter Konkurrent in China ist. Immerhin hat er sich ein Adidas-Shirt übergezogen, als er auf dem Dach des Vogelnests die Fackel spazieren trägt und ihm vier Milliarden Zuschauer vor den Fernsehern dieser Welt zusehen. Es gibt keine bessere Werbung für seine Firma. Und die ist auch noch kostenlos. Adidas musste für sein Olympia-Sponsoring zwischen 150 und 200 Millionen Euro berappen. Es gibt auch keine größere Ohrfeige.

Gehe direkt ins Gefängnis!

Kann man ein Tigerjunges fangen,
ohne sich in die Höhle des Tigers zu wagen?

Guangzhou (Kanton), kurz vor Hongkong, ist die nächste Station bei Tobis Konsumentenbefragung. Eine chinesische Kindergartenmutter hatte mich gewarnt: »Sehr viele Kriminelle dort, ein gefährliches Pflaster, pass gut auf dein Kind auf!« Auf die Frage, was denn dort mit meinem Kind passieren könne, hatte sie geantwortet: »Das möchtest du lieber nicht wissen.« Ich habe beschlossen, nicht auf die Frau zu hören. Wer nicht wagt, der nicht gewinnt. Und eine Stadtbesichtigung mit Aufenthalt im Shangri-La Hotel ist allemal besser, als allein im stickigen Shanghai zu bleiben. Als wir landen, frage ich mich: Werden sie Amélie auf offener

Straße entführen? Häuten? In Stücke reißen oder verkaufen? Am Flughafen mache ich vorsichtshalber einen Doppelknoten in den Winnie-Pooh-Gurt und kralle mich gebückt an den Buggy-Griffen fest. Selbst die Taxifahrer sitzen hier in gesicherten Eisenkäfigen.

Auf dem Weg zum Hotel erlebe ich dann die erste Überraschung: Ich sehe breite Straßen mit viel Grün drum herum und kaum Verkehr! Wir fahren an einigen Architektenspielplätzen vorbei, unvollendeten Stahltürmen, die aussehen wie halbierte Eiffeltürme, Messehallen in Fischform und eierförmigen Glas-Stahl-Bauten, die mich an Hamburg denken lassen. Im Hotel folgt die zweite Überraschung: kein Barock, dafür eine riesige Poollandschaft. Das muss die Belohnung dafür sein, in Wuhan durchgehalten zu haben. Dummerweise habe ich keinen Reiseführer mitgenommen, also frage ich den Portier nach Sehenswürdigkeiten. Der sagt: »Shopping.« Ich: »Und sonst?« Er: »Nur Shopping.« Dann nennt er mir drei Luxury-Shopping-Malls. »Und wo gehen Sie einkaufen?« Er: »Bejing Road.«

Wir nehmen ein Taxi zur Bejing Road. Dort erwartet uns die dritte Überraschung: Die Fußgängerzone sieht aus wie die Mönckeberg-, Kaufinger- oder sonst irgendeine Einkaufsstraße in Deutschland, nur dass überall bunte Laternen hängen und Polizeiautos herumfahren, die wirken, als wären sie beim Autoscooter ausgebrochen. Zwischendrin hüpft ein nackter Junge herum, was keinen zu stören scheint. Die Gebäude sind mit Olympia-Werbeplakaten von Adidas und Nike verhängt, darunter werden Zauberputzschwämme verkauft (wir kaufen einen für Guiling) und meterhohe tote Hühnerhaufen.

In einem Karstadt-ähnlichen Kaufhaus kämpfe ich mich durch riesige Abteilungen mit Pyjamas, die man auch in Guangzhou gern tagsüber trägt, bis ich endlich einen Stand mit Bademode finde; ich habe nämlich keinen Bikini dabei. Was ich nicht wusste: Chinesische Bikinis bestehen üblicherweise aus einem ordentlich aufgepolsterten Oberteil (größte Körbchengröße: A) und einem Höschen mit angenähtem Rüschenröckchen. Von mini bis knielang. »*Qing wen* (Entschuldigung) … Bikini … panties?« Das alte Spielchen beginnt: Kichern, Herbeiwinken der Kolleginnen, allgemeines Kichern, dann führt man mich zum Stand mit Herrenbadehosen.

Also weiter, eine elektrische Zahnbürste für Amélie wäre toll, schließlich übernimmt die Krankenversicherung, die Tobis Firma bezahlt, keine Zahnarztbesuche. In einem Glastresen gibt es Rasierer und Zahnbürsten, unter anderem ein Spongebob-Modell. Amélie hüpft vor Freude gegen ihr Sonnendach, sie liebt Spongebob. Ich nicke der Zahnbürstenverkäuferin zu, die gibt mir einen Zettel, damit soll ich zur Kasse. Erst zahlen, dann Ware abholen. Klingt logisch. Mit dem Kassenbon in der Hand kehre ich zum Tresen zurück. Die Zahnbürstenverkäuferin ist am Telefon, ihre Kollegin steht daneben. Ich überreiche ihr feierlich den Kassenbeleg, die Spongebob-Bürste steht direkt vor ihr. Und sie sagt: »Cannot. Wait.« Ich frage: »Why?« Ihre Antwort: »Me responsible for razor, my colleague toothbrush.« Ich deute auf Spongebob, das Ding steht ja vor ihrer und meiner Nase, und winke noch mal mit dem Kassenbeleg. Die Zahnbürstenverantwortliche telefoniert weiter, fünf Minuten vergehen, die Elektrorasiererverantwortliche bohrt in der Nase, danach spuckt sie einen grünen Schleimball auf den Boden. Weitere fünf Minuten vergehen. Schließlich verlässt mich die Geduld, und ich packe Spongebob einfach ein und gehe. Es folgen: fünf aufgeregte Verkäuferinnen und zwei Wachmänner. Dann ertönt eine Sirene, und ich denke: Das ist das Ende, wir landen im Knast. Zur Olympiade will die

Regierung Exempel statuieren, hatte man mich gewarnt. Der Wachmann hält mich am Arm fest, die Verkäuferinnen knien um Amélie herum und machen Gurrgeräusche und schnalzen mit den Zungen.

Gleich werden sie uns in eines dieser lustigen Polizeiautos stecken und abtransportieren in ein Umerziehungslager, denke ich. Dann kommt ein Oberverantwortlicher und erklärt mir, dass nur die jeweiligen Verantwortlichen die Waren aushändigen und den Kassenbon mit einem *Zhang* versehen dürfen und dass ich gegen das Gesetz verstoßen hätte. Ein *Zhang* ist ein roter Stempel. Ohne roten Stempel läuft in China gar nichts. Jeder Vertrag, jede Lizenz und jeder gültige Kassenbon wird damit besiegelt. Das ganze Land wird im Grunde von roten Stempelkissen regiert. Ein verschwundener oder gestohlener Stempel kann ganze Unternehmen über Wochen lähmen.

Zu meiner großen Erleichterung fängt der Oberverantwortliche plötzlich an zu lächeln, der Wachmann lockert den Griff, und ich darf mit wackligen Knien gehen. Ich fühle mich wie ein Ladendieb.

Nachdem wir den Schock überwunden haben, nehmen wir ein Taxi zur Shamian-Insel, einer 0,3 Quadratkilometer großen Sandbank im Perlfluss, an dem Guangzhou liegt, die sich im 19. Jahrhundert französische und britische Besatzer teilten. Die kleine Insel ist sehr hübsch: Große, leicht verfallene Villen stehen an schattigen Platanenalleen, und mittendrin, auf einem Hügel, thront das White Swan Hotel. Die Chinesen sind sehr stolz auf dieses Hotel, denn es hat fünf Sterne, in der Lobby einen Wasserfall, einen Teich, einen Miniatur-Jadetempel, versteckte Grotten und anderen Kitsch. Amélie und ich wollen dort ein Eis essen, doch als wir am Portier vorbeigehen, stolpern wir erst einmal über schätzungsweise 70 bis 80 Kinderwagen. »Was ist hier los?«, frage ich den Portier. Er lacht nur und sagt, das sei hier immer so. Im Café am Pool löst sich das Rätsel von selbst: Hunderte amerikanische Pärchen, ein paar Russen und andere Osteuropäer werfen chinesische Säuglinge in die Luft, lassen sie sanft ins Wasser gleiten oder tragen sie unbeholfen um den Pool spazieren. Sie wirken so aufgeregt und glücklich, als wäre ihnen gerade der Messias höchstpersönlich erschienen. Aus allen Ecken ertönt Babygeschrei, Milchfläschchen werden angerührt, Windeln gewechselt.

Wir sind auf Chinas Adoptionsumschlagsplatz Nummer eins gelandet. Trotz enorm hoher Abtreibungsquoten (30 bis 50 Prozent) gibt es in China offiziell 160 000 Kinder, die auf eine Adoptionsfamilie warten – natürlich fast alles Mädchen, denn aufgrund der Ein-Kind-Politik werden Jungs bevorzugt. Experten schätzen die Dunkelziffer jedoch um ein Zehnfaches höher ein. Seit China ausländischen Paaren 1993 erstmals ermöglichte, Landeskinder zu adoptieren, ist die Nachfrage enorm. So enorm, dass die Regierung 1996 ein eigenes staatliches Adoptionsbüro in Peking installierte, das »China Center of Adoption Affairs«. Bis 2006 wurden 50 000 chinesische Babys von Ausländern adoptiert, 40 000 davon von Amerikanern. Dann sah sich die Regierung genötigt, die Bedingungen zu verschärfen: Interessenten müssen jetzt seit zwei Jahren eine stabile Ehe führen, ein solides Einkommen haben und dürfen nicht übergewichtig sein. Die Paare, die an uns in Badezeug vorbeihüpfen, scheinen die Gewichtskontrolle irgendwie umgangen zu haben: Sie sind ausschließlich übergewichtig.

Es ist ein befremdlicher, aber auch rührender Anblick. Ich habe noch nie so viele so glückliche Menschen auf einem Haufen gesehen. Amélie hüpft aufgeregt um einen Tisch herum: »Mama, eine Barbiepuppe!« Tatsächlich liegt dort eine echte Barbie, die ein chinesisches Baby im Arm hält: die »Coming-Home-Barbie« oder auch »White-Swan-Barbie«, eine Sonderedition von Mattel, die in Kooperation mit dem Hotel entstanden ist. Von einer Neu-Mutter in den Fünfzigern erfahre ich: Alle Eltern, die irgendwo in China ein Baby adoptieren und damit bis zur Abwicklung aller Visaformalitäten für die Ausreise im White Swan Hotel nächtigen, erhalten solch eine Exklusiv-Barbie. Da das dafür zuständige US-Konsulat seinen Sitz in Guangzhou hat, sind das sehr, sehr viele. Mir schwant, was für eine Industrie hinter dem Adoptions-Business steht. Die Eltern geben im Schnitt 15 000 US-Dollar für das Adoptionsverfahren aus, da ist so ein kleines Give-away willkommen. Natürlich sind auch alle anderen Spielzeuge in dem hoteleigenen Play-Area von Mattel.

Amélie findet das alles sehr aufregend, mir ist es jedoch zu seltsam und auch zu laut, um länger zu bleiben. So nehmen wir ein Taxi zurück ins Shangri-La, wo ich einen überteuerten Hotelbikini kaufe und mit Amélie den Rest des Tages am komplett babyfreien Pool verbringe.

Das Geschenk der Nachbarin

Das Geschenk ist nicht so viel wert wie der Gedanke.

Nach unserer chinesischen Städtetour erscheint mir Shanghai wie das Paradies auf Erden – so zivilisiert, so westlich, so mondän. Obwohl alle Langnasen für den Sommer das Land verlassen zu haben scheinen. Das hat entscheidende Vorteile: Es gibt keine Kassenschlangen bei Carrefour, und kein Schwein treibt sich im Club am Pool rum. Ich habe Amélie und mich beim »Embassy Club« angemeldet, einem abgetakelten Barock-Fitnessclub mit Geräten aus den späten Achtzigern, gemustertem Teppichboden und goldenen Türklinken – grauenhaft. Dafür gibt es einen schönen Pool mit Planschbecken und Wasserrutsche, so dass wenigstens die Nachmittage gerettet sind und Amélie abends todmüde ins Bett fällt. Der Spaß kostet uns 70 Euro im Monat, das ist teurer als mein Hamburger Sportclub, aber in der Not frisst der Teufel auch gammelige Teppichböden unter quietschenden Crosstrainern (die Klimaanlagen scheinen auch hier zu lecken, es tropft beständig von der Decke, was auf dem Teppich neue konzentrische Muster hinterlässt).

Nach meiner ersten »Body Gym«-Stunde fühle ich mich wie ein fettes, unbewegliches Nilpferd. Die Trainerin muss früher bei der Armee gewesen sein, jedenfalls brüllt sie uns nonstop auf Chinesisch an, und manchmal kommt sie bei einem vorbei, um einem die Beine umzubiegen, so dass ich laut aufschreien muss. Die Klappergestelle um mich herum scheinen aus Gummi zu sein, jedenfalls stört es sie nicht. Zum Abschluss sollen wir Übungen an der Ballettstange machen. Ich bekomme mein Bein nicht einmal so hoch, wie die Stange ist, geschweige denn kann ich mich daran noch verbiegen. Die anderen Kursteilnehmerinnen kichern über mich, es ist erniedrigend. Ich beiße die Zähne zusammen, ich weiß, dass ich da durchmuss. Ganz ohne Sport werde ich wahnsinnig, und Joggen geht nicht, zu viele Abgase, Tennis geht auch nicht, zu heiß. Also steht Knochenbiegen in einem Kellerloch auf dem Programm. Und hinterher geht es zur Belohnung auf eine der gepolsterten Liegen am Pool. Fühlt sich fast ein bisschen an wie Urlaub.

Es gibt noch mehr gute Neuigkeiten: Der Kindergarten hat endlich angefangen, Amélies Erzieherin heißt Elli und ist ein englisches Hippiemädchen, das in Indien und Bhutan aufgewachsen ist. Ihr Akzent ist so britisch, dass Amélie

mich ständig verbessert: »Mami, es heißt nicht bläck, sondern black.« Oder: »Ameisen sind keine Änts, sondern
Aaaants.« Amélie ist in der Honeybee-Gruppe und hat sich
gleich mit einem kleinen chinesischen Mädchen namens
Chanel angefreundet, deren Mutter allerdings lieber Prada
trägt. Und wir haben endlich so etwas wie einen geregelten
Alltag.

Auch das Verhältnis zu unseren Nachbarn scheint sich zu
normalisieren. Zumindest stand unsere Nachbarschaftsvorsteherin mit der roten Armbinde gestern mit einem riesigen Vogelkäfig vor unserer Tür, um Amélie einen Beo aus
der beachtlichen Vogelsammlung auf ihrem Balkon zu
schenken, der angeblich *ni hao* sagen kann. Das Einzige, was
ich allerdings verstehen kann, ist ohrenbetäubendes Kräch-
zen – so laut, dass man dabei kein Auge zutun kann. Er
kackt den ganzen Tag und krächzt dabei. Amélie war bereits
nach fünf Minuten gelangweilt, und ich habe einen Hör-
schaden.

Es geht nicht anders: Guiling muss uns aus der Patsche
helfen und den Vogel zurückgeben, ohne die nette Nachbarin zu beleidigen. Sie nickt und schlurft gleich zu ihr rüber.
Nach eineinhalb Stunden kehrt Guiling mit leuchtenden
Augen zurück und erzählt mir brühwarm den gesamten
Klatsch und Tratsch aus unserer Gasse: Der Alte von der anderen Straßenseite versucht seit Jahren vergeblich, seine
Tochter zu verheiraten, die Dame schräg hinter uns hat's
seit einer unprofessionellen Massage im Rücken und will die
Besitzerin des Massagesalons gegenüber, die sich angeblich
für etwas Besseres hält, verklagen. Am Interessantesten
jedoch ist die Geschichte unserer Nachbarschaftsvorsteherin selbst: Man sagt, sie sei eine alte Schlange und nicht
besonders beliebt im Viertel. Angeblich versteckt sie seit
zwei Wochen ihre Tochter in einem Raum im ersten Stock,

dessen Fenster ständig verhängt sind. Die Tochter sei Stewardess und sehr hübsch, und unsere Nachbarin gibt wohl ständig mit ihr an. Dass sie in Paris lebe, dort einen stinkreichen französischen Freund habe und sicher bald heiraten werde. Doch nun soll sich der Freund eine andere gesucht haben und die Tochter heulend zurückgekehrt sein – eine Schmach, die unsere Nachbarin offenbar mit aller Macht geheim zu halten versucht. Vor lauter Freude über die Ausbeute ihres Tratschfeldzugs klatscht sich Guiling beim Erzählen ständig auf die Oberschenkel und lacht dabei so herzhaft, dass ich mitlachen muss, obwohl ich nur ein Viertel ihrer Geschichten verstehe.

Neben dem Nachbarschaftsklatsch bringt sie auch nützliche Informationen mit. Zum Beispiel, dass wir unseren Müll nicht immer um drei Häuserecken zur Sammelstelle bringen müssen, sondern direkt vor die Haustür pfeffern können. Gegen ein geringes Entgelt bei der Vorsteherin würde diese dafür sorgen, dass die Straßenkehrer den Abtransport übernehmen. Ich liebe Guiling. Ihr rundes Gesicht, die missratene Dauerwelle, ihr ansteckendes Glucksen, ihre pragmatische Art.

Guiling ist in Hochstimmung, die ganze Woche schon. Sie lässt jetzt täglich beim Wischen, Bügeln oder Staubsaugen den Fernseher laufen und singt und tanzt und zählt die chinesischen Goldmedaillen. Ich finde die Olympischen Spiele nach einer Woche unentrinnbarer Propagandabeschallung unerträglich. Die Berichte in den hier erhältlichen Zeitungen *China Daily* und *Shanghai Daily* sind so hanebüchen, dass mir davon schlecht wird. Ich habe durchaus Verständnis für den Regierungsauftrag, den Nationalstolz zu stärken, aber das überschreitet die Grenzen des guten Geschmacks. Wir sind die Größten, die Besten, die Welt verneigt sich vor China, das Ausland lobt die perfekte Organisation, das Ausland ist tief beeindruckt, die ausländischen Sportler lieben China, dies sind die grünsten Spiele, die man je gesehen hat, und so weiter. Dass sich die ausländische Presse über Grundschülerinnen wundert, die beim Kunstturnen plötzlich 16 sind, über fingierte Live-Bilder und vieles mehr – hier erfährt es niemand, es sei denn, er liest im Internet West-Zeitungen.

Doch selbst das ist leichter gesagt als getan. Das Internet funktioniert nämlich so gut wie gar nicht mehr; bei Google fliege ich ständig raus, die BBC-Seite öffnet sich überhaupt nicht mehr, und Spiegel.de und GMX laufen nur im Schneckentempo. Langsam werde ich schon paranoid, bei jedem Knacken in der Telefonleitung denke ich, dass wir abgehört werden.

Für das Fußballspiel um die Olympische Bronzemedaille, das in Shanghai ausgetragen wird, haben die Waltons, unsere englischen (und bisher einzigen) Freunde, Karten besorgt. Brasilien gewinnt gegen Belgien 3:0. Es ist das ödeste Spiel, das ich in meinem Leben je gesehen habe: Das Publikum sitzt bis auf eine halbherzige La-Ola-Welle wie versteinert auf den Sitzen, keiner singt, keiner grölt, dafür wird gefurzt und gerülpst, was die Körperöffnungen hergeben. Und das alles ohne Deo. Wie übrigens auch bei Kinovorführungen geht die Hälfte der Zuschauer kurz vor Schluss. Beim dritten Tor der Brasilianer in der 92. Minute ist das Stadion bereits halbleer. Unsere Sitznachbarn blicken uns mitleidig an. Offenbar halten sie uns für Belgier, was die Theorie beweist: Langnasen sehen für Schlitzaugen alle gleich aus.

Die Flut

Wasser kann das Boot tragen und kann das Boot versenken.

Heute Nacht werden wir vom Regen geweckt. Es regnet in unserem Schlafzimmer, genauer gesagt, aus den Halogenstrahlern in der Decke. Neben unserem Bett hat sich bereits ein kleiner Tümpel gebildet. Tobi und ich rennen zur Treppe, denn der Regen prasselt so heftig gegen das Dach und die Gaubenfenster, dass es nichts Gutes verheißt. Wir sagen kein Wort, aber denken beide das Gleiche: Das Erdgeschoss steht bestimmt unter Wasser.

Zum Glück ist alles trocken. Ich öffne die Tür und kreische. Draußen fließt eine braune Brühe durch unsere Gasse. Es fehlen noch geschätzte 1,5 Zentimeter, bis die Suppe in unser Wohnzimmer fließen wird. Amélie wacht von meinem Kreischen auf und kann sich kaum halten vor Lachen. In Nachthemd und Crocs, ihren bunten Plastiksandalen, hüpft sie durchs Wasser und fragt, ob wir heute zur Kita schwimmen. In diesem Moment weiß ich noch nicht, wie recht sie behalten soll.

Natürlich bleibt Fang, unser Fahrer, an diesem Morgen im Stau stecken. Tobi muss zu Hause arbeiten. Nichts geht mehr. Draußen auf der Huai Hai Lu steht das Wasser knietief, das heißt bei mir eher oberschenkeltief. Was die Auto- und Mopedfahrer allerdings nicht davon abhält, geradewegs in den See hineinzusteuern und sich hinterher zu wundern, warum der Motor nicht mehr anspringt. Ich schwinge mich tapfer mit Amélie aufs Fahrrad, sie quietscht vor Vergnügen, sitzt ja auch schön trocken oben auf ihrem Römer-Relax-Sitz. Die ersten Meter schaffen wir auf dem Bürgersteig, nur die Pedale sind unter Wasser. Auf der Wukang Lu jedoch stecke ich mit beiden Beinen komplett im Wasser oder wie auch immer man das Ganze nennen will. Erstaunlicherweise kann man sogar durch die Fluten radeln, langsam zwar, aber es geht. Ich stelle mich innerlich auf einen hartnäckigen Hautausschlag in den nächsten Tagen ein. Amélie singt passenderweise wieder ihre Matrosenlieder und lacht und lacht und lacht. Nach 45 Minuten kommen wir beide komplett durchnässt im Kindergarten an, der halbleer ist. Ich entschließe mich, den Rückweg zu Fuß zurückzulegen.

Zu Hause sind inzwischen Arbeiter eingetroffen, die sich das undichte Dach und die Deckenstrahler ansehen sollen. Ich schäle mich in der Zwischenzeit aus meinen braun eingefärbten nassen Klamotten und weiche sie im Küchenspülbecken zusammen mit einer Flasche Sagrotan ein. Ich lasse das Becken ganz voll laufen. Plötzlich knackt es, erst leise, dann lauter, dann kracht das Spülbecken mitsamt Inhalt durch die Arbeitsfläche, zertrümmert den Mülleimer im Schrank darunter und landet schließlich auf dem Boden. Offenbar haben die Arbeiter das Loch in der Arbeitsfläche viel zu groß ausgesägt und das Becken lediglich mit Hilfe von tonnenweisem Silikon befestigt.

Nachmittags versuchen Tobi und ich, durchs Wasser zum Dumpling-Shop gegenüber zu waten. Die Straßen sind voller Menschen. Die Shanghainesen scheint der neue braune Fluss, der durch ihre Stadt fließt, nicht weiter zu beeindrucken, geschweige denn zu stören. Sie gehen einfach dem ganz normalen Tagesgeschäft nach, holen Zeitungen am Kiosk, gehen Mittagessen oder kaufen Gemüse bei den fahrenden beziehungsweise schwimmenden Händlern am Straßenrand. Die Frauen waten unbeeindruckt in Highheels durchs Wasser, nur die Männer ziehen ihre Schuhe aus oder gleich die ganzen Klamotten bis auf die Unterhose. Die Müllmänner mit ihren Lastfahrrädern freuen sich, für ein bis drei Kuai befördern sie Zahlungswillige auf der Ladefläche trocken nach Hause. Mit der Dumpling-Tüte in der Hand steigen wir ebenfalls auf. Ich kriege den Mund vor Staunen kaum zu. Nichts scheint diese Menschen hier zu erschüttern, sie nehmen alles mit einer Gelassenheit hin, die schwer zu fassen ist. Sie ruhen in sich, selbst bei Hochwasser. Ob es das ist, was man mit »Land der Mitte« meint? Sie ruinieren ihre Mopeds, ihre Autos, ihre Highheels, und dabei verändert sich nicht einmal ihr Gesichtsausdruck.

Am nächsten Tag lese ich in der Zeitung, dass es die größte Flut in Shanghai seit 130 Jahren war. Zum Glück ist unser Wohnzimmer trocken geblieben. Geschlafen haben wir in dieser Nacht trotzdem nicht, da wir um zwei Uhr von einem lauten Tuten geweckt wurden, wie ein extrem lauter Wecker, der laufend die Melodie verändert. Als ich nach unten komme, blinkt unsere Alarmanlage in allen Farben und tönt dazu wie eines dieser amerikanischen Babyspielzeugklaviere. Nur lauter. Ich drücke alle Knöpfe, die ich finde, aber nichts hilft. Es tutet und blinkt und hört nicht auf. Weit und breit ist jedoch kein Einbrecher in Sicht. Also schalte ich die Sicherung aus und rufe am Morgen mal wieder den Repräsentanten unseres Landlords an. Die drei »Alarmsystem-Engineers«, die daraufhin zusammen auf einem (!) Elektrorad ankommen, erklären Guiling, dass sich die Alarmanlage mit unserer Telefonleitung streiten würde und sie leider unsere Telefonleitung abschalten müssten, wenn wir eine funktionierende Alarmanlage haben wollten. Ich sage: »Das kann nicht sein, wir brauchen ein Telefon.« Sie sagen: »Computer says no.« Dann fahren sie wieder los. Jetzt geht weder das Telefon noch die Alarmanlage.

SEPTEMBER

Oma und Opa kommen!

Das Herz fliegt wie ein Pfeil nach Hause.

»Bist du sicher, dass ihr HIER wohnt?« Mein Vater blickt ungläubig auf die verrostete Metalltür, den Eingang zu unserer Gasse. Ich weiß noch, als wir uns vor drei Monaten am Münchner Flughafen verabschiedet haben und ich zu ihnen sagte: »Bis ihr im September kommt, haben wir uns bestimmt längst eingelebt, dann läuft alles.« Stattdessen läuft es mal wieder aus der Toilette in Amélies Bad. Die blaue Klosteinflüssigkeit hat sich einen neuen Weg durch die Silikonmassen gebahnt und fließt jetzt in einem kleinen Rinnsal über die grünen Kacheln durchs Bad. Amélie hat den Bach gleich mit ein paar Legobäumen und -tieren verziert und baut für ihre Brio-Bahn eine Brücke darüber. Der Bauarbeiter unseres Vertrauens, Mr. Zhou, mit Abstand der beste, den wir bisher hatten, sagte allen Ernstes zu Guiling, das sei normal, ein Bad sei schließlich eine Nasszelle, da werde es nun mal nass. Gestern war auch der Arbeiter, den ich vor ein paar Wochen schon einmal aus dem Haus geworfen habe, wieder da und hat versucht, die kaputte Duschtür zu reparieren. Beim Ausbau der Tür hat er dann zum zweiten Mal die Kacheln am Boden zertrümmert, man kann jetzt nur noch in Hausschuhen ins Bad. Diesmal habe ich Guiling gebeten, ihn rauszuwerfen. Ich hätte ihm dabei vermutlich die Augen ausgekratzt.

Zur Feier des Tages bitte ich Guiling, für das erste Abendessen mit Oma und Opa frische Scampi auf dem Markt zu holen. Schließlich habe ich gerade erst gelernt, was »frisch« auf Chinesisch heißt. Ich sage also: »*Xinxian de xia*«, und sie schwingt sich auf ihr Mountainbike. Sie kommt zurück mit einer großen blauen Tüte. Amélie sagt: »Mama, schau mal, die Tüte kann laufen!« Guiling lacht, sagt: »*Heng xinxian*«, sehr frisch, und kippt zwei Kilo lebende Shrimps in die Spüle. Dann nimmt sie Amélies Bastelschere und schneidet jedem bei lebendigem Leib den Kopf ab. Meine Eltern starren sie mit offenen Mündern an. Und Giuiling lacht so laut, dass die Wände wackeln.

In der kommenden Woche riecht es bei uns zu Hause nach Bratkartoffeln und Bratwürschtln, Gulasch und Wiener Schnitzel. Ich bekomme Heimweh. Unerträglich.

In der zweiten Woche fliegen wir nach Sanya auf der Insel Hainan. Hainan liegt auf demselben Breitengrad wie Hawaii, klingt vielversprechend. Wenn man im Internet über Sanya recherchiert, liest man Dinge wie »Luxury«, »International Standard«, »Coconut Dream«. Ich glaube vorsichtshalber nichts davon. Allein bei dem Wort »Luxury« (dem Lieblingswort unseres Landlords) läuten alle Alarmsirenen. Meist verbirgt sich dahinter ein großes Fass Scheiße mit einer dünnen Schicht Honig darauf. Also halte ich mich an Tobis neues Lebensmotto: Keine Erwartungen – keine Enttäuschungen.

Im Flugzeug sitzen wir eingequetscht zwischen diversen Männerreisegruppen, die sich mit Bier, Grölen, Furzen, Lotuswurzeln, aus denen sie die Bohnen pulen, und Trockenobst, das sie auslutschen und dann auf den Boden spucken, in Urlaubsstimmung bringen. Das Ganze hat etwas von einer Rainbow-Tours-Busreise nach Ischgl, nur anders. Die Herren vor uns finden zudem Gefallen an den verstellbaren Rückenlehnen, die sie mit Volldampf auf unsere Knie rattern lassen. Vor und zurück, immer wieder, auf und nieder, ein lustiges Spielchen für Männer Mitte 40. Die Sitze in der China-Southern-Airlines-Maschine sind doppelt so eng geschraubt wie bei allen anderen Airlines, so dass man auch doppelt so viele furzende Passagiere hineinkriegt. Amélie stört das alles nicht, sie singt und malt und freut sich über die undefinierbaren klebrigen rosa Schaumkuchen, die man uns zum gelben Zuckerwasser (genannt Orangensaft) reicht. Höhepunkt des Flugs ist wieder ein Gewinnspiel: Alle Passagiere dürfen auf Zetteln Felder freirubbeln, der Gewinner erhält ein Plastikflugzeug.

Am Flughafen wartet tatsächlich ein Fahrer des Marriott Hotels auf uns, begrüßt uns mit weißen Handschuhen und kaltem Mineralwasser und chauffiert uns über die Insel zur Yalong Bay. Es ist fast Mitternacht, die Insel wirkt dunkel und nicht gerade einladend; meine Erwartungen sind nun wirklich auf dem Nullpunkt angelangt. Doch dann kommt die große Überraschung: eine breite, romantisch beleuchtete Palmenallee, eine sensationelle Hotellobby, mal ganz ohne Barock. Bei Tag ist das Ganze noch besser: weißer Sand vor der Tür, türkisblaues Meer, mit Bambusrohr gedeckte Sonnenschirme und joggende Kellner, die Kokosnüsse an die Liegen bringen.

Die nächsten Tage dümpeln wir im warmen Meer in Schwimmringen vor uns hin, bauen Sandburgen und Murmelbahnberge, trinken »Mr. Berry« an der Strandbar, spielen Beachball, verbrennen uns die Arme, die auf den Schwimmringen dummerweise vor sich hin brutzeln, und beobachten chinesische Touristinnen, die im Urlaub anscheinend gern in Highheels, Abendkleid und mit Sonnenschirm am Strand entlanglaufen. Nur die wenigsten gehen ins Wasser. Im Hotel sind hauptsächlich Russen und chinesische Firmengruppen, die wohl alle Teamseminare abhalten. Die Mitarbeiter müssen, je nach Team, gelbe, rote oder blaue T-Shirts tragen, Floß fahren, Seil ziehen, Volleyball spielen oder zur Trillerpfeife um die Wette rennen. Ein großer Spaß, besser als Fernsehen. Oma macht Bekanntschaft mit Wasserflöhen und quietscht mit Amélie im Wasser um die Wette, und die tiefe vertikale Furche über meiner Nase, die sich in den letzten Monaten gebildet hat, glättet sich allmählich.

Nach drei Tagen kommt Tobi, ebenfalls gegen Mitternacht. Seine Laune: »BLENDEND!« Das sagt er mit bebender Stimme und schickt hinterher, dass wir für heute alle Chinesen von ihm fernhalten mögen, er sei kurz davor, einem an die Gurgel zu gehen, egal welchem. Dann geht er erst einmal zur Hotelbar, Drinks besorgen. Er müsse seine Beine bewegen, die nach drei Stunden China-Southern-Airlines-Flug in Embryonalhaltung mit angezogenen Knien immer noch gefühllos seien. Am Tresen bestellt er einen Gin Tonic für sich und Whiskey Cola für meinen Vater. Die bildhübsche Kellnerin im hochgeschlitzten Seiden-Qipao lächelt freundlich, aber debil. Der typische Gesichtsausdruck für: Ich habe nichts verstanden. Tobi widerholt die Bestellung in Zeitlupe: «One Gin Tonic and one Whiskey Cola.« Sie nickt und verschwindet. Nach zehn Minuten kehrt sie mit einem Longdrinkglas mit dunkler Flüssigkeit zurück. »What about the Gin Tonic?«, fragt Tobi genervt. Sie deutet auf das eine Glas und sagt langsam: »Gin, Tonic, Whiskey, Cola.«
Die Sache mit den Nüsschen übernehme sicherheitshalber ich. »Could we have some nuts, please?« Debiles Lächeln. »Nuts?« Ich deute auf den Nachbartisch und imitiere in bester Scharade-Manier Nüsseessen. Wieder Lächeln. Dann nickt die Kellnerin und bringt: eine gelbe Serviette. Ich schüttle den Kopf und wiederhole: »Nuts!« Ich mache

Kaugeräusche. Sie nickt und bringt: eine rote Serviette. Ich
gebe auf und bestelle einen Maitai. So viel zum internationalen Standard.

Guiling ist weg

Wo Verdacht einkehrt, nimmt die Ruhe Abschied.

Das Schöne am Nachhausekommen ist: Es fühlt sich tatsächlich wie zu Hause an. Und es ist, dank Ayi, blitzblank
geputzt. Das weniger Schöne: Wir haben keine Ayi mehr.
Vorgestern erhielt ich eine SMS der Ayi-Agentur: »Sorry,
your ayi can't work for you any more. As she didn't inform
you, you might deduct one week salary.« Empört rufe ich
Guiling an, die nicht mal ans Telefon geht. Ich höre nur die
Warteschleifenmusik (Beethovens »Freude, schöner Götter-
funken«). Wahrscheinlich hat sie ein besseres Angebot bekommen für 20 Euro mehr pro Monat. In Shanghai dreht
sich ja schließlich alles ums Geld. Fragt man einen beliebi-
gen Menschen, was ihn glücklich mache, erhält man als Antwort: Reichtum. Frauen verlassen ihre Männer für einen rei-
cheren Mann, Mitarbeiter im Sechsmonatsrhythmus ihre
Firma für einen besser bezahlten Job, warum sollte das bei
Guiling anders sein?

Traurig blicke ich auf ihre türkisfarbenen Badelatschen,
die noch in der Waschküche stehen, ihren Philips-Trink-
becher und die tausendjährigen Eier im Kühlschrank (eine
chinesische Delikatesse, die Eier werden tatsächlich 100
Tage unter der Erde vergraben), mit denen sie sich immer
ihre Instantnudeln »verfeinert« hat. Gerade hatte ich mich
daran gewöhnt, dass sie ständig im Haus umherschwirrte,
und schon ist sie weg. Sie war für uns wirklich so etwas wie

ein Tantchen, die gute Seele, die einem aus der Patsche hilft. Und die mich zum Lachen bringt, wenn mir nach Heulen zumute ist. Ich fühle mich wie ein sitzengelassener Liebhaber und versuche, Amélie zu trösten. Die Arme macht sich Vorwürfe. Ich hatte ihr vorher ein paar Mal damit gedroht, Guiling würde sich, wenn Amélie noch mal garstig zu ihr wäre, eines Tages eine andere Familie suchen und ausziehen wie das Meerschweinchen in unserem Bilderbuch, dessen Stall nie gesäubert wurde.

Jetzt haben wir den Salat. Im Internet suche ich in den üblichen Expat-Foren nach einer neuen Ayi. Auf dem Markt sind anscheinend nur Philippinas, denn Anfang nächsten Jahres erteilt China ihnen keine Arbeitsvisa mehr, was bedeutet: alle drei Monate nach Manila fliegen und erneut einreisen. Nein, ich will lieber eine Shanghainesin, ach was: Ich will überhaupt keine neue Ayi. Ich will Guiling zurück!

Am nächsten Tag kommt Guilings Mann, der als Fahrer arbeitet, um ihre Sachen und ihren Restlohn abzuholen. Ich koche vor Wut. Schließlich hätte sie wenigstens den Mut aufbringen können, mir selbst unter die Augen zu treten. Ihr Mann erzählt uns folgende Geschichte: Guilings Sohn aus erster Ehe habe einen Unfall gehabt, weshalb sie ihn nun pflegen muss; er lebe zwei Stunden von Shanghai entfernt, und vor lauter Eile habe Guiling ihr Handy vergessen. Er sieht mich mit treuen Augen an. Ich glaube ihm. Nein, Guiling würde uns nicht belügen. Sie ist doch so eine ehrliche Haut! Und außerdem ist die Geschichte so absurd, dass sie sich keiner ausdenken kann. Ich ziehe natürlich keinen Wochenlohn ab, sondern lege ihr noch einen Bonus mit ins Kuvert. Arme Guiling. Was für ein Schicksalsschlag. Ich packe die tausendjährigen Eier, die Schlappen und den Trinkbecher in eine Tüte und verabschiede ihn mit den besten Wünschen für seine Frau. Ich sehe ihm noch nach bis zum Tor. Er dreht sich um, winkt und zwinkert mir zu. Warum zwinkert er? Was soll das? Ach, egal, ich bin einfach zu misstrauisch.

Chanel und die bittere Wahrheit

Wer auf Rache aus ist, grabe zwei Gräber.

Heute Nachmittag habe ich ein »Playdate« mit Amélies chinesischer Freundin Chanel. Amélie hat so lange genervt, bis ich die Prada-Mutter fragte, ob Chanel nicht mal zu uns zum Spielen kommen wolle. Die Mutter sah mich ungefähr so entgeistert an, als hätte ich ihr angeboten, den Kindern Haschkekse zu geben. Dann kratzte sie sich mit ihren drei Zentimeter langen fliederfarbenen, glitzernden Fingernägeln am Haaransatz, überlegte kurz und schlug etwas verlegen ein Playdate in einem Café vor, man könne ja gemeinsam Kuchen essen oder so. Tragen wir vielleicht die falschen Marken? Vielleicht hat Amélie Chanel von unseren Kakerlaken erzählt? Mögen sie keine Deutschen? Was erzählen sich die Chinesen eigentlich so über uns? Ich weiß es nicht, willigte aber zum Kaffeetrinken für den morgigen Tag ein.

Am Abend lese ich in dem Bildband »Shanghai Living« des chinesischen Fotografen Hu Yang, der 800 Chinesen in ihrem Wohnzimmer fotografiert hat, dass das Wohnzimmer für Chinesen etwas sehr, sehr Privates sei, etwas geradezu Heiliges, zu dem sie selten Zutritt gewähren. Die Einladung, in das Haus von Wildfremden (und noch dazu Ausländern) zu gehen, muss auf die Prada-Mutter also gewirkt haben wie die Aufforderung, gemeinsam nackt durch unser Badezimmer zu hüpfen.

Am nächsten Tag treffen wir uns also im »Coffee Tree«, einem typischen Westler-Café, in dem man außer Expats nur Chinesen sieht, die gern Westler wären oder sogenannte ABC-Chinesen: American Born Chinese. Das »Coffee Tree« ist meine Oase, wenn ich eine China-Pause brauche. Man sitzt in einem ruhigen Hinterhof zwischen Buchsbäumen, Kunstinstallationen, einem Wein-, einem Schnickschnackladen und einem französischen Restaurant. Lilly, so heißt Chanels Mutter, ist zum ersten Mal hier. Amélie isst eine Waffel, Chanel drei Löffel von einem Eisbecher, den sie dann, statt ihn zu essen, lieber auf dem Tisch verschmiert und darin ihre Arielle-Haarspangen sowie eine aufziehbare Maus schwimmen lässt. Lilly fragt: »Möchtest Du etwas anderes essen, Honey?« Wahlweise nennt sie ihre Tochter auch »Baby« oder »Pussycat«. Wir lächeln beide betreten, das Gespräch will einfach nicht in Gang kommen. Zwischen Amélie und Chanel übrigens auch nicht. Lillys Fingernägel sind heute zur Hälfte hellblau, zur anderen perlmuttfarben. Sie hat lange, lässig gestufte Haare, ein schönes, feingeschnittenes Gesicht, makellose weiße Haut und wiegt schätzungsweise 45 Kilo. Ihre Beinchen stecken in Röhrenjeans, dazu trägt sie Leoparden-Peeptoes mit etwa zehn Zentimeter hohen Absätzen. Sie ist wirklich hübsch anzusehen, vorausgesetzt, man steht auf den Shanghai-Babe-Chic. Doch je länger ich mit ihr am Tisch sitze, umso mehr fühle ich mich in meinem Ringelshirt und Turnschuhen wie ein elendiger Waldtrampel.

Es ist ja nicht so, dass Lilly die Einzige wäre. Egal ob ich einkaufen, zur Post, zur Fußmassage oder zum Rechnungbezahlen in einen der Convenient Stores gehe: Frauen unter 35 haben grundsätzlich perfekt manikürte Nägel, streichholzdünne Beinchen und tragen schwindelerregend hohe Absatzschuhe, in denen die wenigsten laufen können. Es sieht immer irgendwie unbeholfen und schmerzhaft aus, sie staksen o- oder x-beinig und ohne die Knie beim Laufen durchzudrücken. Ein britischer Kindergartenvater, mit dem ich mich neulich im Sandkasten darüber unterhielt, sagte, er fände das total antörnend, diese zerbrechliche Hilflosigkeit auf zwei Beinen. Auch im Kindergarten gibt es neben Lilly ein paar solcher Modelle. Sie sind mit amerikanischen, deutschen oder italienischen Männern verheiratet und haben niedliche Mischlingskinder gezeugt. Sie fahren meist im Porsche Cayenne oder im Audi vor (natürlich fahren sie selbst, ohne Fahrer) und tippeln mit ihren Kindern durch den Kindergarten.

Neulich, als ich mit Amélie patschnass vor dem Eingang vom Fahrrad abstieg und so ein wunderschöner asiatischer Sue-Ellen-Verschnitt mit Siebziger-Jahre-Welle und Ray-Ban-Brille an mir vorbeitänzelte, beschloss ich, mir neue Klamotten zu kaufen. Ich fuhr zum »Hotwind«, um ein paar Jeans anzuprobieren. Ich trage Größe 36, aber ich fand keine Größenschilder auf den Hosen. Also zog ich die hübschesten raus – und blieb mit dem Fuß darin stecken. Ich kam nicht weiter als bis knapp über die Knie. Ich steckte den Kopf aus der Kabine und fragte nach den Größen. Die Verkäuferin zeigte das Modell, aus dem ich mich gerade geschält hatte, und antwortete: »Biggest size we have.«

Lilly nuckelt an ihrem grünen Tee, natürlich ohne den Keks anzurühren, und berichtet mir von ihrer Studienzeit in Australien. Die meisten Chinesen, die ihren Kindern eine gute Ausbildung ermöglichen wollen, schicken sie für ein paar Jahre nach Australien. Oder, noch besser, sie zeugen die Kinder gleich in Australien, dann bekommen sie nämlich einen der begehrten ausländischen Pässe. Lilly erzählt von Sidney, wo sie ihren chinesischen Mann kennengelernt und ihre beiden Kinder bekommen habe und dass sie wegen Chanel und ihres Bruders Daniel zurück nach Shanghai gegangen sei, weil hier die Oma lebe, was eine große Unterstützung sei. Nach 20 Minuten ist alles gesagt, was ein lebloser Smalltalk hergibt, ich will nach Hause. Zum Glück fällt mir noch ein, Lilly nach einer fähigen Ayi zu fragen, vielleicht hat sie ja einen Tipp? Ich erzähle ihr von Guiling, die uns leider plötzlich verlassen hat. Und Lilly sagt: »Oh, verstehe, ihr Sohn oder ihr Mann oder ihre Mutter hatte einen schlimmen Unfall.« Ich frage: »Woher weißt du das?« Sie lacht. »Du hast die Geschichte nicht wirklich geglaubt, oder? Das ist die klassische Ausrede aller Ayis, wenn sie einen besseren Job gefunden haben.«

Um meine Laune aufzubessern, kaufe ich auf dem Heimweg noch einen halben Blumenladen leer. Ich bin so wütend! Rache! Ich will Rache! Ich bin so enttäuscht. Vor allem von mir selbst – vier Monate Shanghai und noch genauso naiv wie am ersten Tag. Mir fällt ein, dass Guiling mir dreimal erzählt hat, dass die Familie, bei der sie vorher gearbeitet hat, wieder aus Amerika nach Shanghai zurückgekehrt ist. Ich habe sie dreimal gefragt, ob sie zu ihnen zurückwill. Sie sagte dreimal: »No, me very happy here, me very like you.« Stattdessen hätte ich einfach fragen sollen: »How much?« Aber mal wieder habe ich das Spiel gespielt, ohne die Spielregeln zu begreifen. Wie soll ich irgendjemandem in dieser geldgierigen Stadt vertrauen?

Als müssten sie mich aufheitern, binden die freundlichen Blumenverkäuferinnen meine erstandenen zwölf Kilo Blumen kunstvoll am Fahrrad fest. So fahren wir also wie ein rollender Blumenladen nach Hause, Amélie singend, wie immer, wenn ich Tränen verschlucke, ich heulend.

Als ich zu Hause ankomme, steht unsere Nachbarin, die täglich ihre bunte BH- und Schlüpferkollektion auf unseren

Stromkabeln zum Trocknen aufhängt, auf der Terrasse. Sie zieht aus, der Möbelwagen ist schon gepackt, sie will sich verabschieden. Ich habe mich immer gefragt, wie viele BHs diese Frau pro Tag wohl trägt oder ob sie für die ganze Nachbarschaft BHs wäscht. Nun werde ich es nicht mehr herausfinden, denn meine Chinesischkenntnisse reichen noch immer für nicht mehr als ein erbärmliches *zaijian* (Auf Wiedersehen)! Zum Abschied drückt sie mir einen Karton mit roter Schleife in die Hand und sagt etwas, das ich aufgrund ihrer Geste als »zum Essen« deute. Ich stelle den Karton schnell ab und pflücke eilig ein paar Gladiolen aus dem Gebinde um Amélies Fahrradsitz, bedanke mich, und weg ist sie. Amélie ist sehr traurig, denn die Nachbarin hatte ihr statt Vögeln ständig gekochte Maiskolben geschenkt und mit ihr Fußball gespielt. Plötzlich bewegt sich der Karton. Amélie und ich sehen uns das Abschiedsgeschenk näher an. Es macht Geräusche. Als wir den Deckel abnehmen, sehen wir im Karton ein braunes Huhn. Ein lebendiges, gackerndes Huhn. Fürs Abendessen.

Da zum ersten Mal die Tür des Nachbarhauses offen steht, gehe ich vorsichtig hinein, um es mir von innen anzusehen. Von außen sieht es genauso aus wie unseres. Meine Neugier wird sogleich bestraft: Auf demselben Raum, auf dem wir uns über leckende Toiletten oder wacklige Duschtüren ärgern, wohnen hier acht Parteien. Es ist dunkel, feucht, schimmlig, die Fenster sind so schmutzig, dass sie kein Licht mehr durchlassen, die Wände unverputzt, das Waschbecken steht im Treppenhaus, Toiletten gibt es nicht. Langsam beginne ich zu verstehen, warum uns hier alle für Außerirdische halten. Als vor sechs Wochen unser Sofa geliefert wurde, versammelte sich sofort ungefragt die gesamte Nachbarschaft in unserem Wohnzimmer. Zwölf Leute standen da, liefen umher, drehten sich mit offenen Mündern um

sich selbst und staunten über jeden Stuhl, jedes Waschbecken, jede Wand. Jetzt weiß ich, warum. Betreten gehe ich
wieder zurück in unser Luxury-Haus und nehme mir vor,
mich nie wieder über gierige Ayis oder andere Langnasen-
probleme aufzuregen. Das Huhn schenke ich unserer Nachbarschaftsvorsteherin, die es dankend annimmt und sogleich ihr Messer schleift.

Das Mondfest

Essen ist des Volkes Himmelreich.

Wenn die Sonne senkrecht über dem Äquator steht und der
Mond der Erde am nächsten ist, scheint der Vollmond noch
runder und noch größer als in anderen Vollmondnächten.
Sagt unser Chinesischlehrer. Heute ist es so weit. Der Le-
gende nach gestatten die Götter an diesem Tag Chang E, der
Frau im Mond, das einzige Mal im Jahr ihren Geliebten
Houyi zu sehen. Die Frau im Mond ist übrigens auch Na-
mensgeberin für die erste chinesische Weltraumsonde, die
bis März 2009 um den Mond kreist. Eigentlich sollte man an
diesem Tag hinaus in die Natur gehen und den Mond be-
wundern; eine Idee, die ich sehr romantisch finde, allerdings
wüsste ich nicht, wo ich hier Natur finden soll. Zudem kann
man von dem sagenhaften Vollmond vor lauter Smog nur
die Umrisse erahnen. Den Chinesen geht es offenbar ähnlich, weswegen sie an *Zhongqiujie*, dem alljährlichen Mondfest, dazu übergegangen sind, den Mond nicht mehr anzu-
beten, sondern aufzuessen.

Das ist nicht weiter verwunderlich, schließlich essen die
Chinesen bekanntlich alles, was vier Beine hat und kein Tisch
ist, zwei Flügel hat und kein Flugzeug ist, schwimmt und

kein U-Boot ist: Schildkröten, Zikaden, Seidenraupen, Katzen, Hunde, Ratten und Schlangen gelten als Delikatesse, und knackige Hühnerfüße knabbern sie zwischendurch wie wir Chips oder Salzstangen. Warum also nicht auch ein paar Planeten anbeißen? Zum Mondfest ist es üblich, runde handtellergroße Küchlein zu kaufen, die dem Mond ähneln sollen. Sie werden in der Regel mit chinesischen Schriftzeichen verziert, in hübsche bis geschmacklose Verpackungen gesteckt und dann in Hochglanztaschen durch die Stadt kutschiert. Von Herrn Zhang zu Herrn Li, von Frau Wang zu Frau Zhang. Je aufwendiger die Verpackung, desto besser. Anders gesagt: je opulenter und exklusiver die Marke oder Bäckerei, desto größer das Bestechungsanliegen. Für Firmen sind Mondkuchen das mit Abstand wichtigste Werbegeschenk. Man drückt mit ihnen Respekt, Wertschätzung aus und signalisiert auch, dass man sich die eine oder andere Gefälligkeit erhofft. Chinesische Regierungsbeamte können sich im September vor Mondkuchenpaketen kaum retten.

Auch Tobi kam heute Abend mit einer edlen dunkelroten Holzbox nach Hause. Die Werbeagentur, die für ihn arbeitet, hat sich nicht lumpen lassen. Das Label zeigt: Hyatt Hotel, das sind zehn von zehn Punkten. Wir schneiden die ersten beiden der vier Monde an. Der eine ist innen gelb, der andere schwarz. Man soll Mondkuchen niemals allein essen, sondern mit Familie und Freunden teilen, steht auf dem Begleitkärtchen, und möglichst mit viel Tee herunterspülen. Ich beiße herzhaft in den schwarzen Mond, Tobi und Amélie in den gelben. Amélie ist die erste von uns, die zu spucken beginnt. Gelbe Paste auf das neue graue Sofa. Es ist das abscheulichste Gebäck, das ich je gegessen habe. Außen ist es hart, innen matschig und klebrig, erst schmeckt es unerträglich süß, und wenn man sich mit gelähmter, zugekleisterter Zunge zur Kuchenmitte vorarbeitet, erwartet einen –

salziger Eidotter. Ein Blick auf die Zutatenliste bestätigt: Fett, Zucker, Lotussamenpastete, Eier, Salz. In dieser Reihenfolge. Der Beipackzettel verrät: Der runde Dotter in der Mitte ist ebenfalls ein Symbol für den Mond. Amélie ist irritiert: »Warum schmeckt der Mond so eklig?« Ich weiß es nicht und lese weiter: »Süßes und Salziges, Weiches und Hartes, Helles und Dunkles stehen für die chinesische Yin-Yang-Philosophie, in der die Gegensätze das Ganze erklären.« Das große Ganze bleibt eine Beleidigung für westliche Geschmacksnerven.

Stimmt nicht, erklärt Fang am nächsten Tag. Auch für chinesische. Er selbst müsse ebenfalls würgen, wenn er das Zeug esse. Schön, dass ich ihm gestern extra noch ein Päckchen ins Auto gelegt habe, um ihm unsere Wertschätzung zu zeigen. Egal, wen ich frage: Alle hassen Mondkuchen. Und alle verschenken ihn wie die Irren. Das Procedere ist dabei wie folgt: Wer einen geschenkt bekommt, gibt ihn üblicherweise umgehend an seinen Vorgesetzten oder andere Personen ab. Fang reichte unseren Kuchen seiner Mutter weiter, die ihrem bettlägerigen Schwiegervater, den sie nicht ausstehen kann, wie Fang erwähnt. Den Letzten beißen die Hunde.

Hippie-Inseln, Drachenknochen und Hobbit-Hügel

Wer die hohen Berge nicht besteigt, kennt die Ebene nicht.

Meine Eltern schenken uns zum Abschied ein verlängertes Wochenende Babysitting, also fahren Tobi und ich nach Hongkong. Ein bisschen Zivilisation wird uns guttun.

112

Wie immer, wenn wir allein verreisen, vergesse ich fast, dass wir ein Kind haben, und fühle mich wie Mitte 20. Wir sitzen mit salzwassernassen Haaren in einem Fischrestaurant am Strand von Lamma Island, einer autofreien Hippie-Insel, 20 Minuten mit der Fähre vom Stadtzentrum entfernt. Um uns herum tummeln sich britische und deutsche Aussteiger mit Pluderhosen und langen Bärten, dazwischen ein paar Touristen, die etwas unbeholfen in einem Hummer stochern. Durch das Dorf zieht gerade mit lautem Geschepper ein bunter chinesischer Papierdrache, vom Meer weht klare, salzige Luft herüber. Tobi hat wie in jedem Urlaub einen leichten Sonnenbrand auf der Nase und telefoniert mit seinem chinesischen Mitarbeiter. Und ich bin glücklich. Sauglücklich. Ich frage mich, ob das alles, die ganze Aufregung, die dieses Leben hier bedeutet, das ist, was wir gesucht haben. Leben wir in einem viel zu langen Urlaub, oder sind wir einfach an einer Stelle des Lebens abgebogen und lassen den Wagen einfach mal rollen? Niemand fährt durch die Gegend ohne Ziel. Okay, der Weg ist das Ziel, aber der Weg führt wohin? Tobi ist jetzt fertig mit Telefonieren und guckt zufrieden aufs Meer.

»Was glaubst Du«, frage ich ihn, »ist Glück ein Seinszustand oder die Folge von etwas?«

Tobi wird nachdenklich. »Wenn es ein Zustand ist, dann bin ich ab sofort frei.«

»Frei wovon?«

»Vom großen Getriebensein.«

»Du willst keinen besseren Job, kein größeres Haus, keine Fuchsfelgen für den Porsche?«

»Keine Fuchsfelgen.«

»Gar nichts?«

»Na ja, gute Luft vielleicht. Und Geld zum Leben natürlich.«

Entspannt tuckern wir mit der Fähre wieder zurück ins Stadtzentrum und trinken in einem Café im Soho von Hongkong noch einen Caffè Latte. Ich blättere in einer amerikanischen *Vanity Fair*, Tobi in einer britischen *Wallpaper*-Ausgabe. »Hm«, sagt er nach einer Weile, »da sind dummerweise tatsächlich so ein paar Dinge, die mich vielleicht doch noch ein wenig glücklicher machen würden.«

Zurück in Shanghai, hetzen wir gleich in den nächsten Urlaub. Zwangsurlaub. Zum Geburtstag der chinesischen Volksrepublik am 1. Oktober bekommen 1,4 Milliarden Chinesen per Dekret Ferien verordnet. Und wir mit ihnen. Ich habe in den letzten zwei Jahren nicht so viel Urlaub gemacht wie in den letzten vier Wochen, aber urlauben ist offenbar ein elementarer Bestandteil des Expat-Lebens. Da zur »Golden Week« bereits sechs Monate im Voraus alles ausgebucht ist, haben wir keine große Auswahl. Der letzte Notnagel: Familien-Gruppenreise nach Guilin im Süden Chinas. Seit Tobi auf seinen Keine-Erwartungen-keine-Enttäuschungen-Modus umgestellt hat, ist er mit allem einverstanden, sogar mit einer Pauschalgruppenreise. Ich dagegen befürchte das Schlimmste. Als unser Chinesischlehrer hört, dass wir nach Guilin fahren, erzählt er mir einen chinesischen Witz über die Stadt: »In den Bus steigen – schlafen. Aus dem Bus steigen – pinkeln. Ankommen – Fotos knipsen. Nach Hause fahren – alles vergessen.«

Reisen ist in China ein relativ neues Phänomen und dabei ein wichtiges Statussymbol; wer es sich leisten kann, brüstet sich damit. Das hat zur Folge, dass das Wort »Urlaub« für Chinesen vor allem eines bedeutet: eine hektische, anstrengende und unsagbar teure Beschaffungstour für vorzeigbare Souvenirfotos. Das gilt für Bilder vom Eiffelturm genauso wie für Motive im eigenen Land. Es gibt in China eine

Handvoll Must-See-Foto-Spots, die jeder Mittelstandschinese einmal in seinem Leben geknipst haben sollte: die Terrakotta-Krieger von Xi'an, das Weltnaturerbe Jiuzhaigou in Sichuan, die Hochplateaus in Yunnan und die Kalkberge von Guilin. Die meisten Chinesen erkunden diese fremden Gebiete im sicheren Schoß durchorganisierter Pauschalreisen, einer Mischung aus Klassenreise und Militärübung. Aufgestanden wird um sechs, schließlich geht es nicht um Erholung, sondern um das Abhaken von Sehenswürdigkeiten. Und das Beste: Erkennungshüte und -anstecknadeln sind im Preis inbegriffen.

Am Flughafen erwartet uns um sieben Uhr morgens völlig unverhofft die erste positive Überraschung: ein kleines verschlafenes Mädchen namens Isabelle mit ihrem Vater, der nicht weniger verschlafen aussieht. Nach drei Minuten sind Amélie und Isabelle die dicksten Freundinnen – der Urlaub ist geritzt. Wir fahren mit dem Bus nach Longsheng, rechts und links von uns liegen Reisfelder und Karstberge, die aussehen wie das Auenland bei »Herr der Ringe«. Es ist das erste Mal seit vier Monaten, dass ich so viel Grün sehe, nichts als Grün. Ich könnte ewig so weiterfahren, Tobi schläft, Amélie singt mit Isabelle. Auf einem Parkplatz schmeißt uns der Reiseführer aus dem Bus, wir sollen auf einen Berg laufen, ins Dorf Ping'an, wo auf 800 Metern Höhe unser Guesthouse liegt. Tausend kleine Stufen führen den Berg hinauf, umgeben von Reisterrassen. Ein landwirtschaftliches Wunder, das die Chinesen »Drachenknochen-Terrassen« nennen.

Auf dem Parkplatz warten bucklige, dürre alte Damen mit riesigen Haarknoten auf dem Kopf und Körben auf dem Rücken bereits auf unser Gepäck. Für zwei Euro tragen sie im Laufschritt zwei Rollkoffer und einen Buggy nach oben. Zum Glück geht alles so schnell, dass keine Zeit zum Nachdenken bleibt. Der Reiseführer versucht uns zu beruhigen: »Die Frauen verdienen ihr Geld damit.« Die Männer seien auf den Reisfeldern. Tobi fühlt sich elend und blickt entgeistert dem mageren, verrunzelten Persönchen nach, das unser 20-Kilo-Gepäck den Berg hochwuchtet. Sie ist doppelt so schnell wie wir oben. Amélie hüpft und kriecht mit Isabelle eine Stufe nach der anderen nach oben, allein läuft sie keine drei Schritte freiwillig. Unterwegs verkaufen Frauen, die der Yao-Minderheit angehören, Wolfgang-Petry-Freundschaftsbändchen. Sie dürfen sich ihre Haare nur zweimal im Leben schneiden: mit 18 und bei ihrer Hochzeit, de facto kurz hintereinander. Die meisten tragen 1,60 Meter lange Haare mit sich herum, die sie mit einer speziellen Wickeltechnik auf dem Kopf balancieren, was ihnen vor Jahren einen Eintrag im »Guinness Buch der Rekorde« sicherte. Es riecht nach verbranntem Holz und verkokeltem Reis, den die Einheimischen am Wegesrand in Bambusrohren grillen. Und der Geruch klarer, kühler Bergluft dringt mir in die Nase, ein bisschen wie in Tirol. Ich fühle mich wie Heidi, die nach vier Monaten Frankfurt endlich zurück in die Berge darf. In unserem Guesthouse gibt es einfache, knarzende Betten, Pommes, Bier und scharfe Bohnen. Wir schlafen alle drei friedlich und glücklich ein.

Am nächsten Tag nehmen wir einen Feldweg für den Abstieg. Unterwegs sehen wir, wie eine Kuh geschlachtet wird, was deutlich unblutiger und gar nicht so eklig ist, wie ich dachte. Vielleicht bin ich aber nach den vielen aufgeschlitzten Hühnern auf Wäscheleinen einfach schon abgehärtet. Amélie kann sich kaum von der toten Kuh losreißen und will alles genau wissen. Wo der Darm, der Bauch und der Hals sind, warum der Kopf so schief herunterbaumelt und so weiter. Eine Dame aus dem Ort bietet uns ein hausge-

machtes Mittagessen an, *niu rou*, frisches Rindfleisch natürlich. Wir lehnen dankend ab und kämpfen uns durch den
Touristenort im Tal, wo der Bus auf uns wartet.

Von dort geht es weiter nach Guilin, zum nächsten Guin-
ness-Buch-Eintrag, dem »größten künstlichen Wasserfall
der Welt«. Er befindet sich auf der Rückseite unseres Hotels
und ist nichts anderes als eine gigantische Scheibenwisch-
anlage mit lauter Musik und Lichtspektakel. Davor sehen
wir noch »die atemberaubende Sister-Liu-Show« des chinesischen Starregisseurs Zhang Yimou, der die Olympische
Eröffnungszeremonie choreographiert hat. Auch hier in
den Hauptrollen: Menschenmassen. Sechshundert »Schauspieler«, die über einen See geschoben werden, umgeben
von bunt beleuchteten Karstbergen. Viertausend Zuschauer
werden dort pro Abend abgefertigt, zur Golden Week gibt
es zwei Vorstellungen täglich, also 8000 Leute pro Abend.
Die Menschen auf der Bühne bilden mal Wellen, mal reihen
sie sich zu Menschenketten auf. Höhepunkt der Show ist
eine gigantische blinkende, im See schwimmende Lichter-
kette, wie man sie zu Weihnachten in türkischen Fenstern
sieht. Nur dass jedes einzelne Licht zwei Beine und Arme
hat, atmet und sich an- und ausknipsen lässt. Es läuft mir
kalt den Rücken runter. Ich muss an ein Interview mit
Zhang denken, das ich kurz nach den Olympischen Spielen gelesen habe. Darin schwärmte er von der Formbarkeit
der chinesischen Massen, die bei der Eröffnungsshow beispielsweise silberne Blöcke bildeten, die sich wie chinesische
Schriftzeichen aus dem Setzkasten einer traditionellen
Schreibmaschine hoben und senkten. »Darsteller gehorchen
Befehlen, sie können es wie Computer tun.« Das sei der
chinesische Geist, sagte Zhang stolz und amüsierte sich darüber, dass man im Westen davon nur träumen könne, schon
wegen dieser obskuren »Menschenrechte«.

Mit dem Schiff fahren wir auf dem Li-Fluss weiter nach Yangshuo. Wir essen Schildkrötensuppe und gezuckerte Kastanien und lassen die Berge, Wasserbüffel und schätzungsweise 500 weitere Touristenboote an uns vorbeiziehen. In Yangshuo schwingen wir uns auf klapprige Fahrräder, durchqueren abgelegene Orte, manchmal kommen uns ein paar Büffel oder Bauern entgegen, sonst herrscht Ruhe, um uns nichts als grüne Wiesen und gute Luft. Wir machen eine Floßfahrt auf einem Nebenfluss des Li, der so klar ist, dass wir sogar darin baden – ohne Hautausschlag zu bekommen. Ich hätte nie gedacht, dass dieses Land so schön sein kann. Das versöhnt mich mit den kommenden anderthalb Jahren.

OKTOBER

Happy Birthday!

Ein rollender Stein setzt kein Moos an.

Es ist zehn Uhr morgens, und ich habe Geburtstag. Mitten in China. Und kein Schwein ruft an. Kaum ist man am anderen Ende der Welt, wird man glatt vergessen. Ich weiß, dass es in Deutschland jetzt drei Uhr nachts ist, wer sollte da anrufen, aber um Logik geht es hier nicht. Ich bin deprimiert. Meinen Shanghai-Bekannten habe ich meinen Geburtstag verschwiegen. Ich will keine Verlegenheitsgeschenke und Glückwünsche von irgendwelchen Bekannten, die keine Freunde sind. Ich will: Ach, eigentlich will ich einen vergackerten Mädchenabend mit meinen Freundinnen, an dem einem Bauch und Mundwinkel weh tun vom Lachen, und ich will ein bisschen mit dem Fahrrad fahren, vielleicht am Alsterlauf entlang zur Mellingburger Schleuse, und mich auf eine Wiese legen und … Was ich alles will. Vor allem will ich nicht aufstehen, ich fühle mich elend. Wieder ein Jahr älter. Seit wir in China sind, rollt die bunte Lebenskugel noch schneller den Berg hinunter als sonst. Ich fühle mich mindestens zwanzig Jahre älter als vor unserer Abreise.

Amélie kommt ins Schlafzimmer gehüpft und ruft: »Du musst runterkommen!« Auf dem Weg ins Wohnzimmer falle ich über Luftballons, auf dem Tisch steht, umringt von 35 Kerzen, Tobis berühmter Schokokuchen. Er ist gestern von neun Uhr morgens bis fünf Uhr abends durch ganz Shanghai gefahren, um die Zutaten aufzutreiben (drei verschiedene Backmischungen, die nach geheimer Formel vermengt werden). Ich weiß nicht, wie er es geschafft hat, aber der Kuchen schmeckt tatsächlich wie jedes Jahr, und nach drei Bissen muss man sich hinlegen. Ich liege also zwischen Ballons, Brötchen vom deutschen Bäcker-Lieferservice »Abendbrot«, Käse, Milchkaffee, Kerzen und Geschenken und bin sehr gerührt. Tobi und Amélie singen »Happy Birthday«, und ich habe nasse Augen.

Mir war nicht bewusst, wie sehr das Leben in einem fremden Land zusammenschweißen kann. So viele hatten mir Angst eingejagt: Die Männer hätten in China spätestens nach drei Monaten eine Geliebte oder hingen an der Flasche, die Frauen erlebten hier wahlweise ihre zweite Pubertät oder ihre erste Psychotherapie, die Kinder würden so lange mit der Haushälterin als Mutterersatz vorliebnehmen. Die Wirklichkeit sieht zum Glück anders aus: Keiner von uns könnte hier ohne den anderen überleben. Wir brauchen uns mehr als je zuvor. Und das ist ein schönes Gefühl. Wir streiten uns nicht mehr wegen Kleinigkeiten, erstens, weil uns beiden die Kraft zum Zicken fehlt, und zweitens, weil einem erst hier auffällt, wie unbedeutend offene Zahnpastatuben oder stumpfe Rasierklingen sind, die ich mal wieder für meine Beine verwendet habe. Es gibt so viel Wichtigeres.

Tobi hat mir zum Geburtstag eine Gesichtsbehandlung samt Massage in einem kleinen schicken Spa geschenkt – »damit die Sorgenfalte über der Nase weggeht«, sagt er. Die Dame, die mich in Handtücher wickelt und meine Haut untersucht, macht »Oooooooh« und »Aaaah«, hält erschrocken die Hand vor den Mund, sagt Dinge wie »very, very dry and damaged skin« und »well, your feet need foot spa treatment«. Ich lasse alles mit mir geschehen, offenbar scheine ich ein ernster Fall zu sein. Als mich Tobi und Amélie zweieinhalb Stunden später abholen, ist die Falte tatsächlich weg, und Tobi sagt, ich würde wieder strahlen »wie früher«. So einfach ist das also. Ich werde jetzt öfter zum Facial Treatment gehen.

Nachmittags rufen dann doch noch ein paar treue Seelen an, und abends gehen Tobi und ich aus. Er hat Fang zum Babysitten verpflichtet, da wir ja immer noch keine neue Ayi haben. Fang ist sehr aufgeregt und will ganz genau wissen, was er machen muss, wenn Amélie aufwacht, er habe ja keinerlei Erfahrung mit Kindern.

Als wir gegen Mitternacht nach Hause kommen, liegt er schnarchend mit rosaroten und herzförmigen Klämmerchen im Haar auf dem Sofa, Amélie über ihm. Natürlich hat sie die günstige Gelegenheit sofort erkannt und Milch, Kekse, Schokolade, Beistand beim Pinkeln, beim »Frisurenmachen« und so weiter eingefordert, bis beide vor Erschöpfung eingeschlafen sind.

Freundin! Meine Freundin!

In der Fremde einen alten Freund zu treffen
ist wie labender Regen nach langer Trockenheit.

Es klingelt. Amélie und ich rennen die Treppe um die Wette hinunter, ich gewinne und öffne die Tür. Da steht sie. Stefanie! Meine Freundin Stefanie! Frisch aus Hamburg, nun, so frisch, wie man nach einem fünfzehnstündigen Flug mit einem schreienden Baby an Bord sein kann. Ich starre sie an – irgendetwas stimmt nicht mit dem Bild vor meinen Augen. Es dauert ein bisschen, bis ich Vorder- und Hintergrund zusammenfügen kann. Denn Stefanie bedeutet für mich Hamburg. Und jetzt steht Hamburg vor der verschimmelten Wand unseres Nachbarn, unter nassen Bettlaken und Unterhosen, über ihr tropft unsere Klimaanlage, drum herum wabert eine Stinkwolke aus dem Gulli in unserer Gasse (unsere Jauchegrube ist diesen Monat randvoll).

Wir umarmen uns, Stefanie fängt noch vor mir an zu heulen. Überwältigt von der Fahrt vom Flughafen zu unserem Haus, von den hässlichen Hochhäusern auf der Strecke, die an den deutschen sozialen Wohnungsbau der Siebziger erinnern. Von der Betonwüste, dem Staub, dem Gestank und dem Jetlag. In ihren Augen kann man lesen: Was machst du nur hier in diesem Moloch? Ich heule mit. Die Tränen laufen in Shanghai einfach besonders gut, es sind ja ständig so viele Gefühle in Wallung. Momentan: Freundin! Meine Freundin! Eine echte Freundin! Ich hatte ganz verdrängt, wie sich das anfühlt.

Stefanie legt sich erst einmal hin, zur Begrüßung haben die Arbeiter gegenüber einen Presslufthammer ausgepackt und hämmern rhythmisch ganze drei Stunden. Sie schläft trotzdem. Nachmittags setzen wir uns in ein Taxi und fahren zum Heiratsmarkt am People Square. Schließlich will ich ihr alle Kuriositäten dieser Stadt zeigen, dazu gehört auch Taxifahren, und natürlich will ich stolz vorführen, wie toll ich das schon kann. Die Grundgebühr für eine Taxifahrt beträgt in Shanghai elf Yuan (1,10 Euro), womit man bei flüssigem Verkehr schon mal quer durch die Innenstadt kommt. Die Qualität des Taxis (Fahrweise, Körpergeruch des Taxifahrers, Ortskenntnis, Betrugsrisiko, Entleerungshäufigkeit von Aschenbechern sowie Fußraum) lässt sich an der Farbe des Wagens ablesen. Hellgrüne und hellblaue Taxen sind empfehlenswert, dunkelrote eher zu meiden. Das Procedere, wenn ein Ausländer in ein Taxi steigt, ist immer das Gleiche:

Fahrgast: »*Ni hao*.«

Fahrer: »*Ni hao.*«

Fahrgast: »*Jianguo Xilu, Jianshan Lu.*«

(Man muss immer die nächstgelegene Straßenkreuzung angeben, sonst wird man wieder rausgeschmissen.)

Fahrer: (Schweigen.) Schlechtes Zeichen.

Fahrgast: »*Jianguo Xilu, Jianshan Lu.*«

Fahrer: (brüllt) »*Shenme luuuuuua?*«

Fahrgast: »*Jianguo Xilu, Jianshan Lu.*«

Fahrer:» *Tscnnguoxiluuuuuuuatschnnnshanluuuuuuua?*«

Fahrgast: (verunsichert, das Beste hoffend) »*Dui.*« Richtig.

Daraufhin klappt der Fahrer sein Taxameter herunter, eine ohrenbetäubende Melodie erklingt auf Chinesisch und Englisch (»Hello, welcome to my taxi …«), und die Fahrt beginnt. Ob man einen guten oder schlechten Fahrer erwischt hat, erkennt man meist daran, wie viele Nickerchen und Nebentätigkeiten er während der Fahrt erledigt (Essen, Telefonieren, Rauchen, Rasieren, Kämmen). Auf dem Hinweg klappt alles lehrbuchhaft, wir erwischen ein hellgrünes Taxi mit behandschuhtem Fahrer, der uns sogleich freundlich nach unserer Herkunft fragt. Als er *Deguo* (Deutschland) hört, klopft er freudig aufs Lenkrad und brüllt uns »Kaaaaahn« und »Schuuuumakke« entgegen.

Auf dem Rückweg passiert, was passieren muss, wenn man etwas vorführen will. Erstens: Wir verlaufen uns. Zweitens: Wir bekommen kein Taxi. Nicht mal ein rotes. Stattdessen stehen wir plötzlich vor dem achtspurigen Yan An Highway und winken vergeblich besetzten Taxen. Ich würde die Yan An Road gern in die Luft sprengen, wenn ich nur wüsste, wo man hier Sprengstoff bekommt. Ich weiß nicht, wie oft ich schon vor dieser beschissenen Straße stand und nicht mehr weiter wusste. Weder darüber noch darunter kommt man auf die andere Seite, und dummerweise durchzieht die Yan An Road die ganze Stadt ziemlich genau in der Mitte. Es hilft alles nichts – wir müssen U-Bahn fahren. Metrofahren ist in Shanghai eigentlich kein Problem; die Züge sind sauber, die Schilder zweisprachig und das System leicht durchschaubar – es sei denn, man fährt mitten zur Rush Hour und mit einem lauffaulen dreijährigen Kind im Schlepptau. Mit abwechselnd 17 Kilo auf dem Arm lassen wir uns durch kilometerlange Tunnel quetschen, bis wir rein zufällig auf dem richtigen Bahnsteig landen. Auf dem Heimweg von der U-Bahnstation machen wir bei einem kleinen Weinladen halt, versorgen Amélie mit einem Abendessen und uns mit Alkohol. Und ich schicke Fang kleinlaut eine SMS: »Could you pick us up, please?«

Hui Xin und die Entdeckung der Langsamkeit

Fürchte dich nicht, langsam zu gehen,
fürchte dich nur, stehen zu bleiben.

Wir haben eine neue Ayi. Hui Xin. Letzte Woche war Mr. Hu, der Inhaber der Ayi-Agentur, mit drei neuen Bewerberinnen hier. Zweien davon hätte ich am liebsten das Sofa verweigert, weil das, was sie auf dem Kopf trugen, nach einem fettigen Ungeziefernest aussah. Die dritte sah aus, als wäre sie höchstens 17, und weinte die ganze Zeit vor Zahnschmerzen. Drei Zahnlücken hatte sie bereits, dies würde wohl die vierte werden. Ich sprach mit jeder anstandshalber zwei Minuten, keine von uns verstand auch nur ein Wort, dann erklärte ich Mr. Hu, dass er neu rekrutieren müsse. Bitte mit Englischkenntnissen, volljährig und bitte, bitte mit gewaschenen Haaren. So kam Hui Xin zu uns.

Hui Xin ist 42 Jahre alt und sehr hübsch. Sie trägt einen

Kurzhaarschnitt und immer frisch gebügelte hellblaue Hemden und kommt morgens mit dem Elektrorad. Sie ist sehr höflich und spricht sogar etwas Englisch. Wenn sie spricht. Denn eigentlich spricht sie nicht, höchstens das Nötigste. Sie nickt und lächelt meistens, ich werde immer ganz ruhig und sanftmütig, wenn ich sie ansehe, es ist fast wie Meditieren.

Seit Hui Xin bei uns ist, fallen wir alle mindestens einmal täglich die Treppe hinunter. Mal über eine Flasche Glasreiniger, mal über einen Putzlappen, mal über kunstvoll gefaltete Socken. Zum Sockenfalten braucht sie circa 20 Minuten pro Paar, es scheint eine spezielle Origamitechnik zu sein. Die Socken findet man hinterher entweder in der Schublade mit den Gürteln oder in der mit der Bettwäsche. Tobi vermisst seit Tagen seine Lieblingsunterhemden, dafür hat er jetzt rosa Ringelshirts in Größe 104 in seinem Schrankfach. Gestern hat Hui Xin zum ersten Mal gekocht, Amélie ist bereits vor dem Essen über den elektrischen Reiskocher gefallen, den Hui Xin, warum auch immer, auf dem Boden mitten im Wohnzimmer aufgestellt hat. Es gab Bohnen und Hühnchen mit Erdnüssen. Zum Bohnenschneiden hat sie zwei Stunden gebraucht, zum Hühnchenschneiden ebenfalls, dazu kam der Einkauf (zwei Stunden) und Geschirrspüler ausräumen (eine Stunde), schwups, war der Arbeitstag um. Ich beschließe, ihr einen Arbeitsplan zu erstellen. Montag: Staubsaugen, Böden wischen, Betten machen. Sie sieht mich an und sagt in Zeitlupe: »Ooooooooh, Monday very busy.« Kurz: Sie treibt mich in den Wahnsinn. Es geht nicht. Hui Xin muss gehen. Und wir haben mal wieder keine Ayi.

Statt mit Steffi die Bars von Shanghai abzuklappern, suche ich verzweifelt eine neue Babysitterin. Tobi hat diverse

Chefs aus Singapur, London und Manila zu Besuch und muss lustige Power-Point-Präsentation halten, dazu gibt es Geschäftsessen, das ganze Programm, während Fang natürlich die Chefs durch die Gegend kutschieren muss und auch nicht auf Amélie aufpassen kann. Da hat man endlich Besuch, und nichts klappt. Also verschieben wir das Aktionsprogramm auf den Tag. Fahren mit dem Fahrrad durch die French Concession, klappern Galerien ab, in denen junge Kunststudenten die Werke berühmter chinesischer Modern-Art-Künstler brillant kopieren, lassen uns massieren, von oben bis unten und wieder zurück, trinken »Kaffee Intelligentsia« (die Spezialität eines Cafés in den Cool Docks am Huangpu) und warten vergeblich auf die Wirkung, bestellen im »Vienna Café« Kaiserschmarren bei chinesischen Kellnerinnen, die T-Shirts mit der Aufschrift »Wiener Mädel« tragen, und warten und warten. Nach eineinhalb Stunden, drei missglückten Versuchen und einer gefährlichen Rauchentwicklung im Lokal gibt die Kellnerin zu, dass der Koch heute krank sei.

Im Yu-Garden nehmen wir im Huxinting-Teehaus an einer Teezeremonie teil, sehen zu, wie sich gebundene Jasminblüten und andere Blätter, die vor Schlaflosigkeit, Unfruchtbarkeit oder Elektrosmog schützen sollen, im Wasser entfalten. Wir kippen schätzungsweise je zwei Liter Flüssigkeit in unsere leeren Mägen. Praktischerweise sind die Toiletten gleich nebenan, so dass wir abwechselnd Tee ein- und ausschütten können. Steffi will noch zur Nanjing Road, doch ich muss zum Kindergarten Amélie abholen. Als ich weggehe, drehe ich mich noch einmal um und sehe, wie sie friedlich lächelnd auf einem Felsen im Yu-Garden sitzt und auf den Goldfischteich blickt. Ich bekomme ein mulmiges Gefühl, sie allein zurückzulassen, gehe noch einmal zu ihr, drücke ihr Reiseführer, Stadtplan, China-Help-Hotline-

und Visitenkarte mit unserer Adresse in chinesischen Schriftzeichen in die Hand und – hoffe.

Als Stefanie um sieben immer noch nicht zurückgekehrt ist, werde ich unruhig. Um Viertel nach sieben steht sie erschöpft, aber glücklich, mit frisch massierten Füßen und Tüten behangen, vor der Tür. Ich sollte aufhören, mir ständig Sorgen zu machen.

Als Steffi abreist, stelle ich zwei Dinge fest. Das Gute: Zum ersten Mal würde ich nicht am liebsten gleich mit ins Flugzeug nach Deutschland steigen, sondern bleibe tatsächlich lieber in Shanghai. Ich glaube, nach fünf Monaten fange ich an, mich wohlzufühlen. Das Schlechte: Ich vermisse meine Freunde jetzt noch mehr als vorher.

Sackhüpfen und Polo

Aus Gemütlichkeit entstehen Müßiggänger,
aus schwierigen Situationen Helden.

Amélies Freundin Isabelle hat Geburtstag, also fahren wir auf die andere Seite der Stadt nach Pudong. Es gibt selbstgebackene Waffeln, gegrillte Würstchen, Sackhüpfen, Luftballonfangen, kurz: einen großen Spaß. Es ist ein schöner Nachmittag, erstens, weil das Grillen im umzäunten Expat-Gelände ein bisschen Heile-Welt-Stimmung über alles legt, zweitens, weil es ein richtig gemütlicher, heimeliger, ja: deutscher Kindergeburtstag ist. Normalerweise sourcen gestresste Expat-Mütter ihre Kindergeburtstage out. Es wird ein Restaurant, ein Partyservice oder, für Mädchen, ein Nagelstudio oder Kinder-Beauty-Salon gebucht (»Have a Diva Birthday Party!«), eine Horde Ayis engagiert, die

Spielchen organisieren, und die Mütter können in Ruhe Kaffee trinken (oder sich ebenfalls die Nägel lackieren lassen).

Leider feiert Amélie gleich am nächsten Tag im Kindergarten eine Halloween-Party, und leider sind wir, wie befürchtet, beim Kindergeburtstag versackt. Also stehe ich am Sonntag um neun Uhr morgens verkatert im Hexenkostüm mit einer völlig übermüdeten Honigbiene an meiner Seite im Regen auf dem Kindergarten-Spielplatz und muss smalltalken. Wenigstens kann ich mir an diesem Morgen die Hexenschminke sparen. Ich werde circa dreimal von Spidermännern überfallen und von einem Batman, abgesehen davon schaffe ich es, drei Stunden an der Schaukel fremde Kinder anzuschubsen, so dass ich mich kaum unterhalten muss. Die Kinder haben Mitleid mit der verknitterten Hexe und lassen mich in Frieden, solange ich Anschub gebe. Und Amélie, die Biene, ist glücklicherweise nach einer kurzen Aufwärmphase fröhlich davongesummt.

Als wir gegen Mittag nach Hause kommen, hat Tobi es immerhin geschafft, zu duschen und Nudeln mit Barilla-Sauce zu kochen. Er sieht deutlich besser aus als ich. Uns bleibt nicht viel Zeit bis zum nächsten Termin, denn die Waltons, unsere englischen Freunde, haben uns vor Wochen zu einem Poloturnier auf dem Land eingeladen. Ich dachte, das sei lustig, denn ich war noch nie auf einem Poloturnier. Leider regnet es in Strömen, und die Fahrt dorthin dauert circa zwei Stunden. Keiner von uns hat Lust, aber wir haben den Waltons schon so oft mangels Babysitter abgesagt, und wer nur zwei Freunde hat, kann es sich nicht leisten, welche zu vergraulen. Also fahren wir mit Fang aufs Land, über nigelnagelneue Autobahnen mit modernen Mautanlagen, die gespenstisch leer sind und anscheinend auf die Millionen von Autos warten, die sich die Menschen in den umliegenden Provinzen in den kommenden Jahren anschaffen sollen. In den vergangenen Jahren wurden in China jährlich über 30 Millionen Neufahrzeuge zugelassen. Aber da gab es noch zweistellige Zuwachsraten in der Wirtschaft. Beim Bau glaubte man offenbar, dass das ewig so weitergehen würde. Und sieht man am Straßenrand auch jede Menge leerstehende chinesische Reihenhausträume, die inmitten der Äcker gebaut wurden.

Der Poloclub liegt am Meer, das hier eine dunkelbraune Suppe ist. Die Fabriken, die praktischerweise alle am Ufer gebaut sind, können ihre Abwässer direkt in den Ozean leiten. Wir passieren ein barockes goldenes Tor, man könnte meinen, dahinter liege Versailles. Dann folgen wir den CARTIER-CUP-Schildern, bis wir zu einem Parkplatz kommen, auf dem ein Rolls Royce Cabrio steht. Fang parkt unseren weißen Bus direkt daneben. Tobi läuft wie hypnotisiert um das Auto herum und murmelt etwas von Phantom Drophead Coupé und einer halben Million Euro. Dann winkt uns auch schon David unter einem riesigen Schirm ins VIP-Zelt. Die Leute sehen lustigerweise nicht anders aus als in den Hamburger Elbvororten: Steppjacken, Samt- und Cordjacketts, goldene Knöpfe, gegelte Haare und Siegelringe. Dazwischen wackeln ein paar exaltierte Chinesinnen in Fendi-Schuhen auf absurd klobigen Absätzen zur Champagner-Bar, an der es leider nur süßen Prosecco gibt.

David erklärt mir geduldig die Spielregeln. Gerade als ich sie verstanden habe, ist das Turnier zu Ende. Dafür hört es zu regnen auf, und wir stürmen mit den Massen auf das Spielfeld, um den Rasen platt zu treten. Die Highheel-Damen versinken im Matsch, was hübsch anzusehen ist und dafür sorgt, dass der Rasen ordentlich umgepflügt wird. Wir finden zwar die Münze nicht, mit der wir ein Wochenende im Marriott Hotel gewonnen hätten, aber so haben wir alle wenigstens etwas Bewegung, ehe wir wieder ins Auto steigen. Nach zwei Stunden Fahrt haben wir Shanghai erreicht, nach weiteren zwei Stunden sind wir durch den Stau vor unserem Haus angelangt – der Socializing-Marathon hat ein Ende. Abends im Bett beschließen wir, uns bis Ende 2008 nicht mehr zu verabreden.

NOVEMBER

Die kleine Chen und der Herbst

Die Zikade entschlüpft ihrer goldglänzenden Hülle.

Xiao Chen heißt übersetzt kleine oder junge Chen, was etwas unpassend ist, denn sie ist 50. Xiao Chen ist unsere neue Ayi. Sie macht Yoga und kann sich toll verbiegen, außerdem reist sie jeden Morgen auf einem blitzenden Elektrorad im Popelin-Hosenanzug an und spricht außergewöhnlich gut Englisch. Im Vorstellungsgespräch hat sie behauptet, ein »excellent cook« zu sein, »very quick« und »very good in cleaning«. Sie hatte ein Empfehlungsschreiben einer amerikanischen Familie dabei, in dem sie in den Himmel gelobt wird, gewaschene Haare und sehr klare Gehaltsvorstellungen. Wir wurden uns einig, jetzt ist sie seit einer Woche bei uns und mir immer noch nicht sympathisch.

Am ersten Tag rollte sie ihr Elektrorad ins Wohnzimmer und stellte es ganz selbstverständlich im Bad ab. Dann schrieb sie mir eine Liste, was ich ihr alles zu besorgen hätte: Shampoo, Seife, Handtücher, denn sie wolle hier nach der Arbeit duschen. Außerdem brauche sie Platz für den Elektromotor ihres Fahrrads, den sie gedenkt jeden Tag bei uns aufzuladen, schließlich sei Strom sehr teuer. Ich bin sprachlos. Dummerweise kocht sie tatsächlich phantastisch, und unser Haus blitzt wie ein Hochglanzmagazin. Ich beschließe, ihr Fahrrad rauszuschmeißen, sie jedoch zumindest für diesen Herbst zu behalten und einfach nicht in mein Herz zu schließen. Dann tut es auch nicht weh, wenn sie beim nächstbesseren Angebot wieder weg ist.

Abgesehen davon stimmt mich der Herbst in Shanghai ohnehin sehr milde, denn er ist wirklich schön. An jeder Straßenecke schießen plötzlich mobile Grills aus dem Boden, auf denen zahnlose Händler alles grillen, was ihnen zwischen die Finger kommt: Maronen, Süßkartoffeln, Mais, Erdnüsse, Mandeln und andere undefinierbare Kerne. Wenn ich Amélie morgens zum Kindergarten bringe, passieren wir ungefähr 20 verschiedene Geruchsinseln. Manchmal sieht man allerdings kaum etwas, denn seit ein paar Tagen liegt ein sonderbarer Nebel über der Stadt, der mal mehr, mal weniger stark ist.

Die umliegenden Parks sind gerappelt voll: Rentner trainieren ihre Vorhand an selbstgebastelten Gummitennisanlagen (einfach einen schweren Stein mit langem Gummiband umwickeln und am anderen Ende des Gummis einen Tennisball befestigen); andere rollen Hula-Hoop-große Drahträder mit einer Eisenstange durch den Park; wieder andere kriechen in Zeitlupe über den Boden (wohl irgendeine Tai-Chi-Übung), tanzen Standard, malen mit Wasser und langen Pinseln kunstvoll alte chinesische Schriftzeichen auf die Pflastersteine, summen, singen Opern oder verbiegen sich an den öffentlichen Fitnessgeräten.

Amélie tobt nachmittags oft mit Kindern aus ihrer Kita durch die Blumenrabatten des Dingxiang-Parks, oder sie besetzen einfach die Geräte. Das geht meistens gut, nur manchmal wird man von der Parkaufsicht zurechtgewiesen, oder eines der Kinder kommt einer Gummitennisanlage zu nahe und kriegt einen Tennisball an den Kopf.

Mit Abstand am schönsten ist es jedoch frühmorgens im Zhongshan-Park. Wer seinen inneren Schweinehund besiegt und sich um halb sechs in den großen Park im Nordwesten der Stadt schleppt, wird mit dem absurdesten und vielfältigsten Angebot von Leibesübungen belohnt, das ich je gesehen habe. Die Disziplinen reichen von Federball kicken, Kampfkunst (mit Schwert, mit Fächer, ohne alles), joggen, walken, rückwärtswalken, klatschen, singen, singend und klatschend rückwärtsgehen, Fußball, jonglieren, Qi-Gong-Kugeln reiben, am Baum reiben, am Ast hängen, an der Baumrinde kratzen, Drachenfliegen, Badminton, Softball, Seilspringen, Diabolo spielen, tanzen, trommeln, trommelnd tanzen bis zu Schach und Mahjong spielen. Es sind alle Altersgruppen vertreten: von jungen Studenten bis zu buckligen Rentnern. Es ist phantastisch. Warum nur tun wir das in Deutschland nicht? Warum ist uns alles peinlich?

Am Wochenende lassen wir uns auf dem Fahrrad durch die Stadt treiben und landen im Paulaner. Nach fünf Monaten China ist man offenbar reif für so etwas. Es gibt frischgebrautes Bier, wahrscheinlich das teuerste der Stadt (acht Euro für einen halben Liter), das zwar trübe aussieht, aber köstlich schmeckt, und ganz passable Weißwürste. Die chinesischen Kellnerinnen tragen normalerweise blauen Lidschatten und rote Dirndl, die Kellner Trachtenhemden. Diesmal jedoch werden wir von einer Kuh bedient, die sich eine Glocke um den Hals gebunden hat und um den Bauch ein riesiges Gummieuter trägt. Sie bläst uns Luftschlangen ins Gesicht und sagt etwas wie: »Helau!« Auf dem Tisch liegen Einladungskarten für das bevorstehende Faschingsfest am 11. 11. Wir sitzen auf Bierbänken und wischen uns den Bierschaum vom Mund. Die Sonne scheint, und ab und zu fällt ein herbstgelbes Platanenblatt auf unsere Weißwürste.

In den Straßen der French Concession sind die Platanen in diesen Tagen voller orangefarben gekleideter Klettermännchen. Sie leiten gewissermaßen den Herbst ein, sägen die Äste ab, sammeln Laub ein und lassen die Straßen kahl und grau zurück.

Ich muss heute Morgen ein bisschen suchen, bis ich Fang und unser Auto finde, denn es ist begraben unter Platanenlaub. Heute ist Carrefour-Tag. Ich hasse Carrefour-Tage, da es eine Stunde dauert, um dorthin zu kommen, zwei Stunden, um sich hindurchzuschlagen, eine halbe Stunde, um zur Kasse zu gelangen, und wieder eine Stunde, bis man zurück ist. Heute ist es jedoch sehr lustig dort.

Seit dem Skandal um Melamin-verseuchte chinesische Milch ist es schwer, Importmilch zu ergattern, denn auf einmal kaufen selbst Chinesen australische »Anchor«- und französische »Président«-Milch. Seitdem steht man im Milchgang meist vor meterlangen leeren Kühlregalen, was ziemlich unheimlich aussieht. Ausgerechnet heute bahnt sich ein Gabelstapelfahrer seinen Weg durch protestierende französische Hausfrauen, die nach dem Manager verlangen. Kaum haben sie den Gabelstapler erspäht, beginnen sie die Kartons herunterzureißen und Tetrapacks in ihre Wagen zu werfen. Aus allen Gängen strömen plötzlich Frauen, die sich gegenseitig hysterisch anschreien und Milchkartons aus den Händen reißen. Sie fluchen, schimpfen, vergessen sich, diese feinen Französinnen. Ich schmeiße mich mit ins Getümmel, schneide im Sojasaucengang zwei Damen im Laufschritt mit meinem Einkaufswagen den Weg ab – und erwische so zwei komplette Zwölfer-Kartons »Anchor-Lite«-Milch. Ein Volltreffer.

Eine Französin jagt mich bis zum Obststand und beschimpft mich aufs Übelste, aber ich werfe blitzschnell zwei Säcke Mandarinen und Kartoffeln auf die Milchkartons und zucke lächelnd mit den Schultern. Nein, mit Franzosen habe ich kein Mitleid. Von niemandem wird man in Shanghai mehr geschnitten und mit ignoranten Blicken gestraft als von der französischen Expat-Community. Sie treten immer im Rudel auf und behandeln einen wie Luft. Als wäre man einfach nicht da. Selbst in einer vier Quadratmeter großen Umkleidekabine im Schwimmbad. Pardon, Mesdames, aber was ihr könnt, kann ich auch.

Schweizer Luftreiniger und chinesische Nadeln

Ein gesunder armer Mann ist schon halb ein reicher.

Seit Samstag haben wir zwei Mini-Atomkraftwerke in unserem Haus stehen, zumindest sehen sie so aus und machen ein gewöhnungsbedürftiges Geräusch: IQ Air Cleaner, Markenqualität aus der Schweiz. Das Design ist eine Katastrophe, was Tobi Kopfschmerzen bereitet, der Preis eine noch viel größere, was uns beiden Kopfschmerzen bereitet. Gestern kam zum ersten Mal kein Geld mehr aus dem Automaten, als ich die chinesische Union-Pay-Karte in den Schlitz schob. Der Grund für die aberwitzige Ausgabe ist, dass ich mir seit Tagen die Augen aus dem Leib kratze. Sie brennen und jucken, sind von oben und unten zugeschwollen, die Schlitze dazwischen rot statt blau wie früher, als die Welt noch in Ordnung war. Dazu bekomme ich kaum Luft, und aus der Nase läuft klares Wasser – so klar, wie ich es hier noch aus keinem Wasserhahn habe kommen sehen.

Ich kenne die Symptome, ich habe Heuschnupfen, seit ich denken kann. Beim bloßen Anblick einer Birke fange ich an zu hyperventilieren. Keine Desensibilisierung, kein Eigenurin oder -blut, keine DHU-Tröpfchen oder Antihistaminika konnten dagegen etwas ausrichten. Der Haken an der Sache ist nur: Wir haben Herbst, und es gibt hier keine Birken. Xiao Chen, unsere gefühllose Ayi, findet das alles

ganz und gar nicht rätselhaft. Sie sieht mich ohne erkenn-
bares Mitleid an und sagt nur: »Very normal. In November
air pollution very bad.« Und schnäuzt ebenfalls in ihr
Taschentuch. Statt auf Pollen reagiert mein Körper hier also
auf Feinstaub. Das ergibt Sinn.

Am Nachmittag tue ich das, was ich fünf Monate lang erfolgreich vermieden habe: Ich stecke knietief in der Recher-
che über Luftverschmutzung in Shanghai. Abends bin ich
nur noch ein Häufchen Elend, und Tobi findet mich schon
wieder heulend auf dem Sofa. Ich wäre so gern tapferer, er
hat ja im Job selbst genug Ärger, aber es geht nicht. Um es
kurz zu machen: Im Frühling und Sommer blasen Wüsten-
winde den Smog aus der Stadt; im Herbst und Winter jedoch steigt mangels Wind der sogenannte API (Air Pollution Index), der Feinstaub, Schwefeldioxid und Stickoxide
misst, drastisch an. Heute wurde in Shanghai ein Wert von
147 gemessen, und das ist nur die offizielle Zahl, den die
Regierung herausgibt. In Wirklichkeit muss man wohl noch
mal das Doppelte draufschlagen. In Deutschland liegt der
Grenzwert bei 50. Wird der an mehr als 35 Tagen im Jahr
überschritten, dürfen theoretisch keine Autos mehr fahren.
Dann lese ich noch, dass Nichtraucher nach fünf Jahren
Shanghai oder zwei Jahren Peking eine Raucherlunge haben
und dass gestern der Fährverkehr auf dem Huangpu einge-
stellt werden musste, weil der gelbe Dunst die Sicht ver-
sperrte. Der Herbstnebel, den ich so romantisch fand. Die
Shanghainesen nehmen das stoisch hin, was bleibt ihnen
auch anderes übrig? Ich hoffe, irgendwann wird der Tag
kommen, an dem man selbst hier die Lebensqualität nicht
daran misst, wie viel Porsche Cayenne oder Rolls Royce
Phantom durch die Straßen fahren, sondern ob man Luft
zum Atmen bekommt.

Ein Anruf bei der Firma IQ Air genügt, schon kommt

eine freundliche Vertreterin mit einem Partikelzähler vorbei, um unsere Raumluft zu messen. Zur Sicherheit habe ich noch ein unabhängiges Institut gleich hinterher bestellt. Das Ergebnis: Wir haben 180 000 Partikel pro Kubikmeter Luft im Haus, gesundheitlich unbedenklich sind Werte bis maximal 100 000 Partikel.

Fünf Stunden später werden die beiden Air Cleaner geliefert, soll noch mal einer sagen, die Schweizer seien langsam.

Um mein Leid zu lindern, will ich es zusätzlich mit Akupunktur versuchen. Schließlich bin ich im Land der Traditionellen Chinesischen Medizin, die bei Allergien helfen soll. Xiao Chen empfiehlt mir das Longhua-Hospital, das an die TCM-Universität von Shanghai angeschlossen ist.

Bereits am Eingang versperren lärmende, spuckende, auf den Boden rotzende Menschenmassen den Weg zum Informationsschalter. Chinesische Krankenhäuser sehen aus wie deutsche Einwohnermeldeämter. Es gibt viele Schalter mit digitalen Nummerntafeln, man muss Zettel ausfüllen, Nummern ziehen, Gebühren zahlen. Man erklärt mir beziehungsweise Fang, den ich sicherheitshalber mitgenommen habe, dass ich mich in der Schlange, die bis auf die Straße reicht, anstellen und 25 Yuan (2,50 Euro) zahlen müsse, dann würde man mir einen Arzt zuweisen. Alternativ bietet man mir das «Foreigner's Department» an, wo es einen VIP-Service gebe.

Die Ausländerabteilung verbirgt sich hinter einer kleinen Tür neben den Klos. Dahinter sitzen zwei Chinesen in blauen vollgekleckerten Overalls und schlürfen Instantsuppen, der dritte erklärt mit vollem Mund, ich möge in einer Stunde wiederkommen, dann sei die Abteilung besetzt. Eine Stunde später lächelt mich ein vierter Mann mit vollgekleckertem Anzug an, zumindest mit den Zähnen, die ihm geblieben sind, und begleitet mich zum Schalter. Ich frage vorsichtig, worin der VIP-Service bestehe. Seine Antwort: »Ich anstellen, bin schneller als Ausländer.« Kostet 180 Yuan (18 Euro). Ich winke ab und stelle mich selbst an. Nach einer knappen Stunde bin ich dran, und man schickt mich in den fünften Stock.

Dort wartet Dr. Ge Fu Pei auf mich, ein freundlicher Herr in einem viel zu großen weißen Kittel mit einer Hornbrille, die vermutlich aus Zeiten der Kulturrevolution stammt und hinter der wache, warme Augen funkeln. Seine Finger sind lang und dünn, die Fingernägel auch. Mit einer Handbewegung bittet er mich an seinen Holzfurnierschreibtisch, auf dem Stuhl daneben sitzt eine städtische Müllsammlerin im hellblauen Kittel, mit einem Dutzend Nadeln in den Knien. Dummerweise spricht der Doktor nur Chinesisch und ein paar Brocken Französisch. Ich entscheide mich für Zeichensprache, reibe meine Augen, meine Nase, halte meinen Kopf und stöhne dazu. Die drei Krankenschwestern in rosa Schürzen, die hinter der Kasse stehen, kichern; Dr. Ge Fu Pei nickt und sagt: »Je comprends.« Er sieht sich meine Zunge an, fühlt meinen Puls und will wissen, ob ich glücklich verheiratet sei, Kinder, Sorgen oder Stress hätte. Ich bejahe alles, für die restlichen Fragen reicht unser Französisch leider nicht. Dann schickt er mich zur Kasse, wo ich 150 Yuan zahlen soll, circa 15 Euro. Ich nehme den Kassenbon und gehe zum Doktor zurück.

Die drei Krankenschwestern watscheln wie aufgescheuchte Hühner hinter mir her. »*Zhang, zhang!*«, rufen sie. Der rote Stempel fehlt. Kein Stempel, keine Nadeln. Mit dem abgestempelten Bon in der Hand bettet mich Dr. Ge Fu Pei auf eine Pritsche, zieht den Vorhang zu, packt eine Schachtel frische Nadeln aus und sticht eine davon in meinen Kopf.

Mein *qi* sei gestört, sagt er, mein Lebensfluss, der meinen Körper wie eine Seenlandschaft durchziehe. Irgendwo auf meiner Seenplatte ist also ein Zufluss verstopft, und dieser Mann ist im Begriff, ihn aufzubohren. Er schiebt die Nadeln in die Kopfhaut, bis mein Körper zuckt, vermutlich hat er einen Meridian getroffen, eine Energielinie, was immerhin heißt: Ich habe noch Energie. In meinem Körper sei zu viel Wind, sagt er besorgt, der müsse zerstreut werden. Zwei weitere Nadeln landen in meinem *fengchi*, im Teich des Windes, der offenbar schräg hinter meinen Ohren liegt.

Danach ist mein *yintang* dran, meine Siegelhalle. Ich wusste bisher nicht, dass ich eine habe, aber sie sitzt direkt über der Nase, dort, wo Inderinnen ihr Bindi tragen und Westlerinnen ihr Botox. Er faltet meine ohnehin schon ausgeprägte Sorgenfalte mit den Fingern zusammen und sticht die Nadel in der Mitte ein. »Autsch!« Er tätschelt meine Hand und sagt: »Das leitet den Wind aus.« Es folgen: zwei Nadeln in die Arme, zwei in die Beine und zwei in die Nasennebenhöhlen. Ich kralle mich auf der Pritsche fest und beiße die Zähne zusammen, es ist die reinste Folter. »C'est tout?« Ja, sagt er, zehn Nadeln, das war's. Dann kommt der Strom. Er schließt Kabel an die Nadeln und dreht die Regler auf. Ob ich »sensation« habe, will er wissen. »Oui, oui.« Es pocht. Dann dreht er weiter auf, bis meine Arme bei jedem Stromschlag zucken. »Schlafen Sie gut«, sagt er, schiebt eine Wärmelampe über mich und verschwindet. Und ich liege zuckend auf der Pritsche.

Der Schmerz lässt nach, wenn ich ganz ruhig liege, also knirsche ich ein bisschen mit den Zähnen und starre auf die Wand. Dort steht eine taoistische Gottheit auf einem Altar, der der Doktor und seine Schwestern ein paar verschrumpelte Mandarinen geopfert haben. Ich würde jetzt gern beten, weiß aber nicht, wie der bunte Gott heißt und welche

Sprache er spricht. Nach 20 Minuten klingelt die Eieruhr neben mir, ich erschrecke so sehr, dass die Nadel hinter meinem Ohr verrutscht. »Aua!« Die Müllsammlerin lüpft den Vorhang und sagt etwas auf Chinesisch. Dann lacht sie, sie kriegt sich gar nicht mehr ein vor Lachen. Der Doktor kommt und befreit mich erst von den Kabeln, dann von den Nadeln. Ich atme auf. Doch neben mir klappert er bereits mit einem halben Dutzend kugelförmigen Gläsern und sagt: *Baguanfa*, zu Deutsch: Schröpfen. Ich soll den Rücken freimachen. Er zündet einen Bunsenbrenner, erhitzt das erste Glas, so dass es sich an meiner Haut festsaugt wie ein Blutegel. Das Saugen wird stärker, es zieht und ziept, ich spüre Blutergüsse wachsen. »Aua!« Die Müllsammlerin lacht sich eins, der Doktor ploppt fünf weitere Gläser an meinen Rücken. »Fünf Minuten«, sagt er und geht wieder.

Ich schließe die Augen, es saugt und saugt. Ich öffne die Augen und versuche mich abzulenken. Sehe kleine Füße in Badeschlappen hinter dem Vorhang tippeln, es ist die Krankenschwester. Sie summt die Melodie, die bei der olympischen Eröffnungszeremonie von einem kleinen Mädchen vorgesungen wurde, und sieht in meiner Kabine nach dem Rechten. Dann rotzt sie in ihrem rosa Unschuldskittel eine geballte Nasenladung auf den Boden. Ich will nach Hause. Vielleicht hätte ich doch in eine dieser schicken TCM-Kliniken für Ausländer investieren sollen. Die West-Ärzte dort verlangen zwar das Zehnfache und sind meist halb so gut ausgebildet, aber immerhin benutzen sie Taschentücher.

Als ich mich zu Hause im Spiegel betrachte, sind meine Augen immer noch rot, doch dafür ist mein Rücken lila gepunktet wie ein Dominostein. Ich muss in dieser Nacht auf dem Bauch schlafen, aber etwas Seltsames ist passiert: Ich fühle mich irgendwie leichter. Als hätte mir jemand einen schweren Rucksack abgenommen.

Nach zwei Tagen soll ich wiederkommen. Diesmal bekomme ich nach der Akupunktur drei Packungen stinkenden Kräutertee, von dem ich täglich zwei Tassen trinken soll, und Pflaster mit kleinen Kügelchen ins Ohr geklebt. Darauf soll ich morgens und abends je 20-mal herumdrücken. Zusätzlich zeigt mir der Doktor sechs Punkte im Gesicht und an den Händen, die ich mit den Fingern massieren soll. Nach vier Wochen, zehn roten Stempeln, 92 Nadelstichen, 60 Blutergüssen, zwölf Litern Tee und 150 Euro weniger in meiner Tasche ist der Spuk vorüber. Ich kann wieder atmen, meine Augen sind wieder blau, und es geht mir gut. Beschwerdefrei. Komplett. Es ist ein Wunder. Ich küsse den Doktor, lege dem Gott ein paar frische Mandarinen unter die Füße und könnte die Welt umarmen, China, Shanghai, alle Siegelhallen und Windteiche auf diesem Erdboden. Ich bin geheilt. Zumindest für diese Saison.

Buddha hilft

Man kann auch zum Kopf einer Sardine beten,
wenn man fest daran glaubt.

Heute ist der 11. 11. Während in Köln der Karneval beginnt, wird in Shanghai der Single's Day gefeiert. Das kommt daher, dass die Zahl Eins aussieht wie ein einsamer Single-Mensch, hat mir meine neue Chinesischlehrerin erklärt. Unser alter hat leider gekündigt, er arbeitet jetzt als Headhunter. Nach unserer letzten Stunde haben wir gemeinsam eine Flasche Rotwein geleert. Liwei war zwar bereits nach dem ersten Schluck krebsrot im Gesicht, bekam Schweißperlen auf der Stirn und fing an zu zittern, doch er bestand darauf, im gleichen Tempo wie Tobi zu trinken. Schließlich kenne er sich mit Wein gut aus und trinke öfter ein Gläschen, vor allem mit Frauen. Er ist irgendwie rührend, sein Selbstbewusstsein ist wie das der meisten jungen Chinesen in Relation zum Bruttoinlandsprodukt gewachsen. Er wird mir fehlen. Zum Abschluss habe ich ihm eine Packung Illy-Kaffee geschenkt, den er immer so gern bei uns trank. Aldehyd-Dehydrogenase-Enzyme, die beim Alkoholabbau helfen und vielen Asiaten angeblich fehlen, kann man ja schlecht verschenken.

Die neue Lehrerin geht heute anlässlich des Single's Day mit ihrer Single-Freundin aus. In der Stadt finden zahlreiche Matchmaking-Partys statt, die jedoch ganz anders als unsere Fisch-sucht-Fahrrad-Partys ablaufen. Es gehen nämlich ausschließlich Eltern hin. Im Pekinger Vogelnest soll im nächsten Jahr ein riesiges Kuppel-Event stattfinden. Ich habe den Lehrerwechsel zum Anlass genommen, mein Chinesischstundenpensum zu verdoppeln und getrennt von Tobi weiterzulernen. Er hat zu viel Arbeit, schafft es nie zum Unterricht, und ich will diese beschissene Sprache jetzt endlich in den Griff bekommen. Ich will von keiner Ayi mehr abhängig sein. Mein Ziel: bis Mitte nächsten Jahres allein zur Post gehen und einen Brief aufgeben können. Ist das zu viel verlangt?

Da Shoppen hier bekanntlich ganz ohne Sprachkenntnisse prima funktioniert, machen wir uns auf zum Christmas-Shopping! Wir schwingen uns aufs Fahrrad, Amélie singt auf ihrem Sitz seit neuestem Weihnachtslieder, »Rudolph the Red-nosed Rendeer«, »Jingle Bells« und »Santa Claus Is Coming to Town«. Sie ist erstaunlich textsicher, was daher kommt, dass im Kindergarten die Weihnachtsvorbereitungen schon seit Anfang November auf Hochtouren laufen, da spätestens Mitte Dezember der Spuk bereits wieder vorüber ist. Dann verlassen auch die letzten Expats die Stadt.

In einigen Geschäften hängt sogar etwas geschmacklose Weihnachtsdekoration. Fang hat erzählt, dass es in den letzten Jahren immer mehr »junge Leute« (er selbst ist ja schon 28) schick finden, sich am 24. Dezember Geschenke zu machen. Bei genauerer Nachfrage stellt sich heraus, dass hauptsächlich die Mädchen ein Geschenk von ihrem Freund erwarten. Man geht am Heiligabend romantisch essen und überreicht die Liebesbeweise. Die Chinesen haben den Heiligabend einfach zu einer Art Valentinstag umfunktioniert.

Auf der Xinle Lu müssen wir vom Fahrrad steigen, ein Menschen- und Blumenmeer versperrt den Weg. Mindestens 20 Lilienspaliere und Kränze sind entlang einer Treppe aufgereiht. Anfangs habe ich diese Blumenorgien immer für Beerdigungen gehalten, aber so feiert man hier üblicherweise Geschäftseröffnungen. Die üppigen Blumenspaliere werden in der Regel von Freunden, Geschäftspartnern oder der Lokalregierung (je nach *guanxi*, dem Netzwerk des Ladenbesitzers) gespendet und gehören in China zum guten Ton. Die Männer oder besser Jungs, die sich vor dem Eingang versammelt haben, tragen Justin-Timberlake-Hüte oder schwarze Nerd-Brillen und, sehr typisch für chinesische Hipster, Handtaschen. In Lack, Gold, Leder. Je größer, umso besser. Viel hilft viel. Die Mädchen kichern und halten Händchen.

Am Jing-An-Tempel machen wir halt, opfern ein paar Mandarinen, die wir unterwegs gekauft haben, und beten für Glück. Kann ja nicht schaden. Außerdem machen das scheinbar alle hier, ein ganzer Obstkorb liegt zu Buddhas Füßen. Andere zünden Räucherstäbchen an, verbeugen sich wieder und wieder und beten. Mao wollte aus den Chinesen ein Volk von Atheisten machen, und da es in der chinesischen Tradition ohnehin keine Staatsreligion gab, bastelte sich jeder einfach seine eigene Religion zusammen. Es gibt Buddhisten, Taoisten, Moslems, Katholiken, Protestanten. Dabei ist es keineswegs ungewöhnlich, wenn ein Christ gelegentlich einen buddhistischen Tempel besucht, nach taoistischen Maßstäben lebt und gleichzeitig die Ahnenverehrung und natürlich die großen Schätze des chinesischen Aberglaubens pflegt.

Kaum haben wir uns von Buddha verabschiedet und uns umgedreht, nähert sich eine Rentnerin mit einer großen blauen Nivea-Tasche dem Opfertisch, schiebt unauffällig die ganzen Mandarinen, Äpfel und Bananen hinein und verlässt den Tempel. Buddha scheint unsere Spende trotzdem registriert zu haben, denn wir haben einen erstaunlich guten Lauf: In vier Stunden finden wir so gut wie alle Weihnachtsgeschenke für die gesamte Familie. Das ist Rekord.

Zu Hause blicken wir zufrieden auf den Geschenkhaufen und überlegen, wie wir das alles in unsere Koffer bekommen sollen. Amélie zeichnet inzwischen mit dem neuen Nachbarsmädchen Kreide vor dem Haus. In das Haus nebenan ist eine alleinerziehende Mutter mit einem großen Mädchen gezogen, es ist etwa acht Jahre alt, hat einen pinkfarbenen Roller, immer Süßigkeiten in der Tasche und ist ziemlich dick. Ich kann ihren Namen leider nicht aussprechen, geschweige denn schreiben, irgendwas wie Lüjiangchingzhao. Amélie nennt sie der Einfachheit halber immer nur »fat girl«, und weil ich beim ersten Mal so lachen musste, schaffe ich es nicht mehr, es ihr auszutreiben. Glücklicherweise kann Lüjiangchingzhao kein Englisch, und sie kommunizieren ohnehin nur über ihre Roller, aber das blendend. Ich weiß nur noch nicht, wie ich Lüjiangchingzhaos Mutter beibringen soll, unserer Tochter nicht ständig klebrige Kokosbonbons zuzustecken, ohne mich gleich unbeliebt zu machen.

Plötzlich hören wir Amélie draußen brüllen. Ich laufe mit klopfendem Herzen hinaus, bestimmt ist sie mit dem Roller hingefallen. Doch sie kniet nur kreischend auf dem Boden über ihrer Kreidezeichnung, begraben unter Shrimpsschalen, leeren Plastikflaschen und anderem undefinierbaren Müll. Einer der Nachbarn aus den oberen Stockwerken gegenüber hat seinen Müll auf chinesische Art entsorgt: einfach aus dem Fenster geworfen. Mitten auf Amélie.

DEZEMBER

Anmutige Weide verliert die Anmut

Bist du geduldig im Augenblick des Zorns,
wirst du dir 100 Tage Kummer ersparen.

Lian heißt auf Deutsch: Anmutige Weide. Das bin ich. Meine neue Chinesischlehrerin hat mir den Namen gegeben. Das *Mi* am Anfang mussten wir leider streichen, *Mi Lian* würde »Geschälter Reis Anmutige Weide« bedeuten, was unnötig verwirren würde; außerdem will ich mit geschältem Reis nichts zu tun haben. Qiuqin, meine Lehrerin, ist 24 und sehr niedlich. Die meisten jungen, halbwegs gebildeten Chinesen haben auch einen englischen Namen, auf den sie sehr stolz sind. Sie lassen ihn sogar auf Visitenkarten drucken. Den Namen gibt ihnen in der Regel ihr Englischlehrer in der Schule, was erklärt, warum ich bisher circa 20 Wendys, 15 Lindas und 30 Suzies begegnet bin. Die Nachnamen variieren ebenfalls nur geringfügig: 90 Prozent aller Chinesen teilen sich 100 Familiennamen, 270 Millionen Chinesen heißen entweder Wang, Li oder Zhang. Deswegen spricht man in China auch nicht von Hinz und Kunz oder Otto Normalverbraucher, sondern von »Zhang Wang Zhao Li«. Wer auffallen will, erfindet also wenigstens einen funky Vornamen: Rainbow, Sky oder Crispy. Eine Kollegin von Tobi nennt sich allen Ernstes Toffie.

Qiuqin hat sich mit ihrem unaussprechlichen chinesischen Namen vorgestellt, deswegen ist sie mir von Anfang an sympathisch. Gleich in der ersten Stunde weist sie mich darauf hin, dass sie im Dezember »not available« sei, da wolle sie sich eine neue Nase machen lassen. Ich frage: »Oh, was denn für eine Nase?« Und sie sagt: »So eine, wie du hast.« Eine westliche Himmelfahrtsnase mit hohem Nasenrücken. Es gibt ein klar definiertes Schönheitsideal für Frauen in China: weiße Haut, schmales Gesicht mit spitzem Kinn, hoher Nasenrücken, möglichst runde Augen, gefärbte oder getönte Haare. Zwar sieht so von Natur aus fast keine Chinesin aus, aber man kann ja nachhelfen. Nasen-OPs sind kein großes Ding in Shanghai, erzählt mir Qiuqin, ab 200 Euro bekomme man bereits eine einfache Aufpolsterung, wer koreanisches Material haben will, muss doppelt so viel zahlen, das sei haltbarer. Einige Freundinnen von ihr hätten sich bereits den Kiefer brechen lassen für ein schmales westliches Kinn. Das sei durchaus etwas aufwendiger und auch teurer. Zu den beliebtesten Schönheitsoperationen zählen übrigens Lidfalten-Eingriffe, die gibt es bereits ab 100 Euro. Ein doppeltes Augenlid ist für junge Frauen in China ein größeres Statussymbol als die neue Chloé-It-Bag, die man ohnehin an jeder Straßenecke als Fake kaufen kann.

Zu den 450 Euro für die neue Nase geben Qiuqins Eltern die Hälfte dazu, »um ihre Chancen auf dem Arbeitsmarkt zu verbessern«. Von den sechs Millionen Uni-Absolventen, die letztes Jahr auf den Arbeitsmarkt strömten, sind eine Million arbeitslos geblieben. Nun konkurrieren sie dieses Jahr mit den nächsten sechs Millionen. Laut *Shanghai Daily* ist die Zahl der Studentinnen, die sich für ein Bewerbungsgespräch unters Messer legen, in diesem Jahr drastisch angestiegen. »Wenn ich mich selbstsicherer fühle, kriege ich auch eher einen Job«, sagt Qiuqin. Ist doch alles ganz logisch. Ich würde mich gern ausführlicher mit ihr darüber unterhalten, doch leider verstehe ich kaum etwas.

Unsere Ayi hat nämlich gerade ihre täglichen Yoga-Übungen beendet und räumt lautstark die Geschirrspülmaschine aus. Dazu hat sie offensichtlich alle elektrischen Küchengeräte angeschaltet, die sie finden konnte. Erst als die Chinesischlehrerin gegangen ist – schließlich möchte ich nicht, dass Xiao Chen ihr Gesicht verliert –, bitte ich sie halbwegs höflich, sich das nächste Mal doch bitte oben im Bad auszutoben, wenn ich unten lerne. Da könne man auch wunderbar Krach machen. Sie antwortet: »Yes, Miss Anmutige Weide, but I must tell you something.«

Ich kann nicht fassen, was sie mir dann sagt, deswegen starre ich sie bestimmt eine halbe Minute lang sehr dämlich an. Sie sagt: »Meine Mutter hatte einen Unfall.« Der Rest erklärt sich von selbst, sogar der Wortlaut ist der gleiche wie damals bei Guiling, unserer ersten Ayi: Sie müsse sich um sie kümmern und könne leider schon ab morgen nicht mehr für uns arbeiten. Die Anmut in mir schwindet, Wut und Verzweiflung kämpfen in meinen Ästen, dann brülle ich sie mit Tränen in den Augen an: »How much?« Ich habe ja dazugelernt. Ich will wissen, wie viel Geld sie bei ihrem neuen Job bekommt, für den sie kündigt. Xiao Chen sagt gar nichts, faltet ihren Putzlappen zusammen und sagt: »I'm terribly sorry.«

Ich brauche vier Stunden, um mich zu beruhigen. Womit habe ich das verdient? Wie kann man in sechs Monaten drei Ayis verschleißen? Ich versuche, etwas Sinnvolles zu tun: den Toaster, den ich vor vier Wochen gekauft habe und der nach einer Woche kaputtging, umzutauschen.

»Gome«, das große Elektrokaufhaus, ist geschlossen. Später lese ich in der Zeitung: «Der reichste Mann Chinas, CEO von Gome electrical appliances, steht unter Verdacht, den Aktienmarkt manipuliert zu haben. Alle 587 Gome-Filialen in 160 Städten Chinas sind deswegen seit Montag geschlossen.«

Als mir Xiao Chen abends um sechs den Schlüssel zurückgibt, frage ich aus purer Neugier: »Was ist der wahre Grund, Xiao Chen? Warum sagen Chinesen nie die Wahrheit?« Sie zuckt mit den Schultern und antwortet: »We are like this.« Dann erfahre ich, dass ihr der Fulltime-Job doch zu viel sei und sie lieber nur halbtags arbeiten möchte. Und ich schlage ein. In einer Woche fliege ich mit Amélie nach Deutschland, bis dahin finde ich niemals eine Nachfolgerin. Außerdem habe ich keine Kraft mehr, wieder eine Woche mit einer neuen Ayi auf Knien durch die Bäder zu robben und ihr zu zeigen, wie man putzt. Die Sache hat noch zwei weitere Vorteile: Ich muss ihr kaltes Gesicht nur vormittags ertragen, da bin ich eh unterwegs. Und Amélie muss es gar nicht ertragen. Denn von dem gesparten Geld können wir uns Amélies Kindergartenassistentin Christine als regelmäßige Babysitterin leisten, eine Seele von Mensch. Warum nur bin ich nicht viel früher auf diese Idee gekommen?

JANUAR

Schlaue Nachbarn und böse Geister

Das Leben meistert man lächelnd oder gar nicht.

Ich hatte große Angst vor Weihnachten und unserem ersten
Heimurlaub. Wie oft hatte ich abends beim Heidi-Gucken
von Hamburg, München und Tirol geträumt! Von Glüh-
wein und vom Weihnachtsmarkt, vom Joggen am Alsterlauf,
von dicken Schneeflocken, klarer Bergluft, von der Alpen-
rosenhütte und Sepps Kaiserschmarren. Was würde mit
Heidi passieren, wenn sie endlich zurück in den Bergen
wäre und dann nach fünf glückseligen Wochen wieder re-
tour nach Frankfurt sollte? Sie würde es hassen, noch mehr
als an den schlimmsten Tagen.

Seltsamerweise passierte etwas ganz anderes. Ich habe
jede Minute des Urlaubs genossen, vielleicht werde ich nie
wieder einen Urlaub so intensiv und bewusst wahrnehmen
wie diesen, aber als wir gestern in München ins Flugzeug
nach Shanghai stiegen, war da: nichts – kein Groll, keine
Verzweiflung. Nur eine wieder aufgeladene Batterie, die
mich bereit und neugierig macht auf die Fortsetzung der
China Daily Soap.

In Shanghai sind drei Grad minus. An den Fenstern im
Wohnzimmer sind kleine Eisblumen. Wir versuchen die
Heizung im Erdgeschoss (die einzige, die wir haben) in
Gang zu kriegen. An dem Apparat, an dem es viele bunte
Knöpfe und Lichter und chinesische Schriftzeichen gibt,
blinken zwei rote Lämpchen. Die Gasflamme lässt sich
nicht entzünden. Willkommen zu Hause. Zum Glück hat

Tobi noch vor dem Weihnachtsurlaub einen Shop entdeckt, in dem es vom Laster gefallene Moncler-Jacken gibt, und der ganzen Familie eine Runde Daunenanoraks spendiert. Jetzt sitzen wir hier, gedanklich noch in Tirol, wo wir gestern den letzten Germknödel verdrückt haben, in Jacken und Handschuhen auf dem Sofa und essen eine undefinierbare Suppe, die unsere Ayi freundlicherweise als Willkommensgeschenk auf dem Herd hinterlassen hat.

Amélie heult sofort, ihr Mund brennt, alles voller Chili. Ich hatte ganz vergessen, dass Chinesen im Winter in nahezu jeden Kochtopf Chilischoten werfen. »Um die innere Kälte zu vertreiben«, erklärte mir Xiao Chen. Der Chilibrei wird üblicherweise mit einer großen Menge *huangjiu*, dem lokalen Reiswein, heruntergespült, der ebenfalls die innere Kälte vertreibt. Und die letzten Geschmacksnerven. Neben Chilischoten schwimmen in der Suppe zerhackte Maiskolben (Tobi spuckt gerade angewidert einen zerbissenen Strunk ins Waschbecken), Knochen mit glibberigem Fleisch daran, Möhren und Tomaten. Ich flöße Amélie schnell die letzte H-Milch ein, die ich im Kühlschrank finde, um das Brennen zu lindern. Aber die spuckt sie ebenfalls sofort aus. »Bäh!« Auch vergessen: Wir hatten ja nur noch chinesische Melamin-Milch, die schmeckt wie gezuckert. Immerhin scheint die Zuckerspülung den Schmerz gemildert zu haben. Ich koche Amélie aus dem Restinhalt der Tüte Milchreis und lasse einfach die vorgeschriebene Menge Zucker weg, das wird wohl gehen.

In einer Dokumentation über deutsche Teenager bei einem Schüleraustausch in Shanghai habe ich mal gesehen, wie Franziska aus Frankfurt mit ihrer Gastfamilie im Wohnzimmer beim Abendessen saß. Die Eltern trugen wattierte Hello-Kitty-Fleece-Schlafanzüge, die Kinder Daunenjacken und Fingerhandschuhe mit abgeschnittenen Kuppen. Der

Sprecher sagte: »Dass Franziska mit ihrer Gastfamilie in Daunenjacke im Wohnzimmer sitzt, ist normal: In südchinesischen Häusern gibt es keine Heizung.« Tatsächlich ist der Jangtse die Grenze für Raumheizung in China. Nördlich des Flusses sind die Häuser mit Kohleöfen ausgestattet, die moderneren natürlich mit Zentralheizung. Südlich des Flusses ist das Heizen mit Kohle staatlich verboten. Ich weiß noch, wie ich damals fasziniert vor dem Fernseher in Hamburg saß. Jetzt geht es uns wie Franziska aus Frankfurt. Denn was nützt ein »Luxury Floor Heating System«, wenn es nicht funktioniert?

Wir schalten die Klimaanlage auf 27 Grad. So heizen die meisten Expats und Chinesen, die es sich leisten können, denn der Strom ist teurer als in Deutschland. Mit großem Getöse springt auf unserer Terrasse der Kondensator an, die Rotoren waren halb eingefroren. Nach zehn Minuten bläst über unseren Köpfen ein heißes Lüftchen, was ungefähr so viel bringt, als würde jemand einen Föhn ins Wohnzimmer halten. Dafür ist die Luft sofort so trocken, dass uns die Haare zu Berge stehen. Enttäuscht schalten wir die Anlage ab und rufen bei unserem Makler an, vielleicht gibt es ja einen Notfallservice.

Vierundzwanzig Stunden später kommt ein junger Mann, dem die Schneidezähne abhandengekommen sind und der sofort am elektronischen Schalter der Heizung herumfingert. Er drückt wie ein Irrer alle Knöpfe und brüllt: »Okeeeeh?« Ich schüttle den Kopf, zeige ihm die große Anlage mit den blinkenden Lichtern im Küchenschrank und sage: »*Huaila!*« Kaputt. Er schüttelt ebenfalls den Kopf und brüllt Xiao Chen an, die übersetzen soll. Ich muss mich erst wieder an die übliche chinesische Lautstärke und den Tonfall gewöhnen, der immer klingt, als würde man sich aufs

Übelste beschimpfen. Xiao Chen erklärt mir, dass der Mann nur für den Schalter verantwortlich sei, für die Heizungsanlage müsse ein anderer Engineer kommen. Natürlich.

Zu den weiteren Welcome-back-Überraschungen zählen: abgeplatzte Farbe auf Tür- und Fensterrahmen (warum auch grundieren, wenn man die Farbe gleich draufklatschen kann?), Risse in allen Hauswänden, zwei zusammengekrachte Küchenschubladen, eine tote Telefon- und Internetleitung sowie eine China-Telecom-Rechnung für Dezember über 180 Euro, obwohl wir den ganzen Monat nicht in China waren. Vor der Haustür fällt uns ein interessantes Kabelknäuel auf, das aus einem aufgebrochenen Plastikkasten hängt, der an unserer Hauswand baumelt. Davon führt ein Kabel etwa zwei Meter über dem Boden zum Fenster des Nachbarhauses. Unsere Telefonleitung ist angezapft. Sehr dilettantisch zwar, aber offenbar höchst effektiv.

Seltsamerweise stresst mich nichts von alldem, im Gegenteil: Ich muss unwillkürlich lächeln. Was so ein fünfwöchiger Urlaub in Deutschland und Österreich doch ausmacht. Als wir am nächsten Tag aufwachen, ist es in unserem Haus eiskalt, und ein schneidender Wind kriecht die Hosenbeine hinauf, denn einige Fenster lassen sich nicht mehr schließen. Dafür scheint der Himmel klar, zumindest ist er halbwegs blau, und die Sonne blinzelt durch. Als ich Amélie im Kindergarten abliefere, steht eine Mutter aus der Butterfly-Gruppe mit verheulten Augen vor dem Tor. Ich frage, ob ich irgendwie helfen könne. »Ach, es ist nur …«, schluchzt sie und steckt ihr Handy in die Tasche, »… meine Ayi hat gerade gekündigt.« Gestern sei der massive chinesische Barock-Kronleuchter in ihrer Wohnung plötzlich von der Decke gefallen. Offenbar war er unprofessionell angebracht. Zum Glück habe keiner daruntergestanden, sonst wäre er jetzt vermutlich tot. Die Ayi, berichtet die Mutter weiter, habe daraufhin beschlossen, das Haus nicht mehr zu betreten. Sie ist überzeugt, dass darin böse Geister herrschen würden.

Nach dieser Begegnung fahre ich spontan weiter Richtung Nanjing Road, dort hat letzten Herbst ein Marks & Spencer eröffnet, die britischen Kindergartenmütter reden seitdem von nichts anderem, endlich Kleider in großen Größen und diese Food-Abteilung – ein Traum! Wunderbar, unser Kühlschrank ist ohnehin komplett leer. Der 40 000 Quadratmeter große Megastore zu meiner großen Überraschung auch. Nur in der Food-Abteilung finden sich vereinzelt ein paar Langnasen und zwei Chinesinnen zwischen den Tiefkühltruhen. Das Fach, in dem Torten liegen sollen, ist so gut wie leer, die meisten Regale ebenfalls. Es ist ein bisschen wie in »Apocalypse Now«. Ich finde zwei Tiefkühlpizzen für je acht Euro. »Ooooh, very expensive!«, sagt eine Chinesin zu mir, die sich die Pizzen mit großen Augen ansieht. Finde ich auch. Aber ich habe aufgehört, mich in Shanghai über Preise zu wundern, egal in welche Richtung. Ein Regal weiter steht hübsch verpackter, vorgekochter Reis, das Portionspäckchen zu fünf Euro. Daneben Sojasauce zum selben Preis. In jedem chinesischen Supermarkt kostet beides einen Bruchteil dessen. »Kein Wunder«, kommentiert die Chinesin weiter, »dass es hier so leer ist. Und dann auch noch dieser Unfall.« Ich verstehe nicht. »Welcher Unfall?«

Die Geschichte, warum der große Marks & Spencer Store an der Nanjing Road, in der besten Lage Shanghais, so leer ist, geht so: Harshit Shah, ein vierundzwanzigjähriger Diamanthändler aus Indien, der mit seiner Frau bei Marks & Spencer einkaufte, fiel wenige Tage nach der Eröffnung aus einem der beiden offenen Aufzüge über die Brüstung, genauer gesagt, durch eine zwei Meter große Lücke dazwischen. Er war sofort tot. Die meisten Chinesen glauben seitdem, dass in dem Laden – richtig: ein böser Geist herrscht. Verschiedene Fengshui-Meister haben dem Management bereits dringend zu einer Fengshui-Zeremonie geraten, um den heimgesuchten Ort zu säubern – vergebens. Schade eigentlich, die Filiale sollte die erste von 50 in China sein.

Auf dem Rückweg krallt sich an der Ampel eine der vielen Verkehrsassistentinnen, die an fast jeder Kreuzung in ihre Trillerpfeifen blasen, in meine Daunenjacke und hält mich so fest, dass ich fast vom Fahrrad falle. Sie pfeift mir ins Ohr und brüllt dazu. Ich sehe sie hilflos an und zucke mit den Schultern. Sie zupft unaufhörlich an meinem Arm. Wie immer sind im Nu 20 Sensationslüsterne um uns versammelt, die jetzt ebenfalls auf mich einreden. Ich nehme an, ich soll verwarnt werden, weil ich mal wieder die Huai Hai Lu entlanggefahren bin, die für Fahrräder gesperrt ist. Dann erbarmt sich einer der Zuschauer, zeigt auf das Logo meiner Daunenjacke und sagt in stockendem Englisch: »Jacket, where buy, how much?« Ich fasse es nicht. Ich wurde 15 Minuten aufgehalten, und in meinem Ohr pfeift es immer noch. Und alles wegen einer Daunenjacke, von der ich nicht mal weiß, ob sie echt oder gefälscht ist. Ich verspreche der Verkehrsdame, die Adresse des Ladens vorbeizubringen, und wir klopfen uns zum Abschied lächelnd auf die Schultern. Mein rechtes Ohr fiept abends im Bett immer noch. Ob Akupunktur auch gegen Tinnitus hilft?

Die indische Hühnernacht

Je mehr Bekannte man hat,
umso weniger kennt man die Leute.

Gestern Abend erhielt ich eine SMS: »You are invited to Louise's Hen's night. It's a surprise Indian night, so bring Sari, Bindi and Bangles. Meet tomorrow at 7 pm at Leyla's house. Suzie«

Wer zum Teufel sind Suzie, Louise und Leyla? Und warum soll ich mit drei fremden Frauen eine indische Hühnernacht verbringen? Im Wörterbuch erfahre ich, dass eine Hen's Night ein Junggesellinnenabschied ist. Am nächsten Tag, wer Suzie ist: eine englische Kindergartenmutter aus der Honeybee-Gruppe. Louise ist ihre Freundin, die ich zwar kaum kenne, aber mit Freundschaften nimmt man es in der Expat-Welt nicht so genau. Sitzen wir nicht alle im gleichen Boot – fern der Heimat, der Freunde, der Familie? Also tun wir einfach so, als wären wir alles zugleich: beste Freunde und eine große Familie in einem Paralleluniversum, zumindest auf Zeit.

Das Expat-Paralleluniversum hat nicht viel oder auch gar nichts mit China zu tun. Man trifft sich mit Gleichgesinnten in der »Bar Rouge«, im »Coffee Tree«, im »San Marco« – Bars, Cafés oder Restaurants, die genauso in Kalifornien oder Kapstadt stehen könnten. Im Grunde bewegen wir uns hier kaum anders als manche Türken in Deutschland: Wir bleiben unter uns. Schlimmer noch: Wir erklären die Einheimischen je nach Tagesform für dämlich, unterentwickelt, niedlich oder liebenswert. In diesem kleinen, absurden Universum gibt es ungeschriebene Gesetze, nach denen man im Zeitraffer Gleichgesinnte findet: Sprache, Kleidung, Shanghai-Erfahrung. Zuerst kommen die Deutschen, denn man versteht sich ja. Gleich danach die Engländer, vorausgesetzt, man vermag im britischen Singsang zu flöten (»You look gorgeous, where did you get this bag? Oh, we should definitely meet one day, would be lovely!«) Dann die, die die gleichen Style-Codes kennen: den Leinensack-Tunika-Style, den Flipflop-Yoga-Style und den Cowboystiefel-Avantgarde-Freestyle. (Im Winter sind die Bedingungen zur gegenseitigen Erkennung erschwert, weil alle Daunenjacken tragen.)

Und natürlich gibt es die Neuen und die Alten. Es ist wie in der Schule. Drittklässler würden sich nie mit Erstklässlern anfreunden und umgekehrt. Es geht einfach nicht. Ein alter Hase will einem Shanghai-Frischling nicht wieder seine Lebensgeschichte erzählen, sich über China aufregen, freuen oder wundern. Man spricht chinesisch und will auch keine Listen mit Ausländerforen, Importwaren-Shops, Musikschulen für Kinder und Yoga-Clubs austauschen. Es ist schwerer, einen Menschen mit gleicher Wellenlänge UND Vertragslaufzeit zu finden als ein Päckchen Pumpernickel.

Es gibt da zum Beispiel eine Dänin im Kindergarten, die ich wahnsinnig sympathisch finde, wir lachen über dieselben Dinge, sind gleich chaotisch und haben dieselben Ansichten vom Leben und überhaupt. Sie ist die einzige Ausländerin, die ich kenne, die keine Ayi, sondern nur zweimal die Woche eine Putzfrau hat. Ihre Begründung: »Nur weil die Firma meinen Mann outsourct, muss ich meine Kinder nicht outsourcen.« Wie gesagt, sehr sympathisch – bis irgendwann der Satz fiel: »Übrigens, wir gehen im Mai zurück nach Dänemark.« Und schon schaltet sich der Motor aus, der doch gerade so schön warm gelaufen war. Warum Energie verschwenden, wenn du weißt, dass in vier Monaten eh dein ganzes Herzblut, deine neue Freundin nach Kopenhagen fliegt?

Ich gehe also zur indischen Hühnernacht. Warum auch nicht? Habe ja nichts zu verlieren. Ich borge mir von einer deutschen Bekannten goldenen Vorhangstoff, den sie kürzlich abgenommen hat, wickle also fünf Meter Brokat um mich und klebe mir einen von Amélies Hello-Kitty-Glitzeraufklebern übers Nasenbein. Ich habe selten lächerlicher ausgesehen, doch es kommt noch schlimmer: Leyla, die Gastgeberin, hat zwei Henna-Malerinnen bestellt. Sie zeigen mir ein Büchlein mit Zeichnungen, floralen Motiven und Schlangenbildern, ich soll mir für vier Euro etwas aussuchen. Dann setzt das Mädchen ihren Henna-Stift an und hinterlässt auf meinem Handrücken eine dilettantische Kritzelei, die man weder als Blume noch als Schlange erkennen kann. Genauso gut hätte ich Amélie bitten können, mir einen Tintenfisch aufzumalen. Eine Ausbildung zur Henna-Künstlerin scheint es hier ebenso wenig zu geben wie eine für Elektriker, Klempner oder Schreiner. Ein anderes Huhn, eine Australierin, hat sich für acht Euro den ganzen Oberarm verunstalten lassen, aber egal, mit ein paar Gläsern Champagner lässt sich auch dieser Schmerz hinunterspülen.

Gegen acht trifft die völlig verstörte Braut ein, wird mit einem Glitzersari beworfen, mit Bindis beklebt und mit klimpernden Ohrringen und Armreifen behängt. Die Skala der Lächerlichkeit ist nach oben offen. Um halb neun kommt eine chinesische Bauchtänzerin, die uns ins Wohnzimmer zerrt. Zehn mittelknackige bis leicht verwelkte Frauen aus England, Australien, Amerika und Deutschland in bunten Tüchern und mit verschandelten Händen oder Gliedmaßen hoppeln nun zu Bollywood-Musik unbeholfen um ein Sofa, versuchen, die chinesische Inderin nachzuahmen und ihre Hände grazil in der Luft zu winden. Es ist der Zug der Erbärmlichen, und ich fahre mit. Müsste ich mich nicht so auf die Schrittfolgen konzentrieren, ich würde mir in den goldenen Vorhang pinkeln vor Lachen.

Reichlich angeschickert fahren wir mit dem Taxi ins »Vedas«, ein indisches Restaurant, wo Suzie einen Tisch reserviert hat. Gleich nach der Vorspeise werden der Braut Geschenke überreicht: ein lila Satinschlüpfer und ein farblich passender Vibrator. Der indische Kellner sieht betreten zu Boden, ich schäme mich mit ihm. Alkohol! Ich brauche mehr Alkohol! Schon zieht Suzie zwei Gefrierbeutel aus ihrer Tasche, auf dem einen steht »Truth« auf dem anderen »Dare«. Tat oder Wahrheit. Glücklicherweise beginnt die Runde am anderen Tischende. Der Wein kommt. Doch der Kellner schafft es nicht zu meinem Platz. Er wird von Natasha, einer Australierin, über den Haufen gerannt, die auf einem Bein um den Tisch hüpft und dabei ruft: »I'm a horny bitch, I'm a horny bitch!«

Die nächste Kandidatin, eine Amerikanerin, zieht einen Zettel aus dem Wahrheitsbeutel, grinst und bekommt hektische rote Flecken am Hals. Ob sie schon mal Sperma geschluckt habe und wie viel. Klar hat sie, jede Menge. Die Flecken breiten sich jetzt bis zum Dekolleté aus. Eine Engländerin ist an der Reihe, sie soll auf dem Tisch ihren BH ausziehen ohne ihr Kleid zu öffnen. Dummerweise ist das Kleid unter ihrem Sari sehr eng, und da sie direkt aus dem Fitnesscenter zu unserer Hühnervereinigung gekommen ist, trägt sie noch einen Sport-BH. Es dauert zehn lange, erniedrigende Minuten, bis sie das gammelfleischfarbene Ungetüm aus ihrem Seidenkleid gezogen hat. Die Kellner haben sich inzwischen alle hinterm Tresen versammelt, von wo aus sie eine wunderbare Sicht auf uns haben, ohne die nötige Distanz aufgeben zu müssen. Der Nachbartisch, eine indische Familie, ist inzwischen verstummt, das Essen auf den Tellern vermutlich kalt. Das Familienoberhaupt sieht mit verächtlichem Blick zu uns herüber. Ich weiß nicht, ob es irgendjemandem schon mal aufgefallen ist, aber Inder tragen ihren Hosenbund immer viel zu hoch und haben die Tendenz, den Bauch und nicht die Brust nach vorn zu schieben. Zwischen Stolz, Status und Bauch muss ein direkter Zusammenhang bestehen.

Ich komme nicht weiter zum Nachdenken, denn nun hat Suzie einen Tat-Zettel gezogen und steigt auf den Tisch. Dann krallt sie sich den riesigen Sport-BH, schnallt ihn um den Sari, nimmt den Vibrator in die Hand und singt, ohne mit der Wimper zu zucken, in voller Lautstärke und gnadenloser Tonlage »Like a Virgin«. Hut ab, nicht schlecht. Mehr Wein, bitte. Jemand hält mir die Beutel vor die Nase. Der Tisch johlt und klatscht und kreischt, her mit dem Tat-Beutel. Schließlich muss ich das Vaterland verteidigen. Wie immer zieht Deutschland ein glückliches Los für die Vorrunde: Ich soll 20 Liegestützen auf dem Nachbartisch machen. Kein Problem, deren Essen ist eh kalt.

Suzie ist in Topform. Als alle an der Reihe waren, zieht sie zum Abschluss freiwillig einen weiteren Tat-Zettel. Dann steigt sie auf den Stuhl, lächelt diabolisch, dreht sich um, lüftet ihren Sari, zieht ihre Unterhose (eins dieser Tighten-up-Modelle) herunter und streckt ihren blanken weißen britischen Hintern ins Restaurant. Das ist zu viel. Ein Kellner läuft gekrümmt vor Scham zurück zum Tresen und verschüttet den halben Wasserkrug, die anderen halten sich die Hände vor die Augen. Mir laufen Tränen über die Wangen und über Hello Kitty, die bei den Liegestützen etwas verrutscht ist, mein Bauch tut weh vor Lachen, und mir ist schlecht von dem viel zu sauren australischen Wein. Dies ist mit Abstand der lustigste Abend, den ich in China erlebt habe. Und England hat 2 : 0 gewonnen.

Das warme Gefühl

Kein Weg ist länger als der Weg vom Kopf zum Herzen.

Shanghai hat sich verändert. Die Stadt trägt jetzt ihr Wintergesicht. Und das sieht so aus: Die Hunde der Stadt (größtenteils plattschnauzige Pekinesen oder zitternde Chihuahuas) haben Strickjacken an, wenn möglich farblich abgestimmt aufs Frauchen. (Natürlich hat jeder anständige Shanghai-Kläffer mindestens drei verschiedene Wechsel-Outfits.) Die rollenden Kioske, die sonst Windräder, Klobürsten, Wäscheklammern, Seifenblasenpistolen und anderen Klöterkram verkaufen, haben auf Winterartikel umgestellt. Sie führen jetzt Hundepullover, Klobrillen-Plüschüberzüge, gefütterte Beinwärmer, die man mit Klettverschluss an der Hose befestigen kann (das tragen jetzt alle Moped- und Elektroradfahrer), gefütterte Lenkerhandschuhe und Mundschutz-Stofflappen in allen Farben und Formen, mit Rüschen, ohne, mit aufgenähten Teddybären, mit Spitzenrand, Strassapplikationen oder -aufschriften (»I love cookies« oder »Cute Babe«). Gestern hielt neben mir an der Ampel eine alte Dame in einem zum Rollstuhl umgebauten Fahrrad aus der Nachkriegszeit, die einen fliederfarbenen Mundschutz mit goldener Aufschrift trug, auf dem stand: »Give me sugar«. Bei manchen Frauen habe ich allerdings den Verdacht, dass sie sich einfach eine Spitzenunterhose hinter die Ohren klemmen. Xiao Chen sagt, dass damit die Lippen vor der Kälte geschützt und Erkältungsviren gestoppt werden sollen.

Wer sich keine Lenkerhandschuhe oder Hosenschützer leisten kann oder mag, bastelt sich einen Kälteschutz aus einem aufgeschnittenen Müllbeutel, der mit Paketklebeband um den Lenker gewickelt wird. Überhaupt scheinen Chinesen ohne Paketklebeband nicht leben zu können. Manche Mopeds oder Elektroräder sind so mit Klebestreifen umwickelt, dass man die Farbe darunter nur erahnen kann. Vermutlich würden sonst Scheinwerfer, Bremsen und alles andere auseinanderfallen. Ganze Klimaanlagen, die an Hauswänden montiert sind, werden von Klebeband zusammengehalten und übrigens auch Kinderspielgerüste im Park. Der Chinese, der die Kleberollen produziert, muss Millionär sein.

Viele Händler konzentrieren ihr Sortiment in dieser Jahreszeit ausschließlich auf chinesische Neujahrsglücksbringer: große Ochsen, kleine Ochsen, Babyochsen, Ochsen mit goldenen Bommeln, batteriebetriebene Ochsen, die laufen und singen können. In zwei Wochen beginnt für die Chinesen das neue Jahr, das Jahr des Ochsen, die Ratte hat dann ausgedient. Schade eigentlich, denn das Wort für Ratte konnte ich mir gut merken: *Wuzi*, wie das bayerische Wuzerl oder eben Wuzi, sprich Mäuschen. Nun also kommt das nächste Tier des Sternkreises, *Jichou*.

Amélies Babysitterin Christine hat uns bereits einen roten Plüschochsen geschenkt; von Fang haben wir einen roten chinesischen Knoten bekommen, eine Art Makrameematte, die jetzt an unserer Tür hängt; und unser Landlord hat ein paar rote bemalte Feuerwerkskörper aus Plastik geschickt – neben den Ochsen, die gerade versuchen, den Telefonkasten vor unserer Tür zusammenzuflicken. Die Farbe Rot ist wichtig, denn sie bedeutet Glück, Freude und Wohlstand. Außerdem soll sie den *Nian* vertreiben, das menschenfressende Jahresmonster, das zum Neujahrsfest aus den Bergen herabsteigt, um seinen Hunger zu stillen. Rot mag das Monster nicht. Deswegen werden rote Lampen und Bänder aufgehängt, rote Unterhosen verschenkt und rote Schuhe gekauft, mit denen man dann am Neujahrstag ins Glück laufen soll. Der Puma-Shop in der Nanjing Road verkauft sogar einen limitierten roten Chinese New Year Sneaker, mit dem man vermutlich schneller zu Glück kommt. Und im Carrefour müssen alle Kassiererinnen rote Jäckchen tragen – was deutlich weniger erniedrigend ist als die Santa-Claus-Mützen der Starbucks-Mitarbeiter zu Weihnachten. Selbst im Schlafanzug, sogar wenn furzende Hunde, Teddybären, Teletubbies oder Diddelmäuse darauf sind, hat jeder Chinese mehr Würde und Anmut als mit einer rot-weißen Zipfelmütze auf dem Kopf.

Neulich habe ich gelesen, dass im Rixin-Viertel im Norden Shanghais gerade eine Bewegung gestartet wurde: die »Anti-Outdoor-Pyjama-Kampagne«. Damit wolle man einer ungeliebten, rückständigen Tradition aus der Zeit der ersten ökonomischen Reformen ein für alle Mal ein Ende machen. Damals waren die Leute so stolz, dass sie sich jetzt ein Gewand extra für die Nacht leisten konnten, dass sie es allen Leuten zeigen wollten. Und weil die Dinger so bequem waren, beschlossen sie einfach, Schlafanzüge ganztags zu tragen. Chinesen sind ja sehr praktisch veranlagt. Die eifrige Bürgerinitiative hat auch schon das nächste Projekt in Planung: die »Keinen-Müll-aus-dem-Fenster-werfen-Kampagne«. Vielleicht sollte ich unserer Nachbarschaftsvorsteherin davon erzählen, aber dazu bräuchte ich meine Chinesischlehrerin.

Die wiederum ist nicht besonders gut gelaunt. Sie hat zwar eine neue Nase, die aussieht wie die Nase aller CCTV-Nachrichtensprecherinnen, ist jedoch frustriert, weil sie in wenigen Monaten ihr Uni-Diplom macht, aber immer noch keinen Job hat. Fünfzig Bewerbungen habe sie bereits rausgeschickt, bei einem Vorstellungsgespräch als Management Assistance habe der Chef in spe gefragt, ob sie ein Problem damit hätte, auf Geschäftsreisen mit ihm im Doppelzimmer zu schlafen, aus Kostengründen natürlich. Bei einem anderen Gespräch bei einer Versicherung sei sie neben den restlichen 150 Bewerbern im Raum genötigt worden, selbst eine Versicherung abzuschließen, die sie anschließend in ihrem zukünftigen Job verkaufen sollte. Die Wirtschaftskrise ist also noch vor dem Ochsen angekommen und lässt sich offenbar von rotem Hausschmuck nicht abschrecken.

Allein sechs Geschäfte auf dem Weg zum Kindergarten haben in den vergangenen sechs Wochen aufgegeben (ein Innenarchitekt, ein Antiquitätenhändler, ein Café, drei Boutiquen), im Fenster eines Geschäfts für Jadeschmuck und Holzschnitzereien hängt ein großes selbstgemaltes Schild »Financial Crisis Clearance«. Der »Coffee Tree« hat eine Filiale geschlossen und legt statt sechs Ginger-Meatballs nur noch vier auf den Teller, zum gleichen Preis natürlich. Und im Kindergarten jagt eine Farewell-Party die nächste, da die Firmenverträge der Expat-Väter nicht verlängert oder vorzeitig gekündigt wurden. Sie sollen jetzt zurück in ihre idyllischen Häuser und Gärten in Amsterdam, Chicago oder Stockholm, zurück zu ihren Freunden und ihren Familien.

Vor ein paar Monaten noch hätte ich sie beneidet. Jetzt stelle ich fest: Irgendwas ist passiert, es kam schleichend, schon nach dem Deutschlandurlaub auf dem Weg vom Flughafen nach Hause. Als draußen die Außenbezirke Shanghais vorbeizogen, laut und nass und dreckig, als ich die Fahrradfahrer in ihren gelben, roten und lilafarbenen Regencapes sah und die hupenden Taxifahrer hörte, da machte es sich breit: so ein warmes Gefühl. Es kommt auch, wenn ich an der Parkwächterin in der Wukang Lu vorbeifahre, die sich aus Bambusrohren und Plastikplanen einen Regenhochsitz gebaut hat. Wenn im Fuxing-Park ein Rentner rückwärtsgeht, seine Qigong-Kugeln in der Hand kreisen lässt oder meditativ an einer Platane kratzt. Oder wenn die Obstverkäuferin mit ihrem Sohn auf dem Bürgersteig Federballfußball spielt, eine anscheinend höchst anspruchsvolle Sportart. Nein, ich will hier nicht weg. Noch nicht. Ich bin doch gerade erst dabei, dieses seltsame Land und diese lustigen Menschen in mein Herz zu schließen.

Ausflug nach Sheshan

Drei Leute erst machen einen Tiger.

Wir haben uns einigen chinesischen Gepflogenheiten angepasst und verbringen am Wochenende den halben Tag im Schlafanzug. Einen kurzen Moment lang habe ich heute Morgen tatsächlich überlegt, in Pyjama und Crocs schnell Brötchen im City Shop zu holen, aber die Minustemperaturen und Tobis entsetzter Blick hielten mich davon ab. Gegen Mittag kommt Fang, wir machen einen Ausflug nach Sheshan. Fang freut sich, endlich mal wieder Überstunden und Extrageld.

Sheshan ist laut Reiseführer »eine grüne Oase«, nur 30 Kilometer von Shanghai entfernt: »ein Nationalpark mit wildem Bambuswald, atemberaubender Aussicht auf den Yuehu-See und auf majestätische Bergketten«. Sheshans Hauptattraktion sind zwei Berge, wobei auf dem einen die größte katholische Kirche des Fernen Ostens steht. »Eine romantische Seilbahnfahrt« soll auf den Gipfel führen. Englische Bekannte haben uns von Sheshan vorgeschwärmt, man könne dort mit Übernachtung wunderbar ein ganzes Wochenende verbringen. Eine deutsche Kindergartenmutter hingegen rümpfte die Nase: «Kann man machen.«

Es gibt ein chinesisches Sprichwort: Drei Leute erst machen einen Tiger; was so viel heißt wie: Glaube etwas erst, wenn es dir mindestens drei Leute bestätigen. Wir entscheiden uns also für einen Kompromiss: Halbtagsausflug. Bei den statistisch erwiesenen elf Kilometern pro Stunde Durchschnittsgeschwindigkeit in Shanghai schaffen wir 30 Kilometer stadtauswärts mit etwas Glück in zwei Stunden. Im Stadtzentrum Sheshans liegen drei Parkplätze je von der Größe der Münchner Theresienwiese. Sie sind komplett leer, aber man bekommt eine Ahnung davon, was hier wohl im Frühling oder Sommer los ist. Amélie wollte unbedingt ihr Laufrad mitnehmen, in Shanghai kann sie schließlich kaum damit fahren, heute Morgen sah ich sie in Gedanken bereits glücklich durch wilden Bambuswald rollen.

Jetzt stehen wir ratlos vor einer verrosteten Seilbahn, die alles andere als TÜV-geprüft aussieht. Selbst Fang weigert sich einzusteigen, «too dangerous»; also nehmen wir den Fußweg: eine Treppe, die einen kleinen Hügel hinaufführt, den ersten Berg. Links und rechts von der Treppe stehen alle 50 Stufen Hollywoodschaukeln zum Ausruhen, dahinter dürres Bambusgestrüpp – der wilde Wald. Fang schleppt das Laufrad nach oben, Amélie läuft maulend mit Fahrradhelm die Treppen hinauf. Chinesen bauen gern Treppen auf Berge. In der Provinz Yunnan im Südwesten kann man auf Stufen sogar bis auf 4680 Meter hochsteigen, mystische Treppen, die bis zum Himmel reichen. Unsere führt schätzungsweise 80 Meter nach oben, was mir fürs Erste genügt.

Auf dem Gipfel erwartet uns ein weiteres verrostetes Metallgestell: der Aussichtsturm. Geschlossen, wegen Baufälligkeit. Daneben steht ein Baum, an den Hunderte rote Stoffbändchen mit chinesischen Schriftzeichen geknotet sind. Ein Wunschbaum, erklärt Fang. Auf den Wunschbändchen steht, was man sich für das neue Jahr erhofft. Praktischerweise gibt es die Bändchen an einem Kiosk nebenan bereits vorgedruckt zu kaufen. Neunundneunzig Prozent der Kunden haben sich für das Modell »Reichtum« entschieden, der Rest für »beruflichen Erfolg« oder »Glück bei der Partnersuche«. Leider hat der Kiosk zu.

Über einen leicht abschüssigen Weg rollen wir abwechselnd auf Amélies Laufrad zum zweiten Hügel. Der Kiosk auf diesem Berg hat geöffnet. Es gibt Wurst am Stiel und in Tee eingelegte Enteneier. Im Tal sieht man den typischen Wochenendwohnsitz reicher Shanghainesen: Ferienvillen oder eher -burgen in Vanillegelb, mit Säulen und verzierten Balkonen und viel Puderzucker darauf, die aussehen, als würde Minnie Mouse darin wohnen. Alle gleich und alle gleich geschmacklos. Vom Kiosk sind es noch 50 Meter aufwärts zur Marienbasilika, einer neogotischen Kathedrale, die ein portugiesischer Missionar 1924 bauen ließ. Fang will lieber mit Amélie unten bei den Würstchen bleiben, schließlich habe er zu Schulzeiten schon die St. Francis Church in Shanghai gesehen, eine katholische Kirche reiche fürs Leben.

Gerade mal ein Prozent aller Chinesen sind katholisch, aber das sind immerhin circa 13 Millionen Menschen, und die unternehmen mindestens ein Mal im Leben eine Marienwallfahrt nach Sheshan. Chinesen lieben Wallfahrten, zum Glück aber nicht im Januar. Die Kirche ist riesig, jedoch komplett leer und karg eingerichtet. Die bunten Glasscheiben, die während der Kulturrevolution zerstört wurden, hat man aus praktischen Gründen mit gemustertem Sichtschutzglas, wie man es von Toiletten her kennt, ersetzt. Statt Kerzen (gibt es nicht) lassen wir für zwei Yuan ein Elektrolicht drei Minuten lang brennen. Vielleicht bringt das auch Reichtum.

Auf dem Rückweg schreit Amélie plötzlich: »Pony! Ein Pony!« Tatsächlich steht am Straßenrand ein älterer Herr mit einem noch älteren Pony. Für umgerechnet zwei Euro führt er Amélie einmal um die örtliche Müllhalde. Amélie ist zufrieden, wir sind hungrig. Fang erkundigt sich nach einem guten Restaurant in der Nähe. Wir landen im Keller eines viertklassigen Hotels. Wir sind die einzigen Gäste, dafür gibt es 15 Kellner und Speisekarten mit Bildchen. Darauf: Hühnerfüße, Frosch und Quallenstreifen. Als besondere Delikatesse wird Entenblutsuppe angeboten, eine schwarzbraune Brühe, die angeblich sehr gesund ist. Tobi versucht die Hühnerfüße, man könne schließlich nicht in China wohnen, ohne einmal Hühnerfüße probiert zu haben, findet er. Ich finde das ganz und gar nicht und bestelle Bratreis, süße Kartoffelkuchen und Shrimps. Die Unterhaltung ist zäh, denn Fang ist müde, Tobi zerkaut eine halbe Stunde einen Hühnerfuß, der sich, wie er sagt, partout nicht zerkleinern lassen will. Amélie und ich frieren in unseren Daunenjacken, denn natürlich haben auch die Restaurants keine Heizung. Trotzdem sind wir zufrieden, als wir abends im Bett liegen. Ein schöner Ausflug. Man wird bescheiden in China.

Gong xi fa cai!
Oder: Wie man Langnasen entmündigt

Ein kluger Krieger flieht beizeiten.

»GONG XI FA CAI!« stand unter der Rundmail, die Tobi heute bekommen hat. Das ist der übliche Neujahrsgruß, er bedeutet wörtlich übersetzt: »Viel Erfolg beim Bemühen, reich zu werden!« Richtig: Wen interessiert schon Glück oder Gesundheit? Das Neujahrsfest, das gleichzeitig auch ein Frühlingsfest ist, dauert zwei Wochen. Es wird jedes Jahr am zweiten Neumond nach der Wintersonnenwende gefeiert. In dieser Zeit geht im ganzen Land nichts mehr. Die

Arbeit ruht, Bauarbeiter, Schuster, Schneider – niemand ist zu kriegen, selbst Geschäfte, Boutiquen und Supermärkte, die sonst täglich bis 22 Uhr geöffnet sind, haben geschlossen. *Chunjie* (zum Nachsprechen: Tschündschiä) ist das Ereignis des Jahres in China, man muss es sich so vorstellen, als fielen Weihnachten, Ostern und Silvester zusammen. Die ganze Familie trifft sich im Heimatdorf der Eltern oder Großeltern zum gemeinsamen Essen und Böllern.

Zu den vielen Wundern in dieser Zeit gehört das, was sich auf den chinesischen Bahnhöfen abspielt. Wenn ein Fünftel der Menschheit zur selben Zeit quer durch die Volksrepublik in seine Heimatdörfer fährt, kann man sich in etwa vorstellen, was für ein Menschenteppich sich millimeterweise zum Fahrkartenschalter und von dort zu den Bahnsteigen schiebt. Die chinesische Bahn rechnet dieses Jahr mit 188 Millionen Passagieren während des Neujahrsfestes.

Letzte Woche wollte ich uns Fahrkarten nach Hangzhou besorgen, eine in allen Reiseführern wild angepriesene Stadt 80 Kilometer westlich von Shanghai. Ich kam nicht mal bis zum Eingang. Jeder drückte und drängelte und schubste mit gleichmütigem Gesicht, der Ausnahmezustand schien völlig normal zu sein. Als ich umkehrte, traf ich unseren alten Chinesischlehrer, der schwer genervt auf dem Weg nach Nanjing war, wo, wenn ich alles richtig verstanden habe, eine Art Urgroßtante mütterlicherseits wohnt. Er werde wieder viele Fragen beantworten müssen, warum er auch in diesem Jahr keine Verlobte präsentieren könne, nicht einmal eine potentielle Kandidatin, klagte er mir sein Leid. Ein Freund von ihm fühle sich von seiner Familie so unter Druck gesetzt, dass er sich bei einer »Rent a friend«-Agentur eine Schauspielerin gemietet habe, die für ein paar Tage seine verliebte Verlobte mimt.

Bevor wir selbst in die Frühlingsferien aufbrechen, erhält Tobi von der Relocation-Agentur eine weitere Rundmail mit der Betreffzeile: »Vacation Safety during Spring Festival«. Darin werden wir über Folgendes belehrt, ich zitiere wörtlich:

Lassen Sie die Arbeit sanft ausklingen!

Wenn Sie über die Feiertage das Haus verlassen, schalten Sie Elektrogeräte, Wasser und Gas ab. Schließen Sie Haustür und Fenster!

Nutzen Sie sichere öffentliche Verkehrsmittel! Fahren Sie nicht mit dem eigenen Auto, wenn es überladen oder in schlechtem Zustand ist! Wenn doch: Halten Sie sich an die Verkehrsregeln!

Wenn Sie zu Fuß unterwegs sind: Laufen Sie auf dem Bürgersteig und überqueren Sie die Straße entsprechend den Ampelsignalen!

Essen Sie nicht maßlos! Trennen Sie Gekochtes von Rohem! Fassen Sie kein lebendes Geflügel an, es könnte die Vogelgrippe übertragen!

Kaufen Sie nur professionelles Feuerwerk! Kaufen Sie nicht zu viel auf einmal und transportieren Sie es nicht mit öffentlichen Verkehrsmitteln!

Zünden Sie kein Feuerwerk in den staatlich verbotenen Gebieten in Downtown!

Kommen Sie Flüssen, Baugerüsten und Feuerwerkskörpern nicht zu nahe!

Sorgen Sie für einen passenden »Zustand« (oder was auch immer mit »self-condition« gemeint ist), ehe Sie zur Arbeit zurückkehren!

Wir wünschen Ihnen und Ihrer Familie ein frohes neues Jahr! *Gong xi fa cai!*

Tobi hat mir die Mail ausgedruckt, damit ich ihm auch glaube. Für wie dämlich müssen Chinesen Langnasen wohl halten?

Unsere Nachbarn haben ihre eigene Art, sich auf das neue Jahr vorzubereiten: Sie schrubben und putzen seit Tagen. Frühjahrsputz in Schwaben ist ein Dreck dagegen. Eimer um Eimer wird aus den Häusern geschüttet, unsere ganze Gasse riecht nach Chlor und Scheuermittel. Klingelknöpfe werden poliert, Blumentöpfe gewischt, sogar die Gitterstäbe an unserem Einfahrtstor blitzen wie zum Staatsempfang. Doch der Aufwand ist weitaus wichtigerem Besuch geschuldet: dem Glück, das im nächsten Jahr kommen soll. Man muss ihm Platz machen, sagen die Chinesen. Unsere direkten Nachbarn haben Schuhe und Kleider ausgemistet, gestern freute sich der Recyclingmann über einen Haufen Altkleider, keine Ahnung, was er auf der Müllsammelstation dafür bekommt. Das Mülltrennungssystem in China ist äußerst effektiv, und ich finde es deutlich besser als das in Deutschland, obwohl wir doch als joghurtbecherspülende Mülltrennungsweltmeister gelten. Es gibt in Shanghai circa 60 000 klingelnde Recyclingmüllsammler, die man *shou feipin* nennt. Es sind im Grunde lauter Ich-AGs, die täglich mit ihrem Lastenfahrrad durch die Gassen fahren und Altpapier, Glas, Plastik und anderen verwertbaren Müll direkt vor der Haustür abholen. Niemand muss zum Container laufen, und man bekommt auch noch Geld für seinen Müll. Wie viel ist Verhandlungssache. Guiling, unsere erste Ayi, liebte es, stundenlang mit unserem *shou feipin* um den Preis für eine Tüte voller Illy-Kaffeedosen zu schachern, mal schloss sie triumphierend mit einem zehn Yuan-Schein in der Hand die Tür, mal jagte sie ihn im Scherz schimpfend mit lumpigen zwei Kuai weiter. Die Müllmänner verkaufen das Material mit einer variierenden Gewinnspanne an Müll-sammelstationen weiter, die wiederum an private Recycling-firmen, von denen es in der Stadt mindestens 30 gibt. Am besten verdienen die *shou feipin* an Metall, am wenigsten an Pappe, insgesamt kommen sie auf einen Lohn zwischen 10 und 100 Euro pro Woche.

Xiao Chen hat Amélie und mir fürs Neujahrsfest eine Jacke und einen Pullover gestrickt. Ich war erst sehr ge-rührt, was sich allerdings legte, als sie mich im Gegenzug gleich darauf hinwies, dass sie ebenfalls einen Neujahrs-bonus in Form eines Monatsgehalts von uns erwarte.

Unsere Nachbarschaftsvorsteherin hat sich eine neue Frisur und einen neuen Wintermantel zugelegt, und im Mas-sagesalon gegenüber wischt einer der blinden (!) Masseure gerade den Wäscheständer, seine Kollegin putzt die Fenster. Danach kann man alles getrost wieder ein Jahr lang verdre-cken lassen.

Natürlich wird das Jahr des Ochsen mit gebührend viel Krach begrüßt, denn ein Leben ohne Krach ist für Chinesen nicht lebenswert. Außerdem zählt das Feuerwerk neben Kompass, Papier und Buchdruck zu den vier großen Er-findungen ihrer Vorfahren. Dabei geht es allerdings weniger um Lichteffekte als um ohrenbetäubende Knallerei. Jetzt weiß ich auch, warum diese fiesen kleinen Kriecher, die einem an Silvester sinnlos um die Füße wirbeln und das Trommelfell zerplatzen lassen, Chinaböller heißen. Das Ganze hat System, schließlich soll der Neujahrsdämon ver-trieben werden, deshalb: je lauter, umso besser. In unserer Gasse hängt seit ein paar Tagen ein Aufklärungsplakat zum richtigen Umgang mit Feuerwerk. Ich kann zwar nichts le-sen, aber die Bildchen darauf sprechen Bände. Spätestens als vor dem »Wellington Garden«, einem bewachten Hoch-hauskomplex in unserer Straße, in dem viele reiche Chinesen wohnen, ein Lastwagen voller Raketen und Knallkörper vorfuhr, beschlossen wir, das Land zu verlassen. Statt Hangzhou nun also Dubai, dafür bekommt man immerhin Tickets, und wir können dort Freunde besuchen, die uns 25 Grad Außen- und 20 Grad Pooltemperatur bestätigen.

Nichts als Ochsen

Dem Büffel ist das frische Gras lieber
als eine goldene Futterkrippe.

Am vierten Tag des Neujahrsfestes landen wir gegen Mitternacht frisch aus der Wüste am Pudonger Flughafen. Es herrscht Totenstille. In unserem Garten liegen ein paar fehlgeleitete Raketen und Feuerwerksreste, aber das Haus steht noch, und die Straßen sind sauber. Das Schlimmste scheint also vorüber.

Dachten wir. Um kurz nach fünf sitzen Tobi und ich mit Herzrasen senkrecht im Bett, Amélie steht brüllend davor. Doch noch nicht einmal das können wir richtig hören, denn draußen geht die Welt unter. Es klingt wie Maschinengewehrsalven und fühlt sich an wie der Dritte Weltkrieg. An unserem Fenster explodieren Raketen, Knaller prasseln gegen die Scheiben. Die Huai Hai Lu blinkt und bebt. Ich kann es nicht fassen – da sind Menschen um fünf Uhr früh aufgestanden, nur um zu böllern.

Im Flugzeug hatte ich gelesen, dass am fünften Tag des Neujahrsfestes der chinesische Wohlstandsgott erwartet wird. Kein Wunder also, dass der mindestens genauso laut begrüßt wird wie das Jahr des Ochsen. Laut *Shanghai Daily* wurden im letzten Jahr 75 Millionen Böller für zwei Yuan (20 Cent) in Shanghai verkauft, macht also 150 Millionen

Yuan oder 15 Millionen Euro. Die Hälfte davon geht vermutlich für den Wohlstandsgott drauf. Abends sind meine Ohren taub. Amélie schläft in dieser Nacht bei uns im Bett, gegen zwei Uhr früh hört die Knallerei auf, und die Luft riecht, als wäre die ganze Stadt verkokelt. Unser Air Cleaner läuft bereits auf Stufe sechs, der Höchststufe, das Gebläse ist zwar unerträglich laut, aber immer noch besser als eine Rauchvergiftung.

Am nächsten Tag schleppt sich Tobi ins Fitnesscenter und ich mich mit Amélie zur Fußmassage. Ich könnte umfallen vor Müdigkeit und Erschöpfung, Amélie ist leider hellwach, langweilt sich und nervt und quengelt. Wie überall zückt die Angestellte sofort einen Lolli, diesmal wehre ich mich nicht, auch nicht gegen die Fernbedienung für den Fernseher, die eine andere Kollegin bereits in Amélies Schoß geparkt hat. Netterweise hat die Dame neben mir nichts gegen ein Programm mit grunzenden Riesenkäfern, die mit grünem Schleim und Laserpistolen auf vier Olympiamaskottchen schießen.

Ob mir das Neujahrsfest gefalle, fragt sie in erstaunlich gutem Englisch, und ob ich den Ochsen denn auch mit ein paar Raketen begrüßt hätte. Ich schüttle den Kopf, bin zu schwach, um zu antworten. Ihr liege der Ochse auch nicht besonders, redet sie weiter, der Ochse verspräche kein gutes Jahr. Für die derzeitige Wirtschaftskrise – ein Desaster. Um gute Geschäfte machen zu können und finanziellen Wohlstand zu erlangen, brauche der Mensch Feuer. Dieses Element jedoch könne man in der ganzen Mythologie des Ochsen nirgends finden. Und wo kein Feuer, da keine Marktbewegung.

Es ist also alles ganz einfach: schrumpfender Export, Arbeitslosigkeit, fallende Immobilienpreise – alles Schuld des Ochsen. China ist machtlos und Amerika übrigens auch nicht glücklicher, Obama hin, Obama her. Der arme Kerl, meint meine Massagenachbarin, sei ohnehin verloren, schließlich sei er im Jahr des Ochsen geboren, und noch dazu der 44. Präsident der Vereinigten Staaten. Zweimal Vier, die Unglückszahl! Also doppeltes Pech.

Vier, auf Chinesisch *si*, spricht man genauso aus wie das Wort für »sterben«. Deswegen gibt es in chinesischen Hochhäusern keine vierten, vierzehnten, vierzigsten oder vierundvierzigsten Etagen (dort würde niemand eine Wohnung kaufen oder mieten), und deswegen kostete mein Mobilfunkvertrag mit einer Handynummer, in der dreimal die Vier, aber kein einziges Mal die Glückszahl Acht vorkommt, nur die Hälfte. Die Telefonnummer 88 88 88 hingegen wurde in der Provinz Sichuan im letzten Jahr für 2,33 Millionen Yuan (etwa 233 000 Euro) versteigert.

Ich setze meine Füße ins warme Fußbad, schließe die Augen und versuche zu entspannen. Die Schleimkäfer greifen wieder an, sie grunzen. Und neben mir blubbert die Ochsenexpertin: Ob ich schon mal von einem Ochsen geträumt habe? Nein? Zum Glück, denn das bedeute nichts Gutes. Der Ochse stehe für harte Arbeit. Ich soll mich auf Schweine konzentrieren. Die seien faul und glücklich. Ich wäre glücklich, wenn sie endlich ihre Klappe halten würde. Aber wie sagt man das, ohne unhöflich zu sein? In welchem Jahr ich geboren sei? Oh, ah, 1973? Dann herrscht endlich: Stille. Nur leise sagt sie noch: »Sorry. So sorry. Sie sind im Jahr des Ochsen geboren.«

FEBRUAR

Volkserziehung für die Expo

Zuweilen wird ein Baum gefällt,
um einen Spatz zu fangen.

Endlich. Gestern fand mit dem Laternenfest die Neujahrs-
knallerei ein Ende. In Peking ist die Fassade des fast fertig-
gestellten Mandarin Oriental Hotels abgebrannt, das zum
großen Neubaukomplex des chinesischen Staatsfernsehens
gehört. Das Feuerwerk, das den Brand auslöste, hat CCTV
übrigens selbst in Auftrag gegeben. Die Stadtverwaltung
hatte es aus Sicherheitsgründen nicht genehmigt, aber
Genehmigungen oder Gesetze interessieren in China eigentlich niemanden. Nicht einmal das Staatsfernsehen. Erst
vor drei Jahren wurde das Feuerwerksverbot in den inneren
Stadtbezirken in Peking und Shanghai aufgehoben. Begründung: Weil sich sowieso kein Schwein daran hält. Es gibt ein
beliebtes chinesisches Sprichwort, das sich auf so ziemlich
alles anwenden lässt: *Shang you zhengce, xia you duice.* Oben
wird Politik gemacht, unten findet man immer ein Gegen-
mittel. Mit anderen Worten: Macht ihr dort oben, was ihr
wollt, wir machen hier unten, was wir wollen.

In Shanghai haben die meisten ihre Restmunition verbla-
sen, heute sind nur noch vereinzelt Raketen zu hören. Ein
paar Straßengeschäfte, auch der Fahrradreparateur unseres Vertrauens, haben vor ihren »Läden« (Kommode samt
Werkzeug auf dem Bürgersteig) noch mal ordentlich geböl-
lert, um aller Welt mitzuteilen, dass sie jetzt wieder zurück
sind und der Laden geöffnet ist. Ansonsten liegt nur noch

eine graue stinkende Rauchwolke über der Stadt, der Alltag geht weiter. Und damit die Vorbereitungen auf das nächste große Ereignis: die Expo 2010.

Die Weltausstellung steht unter dem Motto »Better City, better Life«, das hier jeden Bauzaun ziert. Seit Monaten wird gebaggert, geschaufelt, umgegraben und abgerissen. In der Innenstadt ist an jeder Ecke das blaue Expo-Maskottchen aufgestellt: Haibo. Das Haibo ist ein *ren*, das heißt, es soll an das chinesische Schriftzeichen für *ren* erinnern, zu Deutsch: Mensch. Mich erinnert es zwar eher an einen putzenden Comic-Zahn aus einer animierten Zahncreme-Werbung der achtziger Jahre, aber wer im Glashaus sitzt, sollte nicht mit Steinen werfen (ich erinnere an die lachenden Fußbälle oder den hosenlosen Hippielöwen Goleo zur Fußball-WM 2006). In der Metro und im Taxi (die meisten Taxen sind hier mit kleinen Fernsehern auf den Kopfstützen der Vordersitze ausgestattet) laufen Werbefilme, in denen der Haibo entweder einen Regenbogen runterrutscht oder durch die Stadt hüpft. Der Haibo ist überall. Es gibt kein Entkommen.

Links und rechts des Huangpus entsteht auf 5,4 Quadratkilometern das Expo-Gelände (viermal so groß wie das Gelände in Hannover). Neben der Stadt soll auch gleich die Bevölkerung mit umgebaut werden. Zur Olympiade gab es in Peking bereits verschiedene Aktionen zur Zivilisierung der Stadtbevölkerung, meine liebste war der monatliche »Tag des Anstellens«: An jedem elften Tag des Monats sollten die Pekinger ihren beliebten Nahkampfsport an der Bushaltestelle aufgeben und das gesittete Anstellen in einer Reihe üben, um sich vor der Welt nicht zu blamieren. Sicherheitsbeamte mit roten Armbinden überwachten die Übungseinheiten.

177

In Shanghai läuft nun also die Umerziehung zur Expo auf Hochtouren. Am Wochenende kamen wir an einem Plakat vorbei. Meine Chinesischlehrerin hat mir den ungefähren Wortlaut übersetzt: »Heißt die Weltausstellung (Expo) willkommen! Wir treten in die zivilisierte Welt ein! Schluss mit den schlechten Gewohnheiten!« Dazu zählen: Müllbeutel aus dem Fenster werfen, Wäsche auf der Straße trocknen, das Verstellen der Gehwege durch Obst- oder Gemüsestände, Turnen an Bäumen, Lärmbelästigung durch Baustellen (ist das Selbstironie?).

Von Spucken, Furzen, Rülpsen und Schlürfen keine Rede.

Das Schlürfen muss sein, hat mir unsere Ayi erklärt, die jeden Mittag an unserem Esstisch sitzt und ihre Bratnudeln so laut schlürft, dass ich es im Arbeitszimmer einen Stock höher hören kann. Ohne Schlürfen schmecken Nudeln nicht, es ist quasi ein Ausdruck des Genießens. Ich nehme an, mit Furzen drückt man aus, dass es geschmeckt hat.

Zu den größten Projekten der Expo gehört der Ausbau des öffentlichen Verkehrsnetzes. Die ganze Stadt wird einmal der Länge nach durchbohrt. Auch unter unserem Haus entsteht eine neue Metrolinie. Seit einiger Zeit werden wir nachts von erdbebenartigem Rütteln geweckt. Manchmal wackelt nur das Haus selbst etwas, als würde ein tonnenschwerer Laster vorbeifahren, dann wieder verschiebt sich unser ganzes Bett um ein paar Zentimeter. Die Wände krachen, der Boden auch, einige Holzdielen sind bereits aus der Verankerung gerissen, und die Risse in unseren Wänden werden von Tag zu Tag größer.

Weil zusätzlich alle Badewannen undicht geworden sind, die Toiletten wieder auslaufen und die Türklinken der Reihe nach abbrechen, haben wir unseren Landlord um ein letztes klärendes Gespräch gebeten.

Es klingelt. Vor der Tür stehen: Landlord, Repräsentant des Landlords, Ayi des Landlords, drei Arbeiter einer Firma, die angeblich auf nasse Wände spezialisiert ist, Silikonmeister Mr. Zhou, zwei Arbeiter von Mr. Zhou, eine Vertreterin der Relocation-Agentur, Eleanor, unsere Hausverwalterin, und ihre Kollegin, der Schreiner, der unsere Küche verbrochen hat (deren Schubladen der Reihe nach auseinandergefallen sind), der Buchhalter der Schreinerfirma, der Toilettentechniker und ein Amerikaner, der übersetzen soll und eine eigene Renovierungsfirma hat. Wir müssen zusätzliche Stühle von oben holen, der Rest steht dumm um den Tisch herum. Die Geräuschkulisse ist ähnlich laut wie die Feuerwerke der letzten Tage, jeder beschimpft jeden, wir verstehen kein Wort.

Nach einer halben Stunde schaltet sich Tobi mit ruhiger, aber bestimmter Stimme ein (seit wir in China sind, scheint ihn nichts mehr aus der Fassung zu bringen, er ist eine Mischung aus Buddha und Wolff, dem Problemlöser aus »Pulp Fiction«): Ob dies eine Verhandlung zwischen dem Landlord und seinen Arbeitern oder zwischen Landlord und uns sein solle? Stille. Unsere Vermieterin nickt betreten, blubbert aber gleich wieder los. Der nette Amerikaner übersetzt ihr belangloses Geblubber. Interessant wird die Passage, in der wir für zwei Wochen in ein schickes Serviced Apartment ziehen sollen, damit die Bauarbeiter loslegen könnten. Tobi und ich sehen uns mit großen Augen an. Wir haben beide den gleichen Gedanken: 14 Nächte auf stinkenden, steinharten Matratzen liegen? Nein, danke. Der Landlord versteht es nicht oder will es nicht verstehen: Wir sind am Ende unserer Geduld. Gefühlsmäßig ist die Entscheidung ohnehin längst gefallen: Wir wollen aus unserer Bruchbude ausziehen. Acht Monate Bauarbeiten sind zwar durchaus lehrreich, aber genug. Jetzt müssen wir nur noch eine neue Bleibe finden.

Das geheime Geheimkonzert

Alle Menschen sind klug,
die einen vorher, die anderen nachher.

Ich bin auf dem Weg nach Xintiandi, einem Shopping- und Vergnügungsviertel für Neureiche, um dort Tickets für ein supergeheimes, superexklusives Konzert von Daft Punk zu kaufen. Seit wir in Shanghai sind, bin ich musiktechnisch von der Außenwelt abgeschnitten. Kein nerviges Radio Hamburg zum Frühstück, keine Kollegen auf dem Flur, die einem »heißen Scheiß« auf den Schreibtisch legen, und auf MTV China läuft den ganzen Tag Andy Lau, ein Popstar aus Hongkong, der hier geradezu vergöttert wird. Dazwischen jaulen ein paar traurige Mädchen einer verflossenen Liebe hinterher oder hauchen Jungs mit aufgestellten Haaren einer weichgezeichneten Schönheit Rosenblätter ins Ohr. Der Kitsch kennt keine Grenzen. Zwar hat uns Fang neulich gezeigt, wie man auf der Internetplattform Baidu Musik umsonst herunterlädt (vorher hat er eine Viertelstunde im Auto gequietscht und gelacht, als er hörte, dass wir dämlichen Europäer doch tatsächlich fürs Downloaden auf iTunes Geld bezahlen), aber außer Coldplay und den Killers habe ich wenig Vertrautes gefunden und war von den vielen unbekannten Namen erschlagen.

Umso mehr freue ich mich, als ich erfahre, dass mein geliebtes französisches Elektrohouseduo nach Shanghai kommt. Ein Bekannter einer Bekannten, der den halben Tag bei »Facebook« verbringt, hat darin von dem Geheimkonzert erfahren. »Daft Hidden 09« heißt die Tour und ist so geheim, dass man den Veranstaltungsort erst am Morgen vor dem Konzert per SMS genannt bekommt.

Es wird ein historisches Konzert werden. Ein Kollege hat

mir von dem ersten Stones-Konzert in China vor zwei Jahren erzählt. Das Kulturministerium hatte ihnen die Live-Aufführung von fünf Liedern verboten: »Brown Sugar«, »Honky Tonk Woman«, »Best of Burden«, »Let's Spend the Night Together« und »Rough Justice«. Im Publikum saßen fast ausschließlich Ausländer, die Mick Jagger mit den Worten begrüßte: »Ich freue mich, dass das Kulturministerium sich um die Moral der anwesenden Banker und ihrer Freundinnen sorgt.«

Ich bin sehr aufgeregt und auch sehr stolz. Nach acht Monaten in einer fremden Stadt gleich in der Geheimliga mitzuspielen ist schließlich nicht schlecht. Ich stehe also in der Schlange vor einem kleinen Büro, in dem zwei Chinesen hinter einem Schreibtisch stehen und 2000 Tickets für jeweils 500 Yuan verkaufen (circa 50 Euro). In der Schlange sehe ich schätzungsweise 30 Prozent Chinesen, 70 Prozent Langnasen. Alle fühlen sich mindestens genauso wichtig wie ich mich. Nach etwa 20 Minuten fahren drei Polizeiwagen mit Blaulicht vor, ein Dutzend Trillerpfeifen treibt die Menge auseinander, dann gibt es eine Durchsage, die ich nicht verstehe, das Ticketbüro wird geschlossen, und alle werden aufgefordert zu gehen. Enttäuscht rufe ich mir (zusammen mit 100 aufgebrachten Turnschuhfranzosen) ein Taxi und fahre ohne Geheimticket in der Tasche nach Hause.

Am nächsten Tag steht in der *Shanghai Daily*: »Tausende Shanghaier Musikfreunde auf Betrüger hereingefallen«. Zwei Männer, angeblich ein Franzose und ein Schweizer, haben sich den ganzen PR-Zirkus ausgedacht und hochprofessionell umgesetzt. Daft-Punk-Agent Peter Elliott bestätigte, dass das Duo 2009 keinerlei Konzerte geplant habe. Ich korrigiere: Nach acht Monaten Shanghai spiele ich immer noch in der Deppenliga.

Von der Liebe und dem Geld

Der Mensch bringt jeden Morgen
sein Haar in Ordnung, nicht aber sein Herz.

Heute ist Valentinstag. Ich hätte es nicht bemerkt, wenn die
Blumen, die ich in meinem Lieblingsblumenladen holte, nicht
plötzlich das Fünffache gekostet hätten. Ich fragte die
Verkäuferin, warum sie die Lotosblüten plötzlich zu fünf
Euro statt zu einem wie letzte Woche verkaufe, ihre Antwort:
Heute sei Lover's Day, da seien Blumen teurer. Logisch, wir
sind ja in der Hauptstadt des Kapitalismus, die Nachfrage bestimmt den Preis. Zwar haben die Chinesen eigentlich einen
eigenen »Valentinstag«, der *Qixi* heißt und am siebten Tag des
siebten Mondmonats gefeiert wird. Doch westliche Feiertage
sind nun mal moderner und schicker. Jeder Mann in Shanghai, der unter 30 ist und eine Freundin hat, reserviert an diesem Tag einen Tisch in einem angesagten Restaurant und
kauft einen Haufen Blumen, möglichst Rosen und möglichst
einzeln verpackt, in der Lieblingsfarbe seiner Freundin. Was
zur Folge hat, dass die Straßen voll sind mit rosaroten Wi-
ckeltechnikwundern aus Tüll und Krepppapier, in denen rosa
Blumen versteckt sind. Es gibt auch Straußalternativen wie
rosa Miniteddybären, rosa Marzipanrosen oder Schokoladen-
bonbons in rosa Glitzerpapier. Selbst Fang hat an diesem
Abend einen Tisch im Pizzahut reserviert und seiner Freundin immerhin eine Tafel West-Schokolade gekauft.

Tobi und ich beschließen, zum Sushi-Restaurant um die
Ecke zu gehen. »Macht achtzig Yuan«, sagt die Dame am
Telefon.

»Wie bitte?«

»Heute ist Valentinstag.«

»Ich weiß, ich würde aber gern nur einen Tisch reservieren.«

»Heute gibt es nur Tische mit Blumenstrauß, kostet achtzig Yuan.«

»Was für Blumen?«

»Rosa.«

»Ich mag aber keine rosa Blumen.«

»Keine Blumen, keine Reservierung.«

Ich gebe mich geschlagen. Am Eingang des Restaurants hängt ein riesiges Herz aus Rosenblättern, aus den Lautsprechern dudelt, wir können es kaum glauben, Sarah Connor. An der Rezeption wird Tobi aufgefordert, die 80 Yuan zu bezahlen, dann knallt die Empfangsdame einen in Zeitungspapier gewickelten verwelkten Blumenstrauß auf den Tresen. Dasselbe Bündel liegt auf jedem zweiten Stuhl im Restaurant. Ich bitte die Kellnerin, mir etwas Wasser für die Blumen zu bringen, damit wir sie wenigstens auf den Tisch stellen können, aber die Antwort hätte ich mir auch selbst geben können: »Cannot.« Gefolgt von: »Waitamoment.« Dann bringt sie wenigstens einen blauen Plastikeimer mit Wasser, den wir schnell unterm Tisch verstauen.

Es gibt ein »Special V-Day Menu«, bestehend aus »Fatty Tuna Sushi« und »Amore«-Wein aus Italien. Draußen vor dem Restaurant sehen wir vor dem Fenster Pärchenschlangen stehen, die offenbar keinen verwelkten Blumenstrauß reservieren wollten. Sie warten geduldig; die Frauen sind enorm herausgeputzt, fast alle tragen riesige Teddybären oder aufwendige Blumenarrangements; die meisten Männer weiße Anzüge mit rosa Hemden. Was für ein Anblick! Am Nebentisch sitzt ein Amerikaner mit Woody-Allen-Brille und einer hübschen Chinesin, die sehr geschliffen Englisch spricht. Es gibt viele gemischte Pärchen in Shanghai, aber immer nur in der Kombination West-Mann und China-Frau, nie umgekehrt. Halt, nein, das stimmt nicht, mir fällt ein, dass ich eine West-Frau kenne, eine deutsche Mutter, die gerade ein Verhältnis mit ihrem chinesischen Personal Trainer hat. Aber sie ist natürlich eine Ausnahme.

West-Männer sind in Shanghai eine begehrte Jagdbeute, egal wie alt, dick, schön oder hässlich. Sie gelten als »Black Horse«. Noch begehrter sind nur »White Horses«: Chinesen, die im Ausland aufgewachsen sind und einen ausländischen Pass haben, denn die bringen weniger kulturelle Schwierigkeiten mit sich. Vor dem »Sasha's«, einem außerordentlich miesen Ausländerschuppen, in dem sie Rockmusik aus den Neunzigern spielen, lungern jeden Abend haufenweise chinesische Mädchen – in der Hoffnung, ein schwarzes Pferd zu ergattern. Sie hoffen darauf, wenigstens für ein paar Runden im Sattel zu bleiben und so zumindest ihr Englisch zu verbessern, im besten Fall natürlich, irgendwann geheiratet zu werden. Ich gucke zu Tobi, der gerade einen Fatty Tuna mit Stäbchen erdolcht, und sehe ihn mir genau an. Versuche, ihn ganz objektiv zu betrachten: mit seinen 1,90 Metern, dem durchtrainierten Körper, den dunklen glänzenden Haaren, den klaren blauen Augen und ach … Ich stelle objektiv fest: Mein Mann ist ein Prachtexemplar. Plötzlich habe ich das Gefühl, dass alle Frauen hier auf Tobi starren. Diese aufgedonnerten, blendend aussehenden Hühnchen, deren Oberschenkel den Umfang meiner Oberarme haben, die immer so zerbrechlich wirken und o-beinig auf Schuhen balancieren, die mich in den nächsten Straßengraben befördern würden. Wahrscheinlich würde jede zweite hier ihr »Brown Horse« (gewöhnlicher chinesischer Mann) auf der Stelle für einen West-Mann verlassen.

Im Internet kursiert seit geraumer Zeit ein von einer chinesischen Studentin der Jiatong-Universität geposteter Text, der für Aufsehen sorgt. In allen möglichen Foren wird darüber seit Monaten heiß diskutiert. Die meisten jungen Chinesen verbringen jede Minute, die sie nicht mit hinderlichen Dingen wie Schlafen, Essen oder Arbeiten verbringen müssen, im Internet, beim Online-Gaming, in verschiedenen Foren oder beim Bloggen. Es gibt 73 Millionen Blogs in China. Jeder vierte Internetnutzer Chinas schreibt einen eigenen Blog. Das Netz ist die einzige Plattform junger Chinesen, in der sie autonom sind. Sie stellen Fotos, Kunstwerke, Karaoke-Performances online. Und sie geben ungefiltert ihre Meinung über Männer, Frauen, Fußball oder Sex (alles außer Politik) wieder.

Diese Studentin, die Kapitänin des Fußball-Cheerleader-Teams ihrer Uni ist, hat sich im Internet darüber ausgelassen, weshalb sie West-Männer bevorzugt. Ich übersetze den Eintrag »Why China does not have suitable men for me« hier in leicht gekürzter Fassung:

Jeder Mensch hat eine Idealvorstellung von seinem Leben. Manche träumen davon, ein Held zu werden, andere davon, reich zu sein oder eine Führungsposition zu ergattern. Mein größter Wunsch ist, einen West-Mann zu heiraten. Manche mögen mich für vulgär halten oder für eine Verräterin, aber ich bin ein sehr traditionelles Mädchen. Es gibt mittlerweile den Trend, davon auszugehen, dass ein gutes Studium nicht so viel taugt wie eine gute Heirat. Den richtigen Mann zu heiraten ist heute wichtiger als alles andere auf der Welt. Manche fragen sich vielleicht: Gibt es denn keine guten Männer in China? Ich werde euch meine Gründe erklären. Also setzt euch aufs Sofa, auf den Boden oder wohin auch immer und hört genau zu.

1. China hat keine passenden Männer für mich

Ich bin ein besonderes Mädchen. Ich studiere an einer berühmten Uni, habe exzellente Noten, bin jedoch keines dieser IQ-Monster mit dicken Brillengläsern, die ihren Kopf den ganzen Tag in Büchern vergraben. Ich habe eine super Figur, sehe toll aus und kann mich kultiviert unterhalten. Ich bin Kapitänin des Fußball-Cheerleader-Teams, habe an verschiedenen Schönheitswettbewerben teilgenommen, mag Musik, Tanzen und Kunst. Ich schreibe ab und zu Kolumnen für eine Zeitung, kurz: Ich bin in jeder Hinsicht ein phantastisches Mädchen. Aber was für einen Mann sollte ich heiraten? Es gibt viele, die mir den Hof machen, und die meisten meiner Freundinnen haben längst Freunde. Aber wenn sie ihren Abschluss machen, trennen sie sich entweder, oder sie fangen an, übers Heiraten, Kinderkriegen und so weiter zu reden. Sie reden über alles Mögliche sehr ernsthaft, nur nicht über die Liebe. Ich bin sehr leidenschaftlich, ich möchte ein Leben, das sowohl materiell als auch geistig erfüllt ist. Sorry, doch das kann mir kein chinesischer Mann bieten. Klar könnte ich einen Kommilitonen heiraten und vielleicht einen guten Job bekommen – aber kann man sich so jemals ein Haus leisten? Ich möchte mal ein riesiges Wohnzimmer haben, so groß wie ein kleiner Salon, in dem ich meine Freunde treffen, guten Wein trinken und über Gott und die Welt plaudern kann. Auch das Badezimmer muss groß sein, damit eine Badewanne für zwei Personen reinpasst, in der ich bei schöner Musik eine romantische Nacht mit meinem Mann verbringen kann.

Der Mann, den ich heiraten will, muss mindestens genug Geld für ein Auto haben, richtig? Oder soll ich etwa jeden Morgen mit dem Bus zur Arbeit fahren, der im Winter einer Gefriertruhe und im Sommer einer Mikrowelle gleicht? Dann wird in ein paar Jahren aus einem hübschen jungen Mädchen eine dunkelhäutige Alte geworden sein. Und mal ehrlich: Wollt Ihr Jungs wirklich, dass eine hübsche Akademikerin von dreckigen Tagelöhnern herumgeschubst wird?

Es mangelt China nicht an reichen Männern. Doch seht sie euch an: Wie viele von denen haben Erfolg dank eigener Anstrengungen, ihrer Fähigkeiten oder ihrer Aufrichtigkeit? Entweder sind es Steine schleppende, ungelernte Bauherren, Kohle schaufelnde Chefs aus Shaanxi, oder sie sind korrupt. Sie sind weder zivilisiert, noch beweisen sie Haltung. Wie soll ich mich mit so einem unterhalten? Mal ehrlich: Solche Leute halten es doch bereits für Kunst, wenn sie ein paar Zeilen aus einem englischen Popsong mitsummen können. Wenn sie Geld haben, gehen sie essen, saufen, spielen oder zu Prostituierten. Ein friedliches Leben mit so jemandem wird schwierig. Es gibt da ein paar Kerle, die jetzt schon an die Uni kommen, mir Visitenkarten zustecken, auf denen »CEO«, »Chairman of the Board« oder irgendeine hohe Beamtenposition steht, einer noch reicher und arroganter als der andere. Einige haben mir gleich geradeheraus angeboten, ihre Konkubine zu werden. O mein Gott! Ich bin vielleicht keine außergewöhnliche Schönheit, aber ich bin jung und hübsch, habe jahrelang hart gearbeitet, um auf eine Elite-Uni zu gehen, und damit soll nicht mehr aus mir werden als die Geliebte eines reichen Mannes?

2. Die Lebenskonditionen in westlichen Ländern sind besser

Selbst wenn sich ein außergewöhnlicher, reicher, eleganter junger chinesischer Single in mich verlieben würde, würde ich ihn nicht heiraten. Ich will ehrlich sein: Ich will in den Westen. Die westliche Welt, die ich aus dem Fernsehen und Kino kenne, ist für mich das Paradies: Es gibt saubere Straßen, elegante Gebäude, saubere Luft. Egal ob es sich um eine quirlige Großstadt oder um ein ruhiges Dorf handelt – alles scheint so friedlich und harmonisch. Jeder ist höflich, unabhängig von seinem akademischen Hintergrund. Sicher, ich könnte hierzulande vielleicht auch in einer schönen Villa leben, aber selbst wenn ich sie mir jemals leisten könnte: Wo, bitte, bekomme ich hier saubere Luft her? Ist dieses Land nicht überall schmutzig und staubig? Natürlich ist es in den ländlichen Gebieten besser, aber wer will da schon hin? Wäre es nicht absurd, wenn ich mich im Bikini an meinem Pool sonne und vor der Tür stehen ein paar Bauern mit Kuhmist in ihren Körben? Ja, auch in Tibet ist die Luft sauber, aber sorry, dieses Mädchen, von dem ich spreche, hat Höhenangst.

Die Lebenshaltungskosten in China sind horrend. Wir geben so viel Geld aus wie die Amerikaner, verdienen aber nicht mehr als ein Afrikaner. Meine Eltern haben hart gearbeitet, um mich zur Uni schicken zu können, das sollte ich ihnen irgendwann zurückzahlen und mich um sie kümmern, richtig? Doch selbst wenn ich einen guten, angesehenen Job finde, würde mein Gehalt wirklich dafür ausreichen? Meine Eltern werden langsam alt. Wenn sie mal ins Krankenhaus müssen, wie sollte ich je die teuren Arztrechnungen bezahlen können? Die Länder im Westen haben allgemeine Krankenversicherungen. Was den Arbeitsmarkt anbelangt, ist die Lage in China auch nicht gerade rühmlich. Jedes Mal, wenn ich eine dieser überfüllten Jobmessen sehe, bekomme ich fast einen Herzinfarkt. Diese Messen sind so voll wie der Omaha Beach am D-Day! Ich bin ein zartes Mädchen, wie könnte ich mich durch diese stinkenden Massen quetschen?

Zu den wichtigsten Aufgaben einer modernen Frau gehört es, zu überleben, einen Platz an der Universität zu ergattern, zu studieren, einen Job zu finden, Geld für ein Haus zu sparen und danach für die Rente. Für welches dieser Ziele muss man sich nicht zum Sklaven machen? Ist das nicht ermüdend? Wenn aus einer meiner Kommilitoninnen nach dem Diplom keine alte, dunkelhäutige Oma geworden ist, dann nur, weil sie einen reichen Mann gefunden hat, den sie erst geheiratet hat, um ihn dann wieder ziehen lassen zu müssen, in Restaurants, Bars, Bordelle und Casinos. Und sie wird so getan haben, als habe sie nichts davon gewusst, denn warum sollte sie leiden?

3. West-Männer sind großartig

Ich mag West-Männer einfach. Schon als kleines Mädchen habe ich gern West-Filme gesehen, zum Beispiel »Ein Herz und eine Krone« oder »Vom Winde verweht«, und schon damals gefielen mir die Männer, die in den Filmen mitspielten. Ihre Gesichter sind so kantig, so besonders, vor allem ihre farbigen Augen, ihre langen, geraden Nasen und ihre schmalen, weichen Lippen. Die meisten West-Männer sind groß, gut und kräftig gebaut und immer sexy. Dann sehe ich mir die chinesischen Jungs um mich herum an: Selbst wenn ich über ihre schmalen Augen hinwegsehe, haben sie immer noch dicke Stummelnasen, wulstige Lippen, und wenn sie dann noch gebräunt sind, erinnern sie doch bemerkenswert an Afrikaner. Die gebildeteren wirken alle mager und unterernährt, da frage ich mich ernsthaft, ob mich so einer beschützen kann? Manchmal gibt es Männer, die sich Muskeln antrainiert, aber dafür vergessen haben, ihr Hirn in Form zu bringen.

Viele Jungs an meiner Uni machen mir den Hof, auch andere Männer bitten mich um Dates, doch nicht viele davon gefallen mir. Sie sehen entweder aus wie eine Sojasprosse oder wie der japanische »Ultraman« aus der Science-Fiction-Serie, sie sind ungepflegt, und keiner von ihnen macht sich Gedanken über sein Äußeres. Viele spucken in der Öffentlichkeit, was ich hasse. Nur kleine Kinder und Tiere urinieren oder entleeren sich an jeder Ecke, und Spucken ist keinen Deut besser. Ich würde sie maximal halbzivilisiert nennen.

Die meisten West-Männer sind elegant gekleidet, weil sie von klein auf eine gute Erziehung genossen haben. Es gibt in Shanghai McDonald's- und KFC-Restaurants, in die ich oft mit Freunden gehe. Alle West-Männer dort scheinen gut erzogen, sie halten einem die Tür auf und stellen sich in einer Reihe an. Chinesische Männer stürmen auf den Tresen zu, sobald die Tür sich öffnet, drängeln in Massen und schreien den Kellnern ihre Bestellungen entgegen, als wären sie in ihrem letzten Leben verhungert. Und wenn sie fertig sind, werfen sie ihren Müll schamlos irgendwo hin, während die Westler ihn sorgfältig stapeln und ihre Tabletts auch noch selbst wegbringen. Das ist einfach ein anderes Niveau!

Hinzu kommt, dass die meisten chinesischen Männer keine Unabhängigkeit kennen. Bei ihnen dreht sich alles um Frauen, sie sind wie eine Supernanny. Manchmal habe ich das Gefühl, als hätten sie kein eigenes Ich, als drehten sich all ihre Gedanken um das eine. Wenn sie in einen Bus steigen, prügeln sie sich um einen Platz, nur um ihn dann als Erster einem Mädchen anbieten zu können, egal ob neben ihnen ein älterer Herr oder ein kleines Kind steht. Ich schäme mich jedes Mal zu sehr, um mich hinzusetzen. Auf solche Männer, die gedanken- und temperamentlos sind, die sich für Frauen zum Deppen machen, bis sie verheiratet sind, die bei der Arbeit um ihren Chef herumschleichen und zu Hause in der Küche um ihre Frauen, auf die kann ich nur herabschauen. Meine Güte, ich würde mich vor dem Sohn fürchten, den ich mit so einem Modellbürger hätte, der so offensichtlich in einem autoritären System groß geworden ist. Welches Mädchen mag einen Mann ohne Persönlichkeit und Mut?

West-Männer sind in einer Umgebung aufgewachsen, die Unabhängigkeit und Selbstständigkeit fördert. Sie haben eigene Gedanken, nicht wie Chinesen, die Papageien gleichen. Nehmen wir zum Beispiel meine Kommilitonen. Solange die Regierung über Japans und Chinas gute bilaterale Beziehungen spricht, mögen sie Japan. Sobald die Regierung einen nationalistischen Kurs einschlägt, wettern sie gegen Japan. Jeder Einzelne von ihnen ist hirnlos, lässt sich dressieren wie ein Affe und hält sich dabei noch für groß und mächtig. Sie alle sind ein Haufen eingebildeter Affen! Sie sind vieles, was ich im wahren Leben nicht aussprechen könnte, aber ich kann es online.

Um es auf den Punkt zu bringen: Ich möchte einfach einen

West-Mann heiraten, am liebsten einen Amerikaner, aber ein Europäer wäre auch nicht schlecht. Ich habe keine großen Ansprüche, es macht mir nichts aus, wenn er eine geringere Ausbildung hat als ich, mir ist auch egal, was für einen Job er hat. Liegt der Monatslohn für Tellerwäscher bei McDonald's in den USA nicht über 1000 Dollar? Davon könnte er sich immer noch ein Auto und ein Haus kaufen. Wenn das nicht möglich ist, würde ich auch einen geschiedenen Mann mit Kindern nehmen. West-Kinder sind unabhängig, die würden mich wenigstens nicht hinter ihnen herputzen lassen, und ich müsste nicht um sie herumschwarwenzeln. Wenn das auch nicht möglich sein sollte, würde ich sogar einen Japaner oder Koreaner heiraten. Die würden wenigstens nicht wie die Männer in Shanghai für mich kochen. Wie auch immer, ich möchte dieses Land verlassen und in den Westen gehen, wenn nicht für die Freiheit, dann fürs Geld.

Ich gebe zu, ich bin sehr direkt, aber denkt nicht falsch von mir. Ich tue niemandem weh, ich möchte lediglich ein besseres Leben, sei es materiell oder kulturell. Ich habe die US-Serie »Desperate Housewives« gesehen. Diese ruhige Ortschaft, diese sauberen Straßen, die elegante, höfliche Nachbarschaft! Da wusste ich: Das ist das Leben, das ich möchte!

Chanel spuckt

Kaltes löscht das Feuer im Magen.

Seit Winteranfang hat unser kleiner 24-Stunden-Shop gegenüber sein Bierdosensortiment aus dem Kühlschrank geräumt. Es gibt jetzt nur noch warmes Bier und warme Cola, was Tobi, der gern auf dem Heimweg noch mal ein Döschen holt, jedes Mal vor Wut kochen lässt. Auch bei meiner Fußmassage bekomme ich nun immer heißes Wasser gereicht, und unsere Ayi stellt ständig den Trinkwasser-spender auf die höchste Heizstufe, weswegen ich mir bereits dreimal die Finger verbrannt habe.

Der Grund ist, dass heißes oder warmes Wasser laut Auffassung der chinesischen Medizin die Kälte aus dem Körper leitet. Selbst im Sommer trinken die Chinesen lauwarmes Wasser, das im Idealfall der Körpertemperatur entspricht. Kalte Getränke sind das ganze Jahr über verpönt, da sie den Verdauungstrakt abkühlen und die Verdauung erschweren. Im Winter, für schwangere Frauen oder während der Periode sind sie unserer Ayi zufolge ganz und gar verboten. So viel zur Vorgeschichte.

Heute Nachmittag hole ich Amélie aus dem Kindergarten ab. Sie ist sehr aufgeregt, denn ich hatte ihr und Chanel versprochen, zu »Kidtown«, in eines dieser Indoor-Kinderspielparadiese, zu fahren. Es ist das erste Playdate mit Chanel ohne ihre Mama. Als die Mädchen mich sehen, laufen sie sofort, händchenhaltend und vor Freude quietschend, zum Auto. Ich habe ihnen, ganz vorbildlich, Bananen und Birnen klein geschnitten und in Tupperware verpackt, Biosalzbrezeln gekauft und jeder eine kleine Flasche Wasser mitgebracht. Nach der Feuerwehrstation und dem Supermarkt der Kinderstadt machen die beiden eine kurze Pause, essen und trinken eine Kleinigkeit, dann laufen sie zur Legoburg. Ich soll mit, ein Prinzessinnenschloss bauen.

Plötzlich wird Chanel still und hält sich den Bauch. Sie krümmt sich, und ich nehme sie auf den Arm und streichle sie zusammen mit Amélie. Dann hören wir einen Würgelaut, und ein riesiger Schwall aus Spaghetti, Bananen, Biobrezeln und Birnen ergießt sich über uns sowie über Chanels Glitzerkleid. Ich setze Chanel ab und laufe zu meiner Handtasche, Feuchttücher holen. Da kommt schon der nächste Schwall, diesmal sind kleine Fleischbällchen dabei

(Amélie aufgeregt: »Die hatten wir heute Mittag!«); jetzt ist die gesamte Legoburg samt Teppichboden vollgekotzt. Es ist ein Alptraum.

Die Kidtown-Leiterin sieht mich strafend an und winkt drei Ayis herbei, die putzen und schrubben und desinfizieren. Eine Ayi schiebt uns ins Badzimmer und drückt uns einen Putzlappen in die Hand, dann hält sie sich die Nase zu und schließt die Tür. Ich versuche, die großen Brocken abzuwischen, kann uns aber schließlich nicht alle drei nackt ausziehen. Chanel ist käsebleich im Gesicht und wankt bedenklich. Was tun? Amélie holt die Wasserflasche, und ich flöße Chanel etwas Flüssigkeit ein, damit der eklige Geschmack weggeht. Als sie einigermaßen stabil aussieht, rufe ich Fang an, hole unsere Jacken und zerre beide Kinder zum Ausgang. Im Aufzug halten sich zwei kleine Jungs die Nasen zu und rufen: »Ihr stinkt!«

Fang wartet am Ausgang, wir schnallen Chanel in Amélies Kindersitz und fahren los. Natürlich bleiben wir im Stau stecken. Die Fahrt dauert 50 Minuten. Fünfzig lange Minuten und zwei weitere Kotzanfälle. Der Kindersitz ist voll, Amélies Kinderdecke, die ich zur Kotztüte umfunktioniert habe, Fangs Kopfstütze und meine Hände. Draußen regnet es in Strömen, so dass wir nicht einmal das Fenster öffnen können.

Als wir endlich vor Chanels Haus ankommen, schläft sie friedlich inmitten der säuerlichen Dunstglocke in unserem Auto, Chanels Mutter Lilly wartet am Eingang. Sie nimmt Chanel wortlos auf den Arm und geht. Dann dreht sie sich noch mal um und klopft ans Fenster. »Hast du ihr etwas Kaltes zu trinken gegeben?« – »Hm, ja, ein paar Schluck Wasser.« Dann nickt sie und sagt: »Ach so. Deswegen. Weißt du, Chanel verträgt nur warme Getränke.«

Ein Hase und eine Ratte gegen Frankreich

Adler fliegen allein. Schafe gehen in Herden.

Nicht dass mir die französische Supermarktkette Carrefour besonders sympathisch wäre. Ich habe mich zwar an die gefesselten Schildkröten und Frösche in Netzen auf den Wühltischen gewöhnt und auch die Nonfood-Abteilung im Untergeschoss schätzen gelernt, in der sich einige Chinesen benehmen, als wäre es ihr Wohnzimmer: Sie lesen Zeitschriften auf den Fitnessgeräten, spielen Tischtennis auf dem Sonderaktions-Pingpongtisch oder halten ein Nickerchen auf dem elektrischen Massagesitz. Trotzdem: Eine innige Beziehung zwischen *Jia Le Fu* und mir wird wohl nie entstehen. Doch neulich regte sich so etwas wie Mitgefühl in mir. Vor dem Eingang hatte sich eine Handvoll Chinesen versammelt, die selbstgemalte Plakate in Händen hielten und einigen Ausländern, die einkaufen gehen wollten, vor die Füße spuckten. »Boykott Carrefour!« und »Don't buy from thiefs!« stand auf zwei Schildern, die anderen konnte ich nicht lesen, da sie auf Chinesisch waren.

Schon wieder trifft es Carrefour. Auslöser der Protestaktion ist diesmal die Versteigerung zweier chinesischer Bronzestatuen aus dem Nachlass des Modedesigners Yves Saint Laurent. Die chinesische Regierung hatte versucht, die »illegale« Auktion zu verhindern, da der Hasen- und der Rattenkopf aus der Qing-Dynastie einst von französischen und britischen Soldaten geraubt worden waren. Nun verlangte China die Rückgabe der Beutekunst, doch ein Pariser Gericht wies den Antrag der Pekinger Kulturbehörde ab, so dass die beiden Tierköpfe vergangenen Mittwoch für je 15,7 Millionen Euro an einen anonymen Bieter gingen. Eine Beleidigung des chinesischen Volkes und eine Verletzung nationaler Interessen, finden die Chinesen. Das Ganze werde ein Nachspiel für das Auktionshaus Christie's und seine Geschäfte auf chinesischem Boden haben, droht man vollmundig. Einer Online-Umfrage zufolge sind 89,3 Prozent der Chinesen für eine Rückgabe der Nationalschätze, nur 8,3 Prozent finden, die Regierung hätte die Statuen doch selbst ersteigern können.

Also haben ein paar Patrioten eilig die alten Carrefour-Boykott-Plakate, die sie bereits vor den Olympischen Spielen gebastelt haben, herausgekramt und blicken mich vorwurfsvoll an, als ich den Laden betrete. Offenbar halten sie mich für eine Französin. Vergangenen Frühling stand das Unternehmen schon einmal am Pranger, weil der Vorstand angeblich persönlich den Dalai Lama unterstütze. Die Proteste gegen die Tibet-Politik Chinas bei der Fackelübergabe in Paris hatten ausgereicht, um eine gigantische Internet- und SMS-Gerüchtemaschinerie in Gang zu setzen und die antifranzösischen Wogen aufzupeitschen.

Tobi und ich konnten es nicht fassen, als Fang uns die Kurzmitteilungen zeigte, die damals per Handy im ganzen Land verschickt wurden. Eine lautete: »Wenn du ein patriotischer Chinese bist, leite diese Message an deine Familie und Freunde weiter und kaufe nicht bei Carrefour ein!« Ob er sie auch weitergeleitet habe? »Yes, yes«, sagte Fang. Natürlich hat er den Wahrheitsgehalt der irrwitzigen Geschichte nie überprüft – da konnte der Carrefour-Chef José Luis Durán hundertmal die »komplett haltlosen Anschuldigungen« dementieren. Tobi versuchte, Fang das Ganze aus der Perspektive eines Geschäftsmanns zu erklären: »Aber überleg doch mal, kein geistig gesunder Firmenvorstand mischt sich in so delikate politische Angelegenheiten, die sein Geschäft ruinieren könnten.« Fangs Antwort: »Yes, yes.« Das sagt er immer, wenn er nicht weiterweiß.

Der arme Kerl saß in der Zwickmühle. Sollte er sich tatsächlich auf eine politische Diskussion mit seinem Boss einlassen? Natürlich nicht. Macht ja auch nichts. Der Carrefour-Chef hatte ohnehin bereits seine eigene Strategie gefunden, um die Protestbewegung im ganzen Land, die ihn immerhin einen 20-prozentigen Umsatzrückgang bescherte, zu stoppen: Er hat einfach alle Preise um 50 Prozent gesenkt, da waren die Läden wieder voll. Pragmatismus kommt eben vor Patriotismus.

Ich habe aus Protest das gesamte Import-H-Milch- und Käseregal leer gekauft und 120 Euro ausgegeben. Der geheimnisvolle Bieter übrigens war Cao Mingchao, ein bekannter chinesischer Kunsthändler, der seinem Vaterland einen Dienst erweisen wollte. Er weigert sich standhaft, die Rechnung, die Christie's ihm schickte, zu bezahlen, und sieht die Aktion als patriotische Geste. Zwar drohen ihm nun strafrechtliche Konsequenzen, doch sein Ziel hat er erreicht: Die Auktion ist sabotiert, die beiden Bronzefiguren bleiben vorerst im Lager.

märz

Es geht auch mit dem Holzhammer

Die einzig revolutionäre Kraft
ist die Kraft der menschlichen Kreativität.

Wir haben in unserer Küche eine Wasserpumpe, die sich anschaltet, wenn man den Wasserhahn aufdreht. Dann ist es
so laut, dass man im Wohnzimmer und in der Küche brüllen
muss, um sich zu verständigen. Wir haben uns längst daran
gewöhnt und schalten jedes Mal automatisch beim Sprechen
50 Dezibel nach oben. Gestern jedoch ging das Ding plötzlich überhaupt nicht mehr aus, es lief und lief, bis es in dem
Schrank, in dem sich die Pumpe befindet, so heiß wurde,
dass die gesamte Tupperschüsselsammlung darin geschmolzen ist. Xiao Cheng bügelte seelenruhig vor sich hin, inmitten des Gestanks von verkokeltem Plastik. Zum Glück kam
ich rechtzeitig nach Hause, sonst wäre womöglich das
ganze Haus abgebrannt. Ich zog den glühend heißen Ste-
cker aus der Dose und wollte meine Hand unter kaltem
Wasser kühlen. Doch der Wasserhahn spuckte nur noch
einen gelbbraunen Tropfen aus.

Jetzt haben wir seit zwei Tagen kein Wasser mehr. Gott
sei Dank sind unsere Nachbarn sehr hilfsbereit und haben
uns sofort diverse Eimer zur Verfügung gestellt, mit denen
wir Wasser aus ihrem Außenwaschbecken zapfen dürfen.
Damit können wir wenigstens die Toiletten spülen. Amélie
findet das so lustig, dass sie alle zehn Minuten aufs Klo will,
nur um wieder einen Eimer Wasser zu holen und mit einem
Lolli oder klebrigen Zuckerstangen zurückzukehren. Ich

habe der Nachbarin zum Dank eine Packung deutsche Pralinen geschenkt. Die zeigt sie jetzt stolz jedem, der vorbeigeht. Seltsam. Jetzt, wo wir ausziehen, sind mir unsere Nachbarn richtig ans Herz gewachsen. Sogar der verrückte Alte, der uns im Sommer die Klimaanlage zertrümmert hat, lächelt uns seit einigen Wochen freundlich zu. Ich schäme mich in letzter Zeit ein bisschen, weil ich so schlecht über sie gedacht habe. Dabei weiß ich doch auch nicht, wie ich reagieren würde, wenn in Hamburg neben uns eine Marsmenschenfamilie einziehen würde.

Die Arbeiter, die der Landlord geschickt hat, hacken die ganze Gasse vor unserem Haus mit einem riesigen Holzhammer auf. Mir kommt das Ganze vor wie ein Kinderzeichentrickfilm, Wicki und die starken Männer mit einem Spielzeughammer, doch die Methode ist offenbar sehr effektiv. Vor unserer Tür türmt sich bereits ein meterhoher Haufen aus Asphaltbrocken und Erde. Wasser haben wir trotzdem keins. Ich verstehe nicht genau, wo das Problem liegt, mein Chinesisch ist immer noch erbärmlich schlecht, aber die Wasserleitung, die bei den Aushebearbeiten zutage kommt, spricht Bände: Das Rohr ist so verrostet, dass kaum mehr etwas davon übrig ist. Jetzt weiß ich auch, warum unser Wasser – und damit unsere ehemals weiße Wäsche – so einen interessanten Vanilleton hat.

Wicki und die starken Männer scheinen ratlos. Sie stehen um den Graben herum, den sie gebuddelt haben, und gucken stumm hinein. Als sie abends nach Hause gehen, zeigt mir Mr. Zhou stolz eine Notleitung, die er aus ineinandergesteckten, mit Klebeband umwickelten Plastikschläuchen für uns gebastelt hat. Ich bin gerührt. Guter Mr. Zhou. Er erklärt mir, die Nachbarin habe erlaubt, ihre Hauptwasserleitung anzuzapfen. Ich werde wohl noch eine größere Pralinenschachtel besorgen müssen. Und wir können wenigstens duschen.

Lernt vom Genossen Lei Feng!

Wahre Liebe ist selbstlos und ohne Begierde.

Heute ist Lei-Feng-Tag. Lei Feng ist gewissermaßen der Heilige Martin Chinas. Seit Mao Zedong ihn 1963 zum Musterhelden der Selbstlosigkeit erkoren hat, kommt kein chinesisches Schulkind mehr an dem einstigen Rotarmisten und seinen guten Taten vorbei. China ist bekanntlich ziemlich gut im Personenkult – auch wenn die Verehrung Maos nach der Kulturrevolution (1966 bis 1976) und diversen anderen »Irrtümern«, die insgesamt 70 Millionen Menschen das Leben kosteten, deutlich gelitten hat. Mein Lieblingsirrtum ist die Geschichte mit den Spatzen: Weil die Vögel dem hungernden Volk angeblich das Getreide wegfraßen, befahl Mao 1956 allen Chinesen, gegen die Spatzen anzutreten. Sie sollten auf Töpfen trommeln, Deckel gegeneinanderschlagen und stundenlang so einen Heidenlärm machen, dass die sensiblen Tierchen nicht wagten, sich irgendwo niederzulassen, bis sie irgendwann vor Erschöpfung tot vom Himmel fielen. Allein in Shanghai starben laut offiziellen Angaben 88 371 Spatzen in drei Tagen; insgesamt brachte die Bevölkerung fast zwei Milliarden Vögel um die Ecke. Wenige Jahre später musste China Spatzen aus der Sowjetunion importieren, weil sich Insekten und Ungeziefer ohne ihre natürlichen Feinde rasend vermehrt hatten und zur Plage geworden waren. 1960 schließlich räumte Mao seinen Irrtum ein und ordnete an, die Vogeljagd zu beenden.

Im Gegensatz zu Peking, wo Mao nach wie vor überlebensgroß vor dem Kaiserpalast hängt, ist der heroische Führer in Shanghai relativ wenig präsent. Bisher begegnet er mir nur regelmäßig in Restaurants, wo immer wieder gern »Chairman Maos Favourite Dish« auf der Speisekarte steht

(Schweinebauchspeck mit Bohnen). Mit Qiuqin, meiner Chinesischlehrerin, habe ich nur ein Mal über den Großen Vorsitzenden gesprochen. Es war ihr sichtlich unangenehm. Ein Onkel von ihr, ein Lehrer, ist bei der Hatz auf Intellektuelle während der Kulturrevolution ums Leben gekommen. Nach zwei Minuten, gerade als es spannend wurde, brach sie die Unterhaltung jedoch mit den Worten ab: »Meide Politik, kümmere dich nur um dein Fortkommen, hinterlasse nichts Schriftliches, was einmal gegen dich Verwendung finden könnte.« Diesen Satz hätten ihre Eltern ihr mit auf den Weg gegeben.

Heute also wird Maos Vorzeigegenosse Lei Feng gefeiert. Lei Feng wurde 1940 in Hunan im Süden Chinas als armer Bauernsohn geboren. Sein Vater wurde von japanischen Truppen ermordet, die Mutter beging Selbstmord, als der Pächter sie schikanierte. Lei Feng verschrieb sich ganz der revolutionären Sache, wurde Truppenführer, lebte in einfachsten Verhältnissen und vollbrachte eine gute Tat nach der anderen: Er spendete seine Ersparnisse für Flutopfer, wusch nach langen Märschen die Füße seiner Kameraden und stopfte in der Freizeit ihre Socken. Das alles, ohne viel Aufhebens davon zu machen. Mao lud ihn gern zu Vorträgen ein, in denen er die Beweggründe seiner Wohltaten erklären sollte. (»Ein Menschenleben ist endlich, aber der Dienst am Menschen ist unendlich.«) Mit 21 wurde er von einem Holzmast erschlagen, ein tragischer Arbeitsunfall. Besser könnte eine kommunistische Heldenvita nicht sein. Sein Tagebuch wurde millionenfach gedruckt, sein Portrait hängt in fast jeder Schule. (Auch wenn sich die Jüngeren längst andere Helden gesucht haben: Bill Gates, den Basketballstar Yao Ming oder David Beckham.)

In den achtziger Jahren war es Mode, am Lei-Feng-Tag alten Leuten bei der Hausarbeit zu helfen, Bedürftigen das

Fahrrad umsonst zu reparieren oder gratis die Haare zu schneiden. Heute geht es eher um freiwillige Dienste für soziale Einrichtungen: Müll sammeln in den Moganshan-Bergen, Blut spenden und Ähnliches. Die *Shanghai Daily* berichtet heute über die Lei-Feng-Taxi-Einheit in Harbin, deren 300 Fahrer Gutes tun. Einer habe beispielsweise Wochen gebraucht, um den Besitzer eines Koffers samt Reisepass, Visa und anderen Dokumenten ausfindig zu machen, den dieser in seinem Taxi vergessen hatte. Auch in meinem Chinesischunterricht stehen heute gute Taten auf dem Programm: Qiuqin teilt mir pünktlich zum Ehrentag Lei Fengs mit, dass sie leider nicht mehr meine Lehrerin sein könne. Das ist traurig, denn ich habe sie richtig gern, dennoch trage ich es mit Fassung, mich verlassen hier schließlich ständig Menschen, die ich mag. Erst unsere Ayi, dann der erste Chinesischlehrer, jetzt Qiuqin. Nur Fang beibt uns treu. Noch. Vielleicht liegt es ja an mir? Bin ich zu unhöflich? Zu höflich? Zu impertinent?

»No, no«, sagt Qiuqin, es sei nur so: Erstens habe sie ab Mai einen neuen Job als Marketingassistentin, und zweitens müsse sie Knochenmark spenden. Am Lei-Feng-Tag vergangenen Jahres hat sie sich an ihrer Universität auf der Spenderliste des Roten Kreuzes eintragen lassen, das zum jährlichen Rekrutierungsbesuch in die Vorlesung kam. Letzte Woche erhielt sie die Mitteilung, dass man ein an Leukämie erkranktes fünfzehnjähriges Mädchen gefunden habe, deren Knochenmark exakt zu ihrem passe. Nächsten Montag soll die Operation sein, die, wie sie sagt, nicht ganz ungefährlich sei. Danach muss Qiuqin zehn Tage im Krankenhaus bleiben. Die Eltern des Mädchens müssen für beide Operationen aufkommen, die ihrer Tochter und die Qiuqins: insgesamt 400000 Yuan, etwa 40000 Euro. Genauso selbstverständlich, wie sie sich die Nase mit koreanischem

Silikon hat aufpolstern lassen, lässt sich Qiuqin jetzt für ein fremdes Mädchen den Rücken aufschlitzen. Ich weiß nicht, ob ich dazu bereit wäre. Ich habe, ehrlich gesagt, noch nicht einmal darüber nachgedacht. Ich muss ziemlich betroffen und beeindruckt aussehen, denn Qiuqin fragt mich, ob sie für mich einen Kontakt zum Roten Kreuz herstellen soll. In dieser Chinesischstunde kann ich mich nicht mehr konzentrieren. Ich muss nachdenken und mich schämen.

Babiwawa! Oder: Wie Barbie China erobern soll

Der Markt ist ein Schlachtfeld.

Dorthe, Norbert und ihr Sohn Elwin liegen halb tot auf unserem 1,20 Meter breiten Gästebett. Sie sind heute Morgen aus Hamburg angekommen, haben im Flugzeug so gut wie nicht geschlafen und kämpfen gegen die Zeitverschiebung. Als sie am späten Nachmittag schlaftrunken ins Wohnzimmer tappen, kommt der erste China-Schock: Sie müssen mit uns zur Barbie-Glamour-Eröffnungsparty. Auf der Huai Hai Lu, einer der bekanntesten Shoppingmeilen der Stadt, eröffnet heute der weltweit erste Barbie-Flagship-Store. Dazu muss man wissen, dass die meisten Chinesen mit der Marke Barbie so gut wie nichts anfangen können. Zwar versucht Mattel seit sieben Jahren, auf dem chinesischen Markt Fuß zu fassen, doch bisher ohne nennenswerten Erfolg. Ein Blick auf den »Children's Market« (auf dem keine Kinder, sondern Fake-Kinderklamotten und Spielzeug verkauft werden) genügt: Rucksäcke, Plüschtiere, Pullover und Zahnbürsten von Hello Kitty, Winnieh Pooh und Mickey Mouse, soweit das Auge reicht. Von Barbie keine Spur. Qiuqin hat mir vor kurzem erzählt, dass sie als kleines Mädchen all ihre *wawas* (Puppen) »Babi« nannte, egal welcher Haarfarbe, Größe oder welchen Herstellers sie waren. Und dass sie sich bereits gewundert habe, was aus dem ehemaligen Kinokomplex, der seit einem Jahr hinter pinkfarbenen Bauplanen versteckt ist, werden soll.

Nun, es soll der große Big Bang für Barbie in China werden. Und eine kleine Wiedergutmachung, um die angeschlagene Beziehung zwischen dem US-Konzern Mattel und China zu kitten. Als 2007 über 20 Millionen bleihaltige Spielzeuge »made in China« wegen Sicherheitsbedenken zurückgerufen werden mussten, nahm die gerade aufkeimende Liebe zwischen den beiden ein jähes Ende. Zwar beeilte sich das Management, die Schuld auf die hausinterne Designabteilung und nicht auf Chinas Produktionsstätten zu schieben, doch da war es schon zu spät. Die Chinesen sind beleidigt, haben sie bei der Sache doch ihr Gesicht verloren.

In dem achtstöckigen Barbie-Tempel sollen sich nun nicht nur kleine, sondern vor allem große Mädchen mit Barbie und ihrer chinesischen Freundin, dem Modell »Ling«, anfreunden, einem echten Shanghai Babe mit dezenten Mandelaugen und Paris-Hilton-Schoßhündchen, beides Exklusivmodelle dieses Shops. Gelegenheit dazu sollen sie entweder während eines »Mommie & me«-Beauty-Treatments im Barbie-Spa, beim »Pink Lunch« im Barbie-Café oder abends an der Barbie-Bar samt Karaoke und DJ bekommen. Die Chancen stehen gar nicht mal so schlecht, schließlich laufen erwachsene Geschäftsfrauen hier gern mit Hello-Kitty-Taschen, Bärchen-Rucksäcken oder Riesenlollis herum. Warum also nicht auch mit Barbie-Ohrringen oder -Moonboots?

Wie auch immer – auf wundersame Weise habe ich eine Einladung für die Glamour-Opening-Party bekommen, Dresscode: »Elegant Black or Glamourous Pink«. Norbert ist zu müde, um zu protestieren, Dorthe macht sich Sorgen, weil sie nicht die richtigen Schuhe mithat, und Elwin soll mit unserer Babysitterin bei Amélie bleiben. Also lassen wir uns von Fang im weißen Buick an der Huai Hai Lu 550 vorfahren, wo die Türen vor der Horde Volkspolizisten aufgleiten, die den Eingang abriegelt. Auf dem Bürgersteig ist eine 500 Meter lange Schlange. Das Gebäude ist restlos überfüllt, nichts geht mehr. »*Babiwawa! Babiwawa!*« Ein höchstens dreijähriges Mädchen kreischt vor dem Eingang und reibt sich die Augen. Es ist neun Uhr abends. Stark geschminkte Frauen schieben, kleine Mädchen im Prinzessinnenkostüm auf dem Arm, durch die Menschenmassen. Für einen pinkfarbenen Gratislolli dürfen die Kleinen schon mal länger aufbleiben. Ich wedle mit der VIP-Einladung, und wir quetschen uns an den Polizisten vorbei in die »Dreamlobby«.

Dort kündigen sich die Wehen bereits leise an: hysterisches Mädchenkichern. Das Kichern wird lauter, je höher man mit der Rolltreppe durch den schmalen, pink fluoreszierenden Tunnel fährt. Es ist der Geburtskanal, durch den man muss, um als lebendige Barbiepuppe wiederaufzuerstehen. Vorbei am »Meldeamt«, wo erst einmal der »Barbie-Passport« beantragt wird, durch die Mode-, Schmuck- und Accessoire-Abteilung, weiter zum Barbie-Spa, am Barbie-Friseur vorbei zum Barbie-Café, landen wir vor dem Laufsteg. Chinesische Models mit blondgefärbten und gekreppten Haartürmen führen Teeniemode vor. Ein Aufpasser drückt Dorthe und mir eine Barbie-Jutetasche in die Hand. Wo sind die Getränke? Wo ist das Buffet? »Only Sprite and Coke«, sagt die Dame hinter dem pinkfarbenen Tresen. Leider könne sie uns keinen »Barbietini« und auch keinen »Glamourpolitain« mixen, denn die Cocktailgläser seien aus. Enttäuscht gehen wir einen Stock abwärts ins Barbie-Spa, wo an der Wand steht: »I'm not designed to do housework.« Auf dem Weg dorthin nimmt uns ein weiterer Wärter die Jutebeutel wieder ab. »Only for Shopping«, sagt er. Ich habe da offenbar etwas falsch verstanden, wir sollen hier nicht feiern, sondern einkaufen. Und eine VIP-Einladung haben schätzungsweise 4000 Gäste.

Ernüchtert kämpfen wir uns zurück in die Dreamlobby, was uns ungefähr eine halbe Stunde kostet, da die Aufzüge verstopft sind, und fahren zum Bund, in eine andere »Glamour Bar«, genannt »Lounge 18«. Der Laden ist fast leer, es ist offenbar noch zu früh. Eine freundliche Dame will uns an einem Tisch in einem dunklen Gang hinter den Toiletten platzieren. Tobi wird wütend. Warum? Die Tische seien doch sowieso alle leer! Antwort: »Cannot.« Sie erzählt uns ein paar hanebüchene Geschichten, die Tische seien nur für sechs Personen, nicht für vier, nur für Leute, die auch tanzen würden, und anderen Mist. Nach einer viertelstündigen Diskussion kommt heraus, dass für die Tische VOR den Toiletten ein Mindestverzehrwert von 1500 Yuan gelte, etwa 150 Euro. Schließlich geht es in solchen Bars für reiche Chinesen und betrunkene Ausländer vor allem darum, anderen zu zeigen, dass man es sich leisten kann, an einem DIESER Tische zu sitzen. Tobi und ich diskutieren noch ein bisschen mit der Dame, dann sagt Tobi ihr etwas wie: Sie könne ja allein in ihrem leeren Schuppen für 150 Euro Schampus saufen, und dreht sich um, um zu gehen. Da tippelt die Dame ihm aufgeregt hinterher und bietet uns einen Tisch an der leeren Tanzfläche an.

Dorthe und Norbert sind, glaube ich, schockiert wegen unseres Kolonialherrenauftretens, und ich weiß: Ich wäre es auch, wenn ich nicht schon neun Monate Shanghai hinter mir hätte. Man verändert sich hier, ob man will oder nicht. Das hat nichts mit Arroganz oder Respektlosigkeit zu tun, sondern mit Machtlosigkeit. Und mit Erfahrungswerten.

Mit europäischer Höflichkeit kommt man meist nicht weit. Als ich beispielsweise unsere Ayi einmal freundlich bat, ihr Elektrorad nicht in unserem Wohnzimmer, sondern draußen vor der Tür zu parken, lächelte sie zurück und sagte: »Cannot.« Es könnte ja geklaut werden. Ich führte diesen Kampf drei Tage lang mit europäischer Höflichkeit. Sie ignorierte mich drei Tage lang mit chinesischer Höflichkeit und einem unausgesprochenen: Du kannst mich mal. Als ich ihr am vierten Tag ruhig, aber ernst mitteilte, sie könne hier leider nicht länger arbeiten, wenn sie ihr dämliches Rad nicht nach draußen bringe, sagte sie lächelnd: »No problem.« Und schob das Ding vor die Tür.

Es ist ein täglicher Machtkampf. Das Schwierige daran finde ich, auf dem schmalen Grat zwischen bestimmtem, aber trotzdem respektvollem Auftreten zu balancieren; es ist ein Drahtseilakt, der nur an guten Tagen gelingt. An schlechten könnte ich durchdrehen, fühle mich ungerecht behandelt und werde selbst ungerecht. Ich weiß nicht, ob es je möglich ist, als Westler seine Mitte zu finden im Land der Mitte.

Norbert hat seine Mitte inzwischen auf der Tanzfläche gefunden, wird allerdings ständig von einer sich räkelnden Go-go-Girl-Truppe in Pfauenkostümen verdrängt. Als wir dazustoßen, verschwinden sie, um kurz darauf im Leopardendress durch die Bar zu tänzeln. Eigentlich fehlt jetzt nur noch der Partykönig Michael Ammer. Oder Dieter Bohlen. Um drei klingelt das Telefon. Christine, unsere Babysitterin, ist dran. Elwin ist aufgewacht und weint. Er weiß weder, wo er ist, noch wo wir sind, noch welche Sprache hier gesprochen wird. Uns geht es ähnlich. Mit schlechtem Gewissen eilen wir nach Hause und finden ihn auf Christines Schoß sitzend, wo ihm unaufhörlich über den Kopf gestreichelt wird. Tapferer kleiner Elwin.

Der Mond hält sein Versprechen

Sai Weng hat sein Pferd verloren,
wer weiß, ob das nicht Glück ist.

Amélie hat Geburtstag. Sie ist jetzt vier Jahre alt. Manchmal, wenn das Fahrrad mit ihr hintendrauf bedenklich wackelt, kann ich es kaum glauben, dass ich schon ein so großes Mädchen durch die Gegend fahre, oder besser: einen so großen Klugscheißer, der inzwischen fließend englisch spricht und sogar meine chinesische Aussprache verbessert. Sollten uns also nach zwei Jahren Shanghai alle Haare ausfallen und die Lungen schwarz vor Feinstaub sein – allein dafür hat es sich gelohnt.

Ich habe mir lange den Kopf zerbrochen, wie wir den Kindergeburtstag feiern sollen: deutsch und muckelig in unserem Wohnzimmer, in dem die Schimmelpilze blühen, die Wasserpumpe röhrt und der Putz von den Wänden fällt, oder auf Expat-Art: outgesourct in einem Kinderparadies. Amélie wollte unbedingt »im Restaurant« feiern, so wie all ihre Kindergartenfreunde. Also haben wir beschlossen, die Dinge zu nehmen, wie sie sind, und das Beste daraus zu machen. Wir sind Langnasen in China, also feiern wir auch so.

Das »O'Malley's« ist ein Irish Pub, eine dunkle, verrauchte Spelunke und nicht gerade der schönste Ort für Topfschlagen, Luftballontanz und Eierlauf mit Vierjährigen. Es hat jedoch einen unbezahlbaren Vorteil: einen Garten mit einer Wiese, einer Rutsche und einer Hüpfburg – und dazu Eins-a-Pommes. Das Kindergeburtstagsprogramm ist hier professionell kommerzialisiert. Man kann zwischen verschiedenen Motti wählen (»Princess & Prince«, »Waterworld«, »Pirates« etc.), passende Sahnetorten bestellen, chinesische Entertainer und Facepainter, Kid's-Goodie-Bags

zum Mitnehmen, Volldekoration und ein Drei-Gänge-Kin-
dermenü. Auf Wunsch verschicken sie sogar vorgedruckte
Einladungskarten.

Ich versuche der entgeisterten indischen Managerin klarzumachen, dass wir die Spiele, die Torte, die Goodie-Bags
und die Einladungen lieber selbst machen würden und gern
nur essen und hüpfen würden, aber sie wackelt die ganze
Zeit mit ihrem Kopf. Dieses indische Kopfwackeln, das man
als Ja, Nein oder Vielleicht deuten kann. Am Ende einigen
wir uns auf ein abgespecktes Paket: ohne Torte, ohne Animateure, dafür mit Facepainter und »Princess & Prince«-
Deko.

Amélie und ich basteln mit viel Mühe und viel Kleber
Einladungskarten und schicken sie an ihre Freunde. Als wir
Chanel ihre Karte überreichen, sagt ihre Mutter Lilly zu
mir: »Oh, der 21. März.« Dann hält sie einen kurzen Moment inne und fragt: »Könnte Chanel noch zehn oder fünfzehn Kinder dazu einladen und gleich mitfeiern? Sie hat ja
zehn Tage später auch Geburtstag.« Diesmal bin ich es, die
entgeistert guckt. Lilly erklärt mir, dass es ihr ganz egal sei,
ob die Party vor oder nach Chanels Geburtstag stattfinde,
Hauptsache am 21., denn das sei nach dem Mondkalender
der glückbringendste Tag des Monats. Ich würde sie gern
fragen, ob der Mond an diesem Tag auch Reichtum bringt,
denn den könnten wir gut gebrauchen, allerdings bin ich immer noch sprachlos.

Ich mag Lilly inzwischen wirklich gern, sie ist, wenn man
sie erst einmal kennen und deuten gelernt hat, gar kein
Prada-Teufel, sondern ziemlich aufgeschlossen, lustig und
unkompliziert. Amélie und Chanel haben mittlerweile regelmäßige Playdates, und als Amélie neulich eine Woche
durchgeheult hat, weil ihre kleine Freundin jetzt öfter mit
dem kleinen Türken Kuzi spielt, durfte sie sogar zum ersten

Mal zu Chanel nach Hause. Seitdem ist Chanels kleiner Bruder, der auf den einfallslosen Namen Daniel hört, in Amélie verliebt. Wie soll ich Lilly angesichts dieser aufkeimenden internationalen Freundschaft nun also diplomatisch beibringen, dass ich es für keine gute Idee halte, dass Tobi und ich 25 Kinder bespaßen? Ich muss sehr dämlich geguckt haben, denn Lilly sagt:

»Keine Sorge, ich bestelle natürlich noch zwei Entertainer mehr dazu.«

»Lilly, es tut mir leid, weißt du, Tobi und ich, wir machen das Entertainment und die Torte selbst, und ich weiß nicht, also für so viele Kinder …«

»Ihr macht WAS?«

»Wir machen es selbst. Ohne Animateure.«

»Warum?«

»Weil wir deutsch sind.«

»Seid ihr verrückt?«

»Wahrscheinlich.«

Lilly hält sich den Bauch vor Lachen, Tränen kullern ihr über die Wangen. Ich habe sie noch nie so herzerfrischend lachen sehen. Dann trocknet sie ihre Tränen, klopft mir beruhigend auf die Schulter und sagt: »Kein Problem, my dear. Wir laden keine zusätzlichen Kinder ein, und ich bringe nur eine zweite Geburtstagstorte für Chanel mit, okay?« Dann ist sie weg.

Am Tag, an dem der Mond uns Glück bringen soll, werden wir von einem Gewitter geweckt. Es blitzt so hell, dass man meinen könnte, jemand hätte den Lichtschalter für die ganze Stadt an- und wieder ausgeknipst. Dazu donnert es und regnet in Strömen. Tobi und ich sehen uns an und wissen beide, was uns bevorsteht: ein Kindergeburtstag im verräucherten Irish Pub ohne Tageslicht. Doch das ist nur ein

Teil der Katastrophe. Jemand hat uns den Gashahn abgedreht. Das bedeutet: kalt duschen, kein Milchkaffee und rohe Eier für den Eierlauf. Tobi und ich verdächtigen sofort die Vermieterin, die uns seit der Kündigung unseres Mietvertrags mit wutentbrannten Anrufen terrorisiert.

Der Immobilienmarkt ist in Shanghai wie im Rest der Welt drastisch eingebrochen, die Mieten sind um 30 Prozent gefallen, und dazu kommt: Die ausländischen Firmen in Shanghai schicken massenweise Expats nach Hause, aber keine neuen in die Stadt. Künftig sollen deutlich mehr internationale Stellen von lokalen Kollegen besetzt werden. Mitarbeiter samt Familie ins Ausland zu verfrachten ist einfach zu teuer. Würde ein Chinese Tobis Job machen, bekäme er nur einen Bruchteil des Gehalts, zudem würde sich das Unternehmen Umzug, Lagerkosten in Deutschland, Miete, Kindergartengeld, Krankenversicherung, Heimflüge und den ineffektiven Sprachkurs für die Ehefrau sparen. Wenn ich so darüber nachdenke, werde ich plötzlich ganz demütig. Unser Leben wäre ohne Shanghai zwar definitv gesünder, aber um einiges ärmer. Wir hatten Glück. Riesenglück.

Im Gegensatz zu unserem Landlord. Die Chancen, das Haus an andere Ausländer weiterzuvermieten, liegen derzeit bei null. Und kein Chinese, der noch ganz bei Trost ist, würde in ein altes Lanehouse ziehen. Wer es in Shanghai zu etwas gebracht hat, zieht ins »Rich Gate«, ins »Hengshan No. 41« oder einen der anderen achtzigstöckigen bewachten Barocktempel. Mein Mitleid für unsere Vermieterin hält sich jedoch in Grenzen, ich muss zugeben: Ich gönne es dieser raffgierigen Kuh von ganzem Herzen.

Bepackt mit Ghettoblaster, Luftballons, Eiern, Torte, Goodie-Bags, Gummibärchen und Marshmallows, machen wir uns im strömenden Regen auf den Weg zum O'Malley's.

Die indische Managerin ist nirgends zu sehen, dafür haben ihre Mitarbeiter im kahlen, ungeheizten Wintergarten ein dreckiges liebloses Plakat aufgehängt, auf dem steht: »HAPPY BIRTHDAY AMILLY!« Darunter kleben drei Luftballons und ein abgegrabbelter Aufkleber mit einer Prinzessin, die einen Prinzen küsst. Es ist 10.40 Uhr, in 20 Minuten kommen die Gäste. Also rausche ich zum Tresen und frage nach, wann sie gedenken, mit der Dekoration anzufangen. Der Kellner antwortet: »Schon fertig«, und deutet auf das Plakat mit dem Aufkleber. Ich sehe mich um.

Der Raum ist das Trostloseste, was ich seit langem gesehen habe. Außer kahlen Bierbänken, einer Dartscheibe, einem Bierfass und einem Buffettisch mit zwei Wärmeplatten steht nichts darin. Ich baue mich vor dem Tresen auf und sage mit fester Stimme: »Cannot.« Gefolgt von der einzig effektiven Waffe in solchen Situationen – einem entrüsteten Langnasenauftritt im Kolonialherrenstil. (»Das akzeptiere ich nicht, ich will die Managerin sprechen, das ist keine Dekoration, das ist ein Haufen Mist, ich werde keinen Cent dafür zahlen. Bei uns in Europa …« und so weiter und so fort.) Es läuft gut, ich bin in Form. Sofort eilen drei Kellnerinnen herbei, die weiße Decken über die Tische werfen, eine bunte Girlande aufhängen und Tobi, der vom vielen Luftballonaufblasen schon blau angelaufen ist, eine Pumpe bringen.

Als ich mit meinem Auftritt fertig bin, weiß ich nicht, ob ich mich schämen oder stolz auf mich sein soll. Ich sehe zu Tobi. Der hält anerkennend den Daumen nach oben. Egal, wir haben keine Zeit für solche Überlegungen. Wir werfen hektisch Gummibärchen und Smarties auf die Tische und hängen alle zur Verfügung stehenden Ballons auf. Punkt elf sitzen wir schwer atmend auf der Bank und blicken erwartungsvoll auf die Tür. Es kommen: Amélies deutsche Freunde

Isabelle und Henri samt Eltern. Dann: kein Schwein. Wir warten und warten, Amélie und Isabelle lassen sich von der bestellten Facepainterin die Nägel gelb lackieren und Blumen auf die Hände malen, Henri ist mit der Schokotorte beschäftigt, und Isabelles Vater zischt mit Tobi aus Verzweiflung bereits das erste Guinness. Der Regen plätschert konstant gegen die Fensterscheiben, es ist ein Grauen. Jedes Mal, wenn ich an Tobi vorbeikomme, raunt er mir zu: »Das ist das letzte Mal, dass wir so einen Scheißgeburtstag organisieren!«

Kurz vor zwölf trudeln die beiden Dänen Amanda und Magnus ein, David aus Seattle, danach der kleine Italiener Tommaso, Amélies französischer Verehrer Victor und als Letzte eine völlig verheulte Chanel mit Lilly. Ohne Torte. Die Konditorei habe so schnell keine hinbekommen, erzählt Lilly. Die Kinder massakrieren inzwischen Tobis Schokokuchen, die Eltern stehen mit Kaffeebechern frierend in der Gegend herum, dazu gequälter Smalltalk. Als es nicht mehr erbärmlicher werden kann, geschieht ein Wunder, das Wunder des 21. März: Die Sonne kämpft sich durch die dunklen Wolken. Lilly lächelt, legt einen Arm um mich und sagt: »Siehst du? Der Mond hält sein Versprechen.« Ich lege auch meinen Arm um sie und flüstere leise: »Danke, Mond.« In diesem Moment kommt die indische Managerin und bringt Pommes und Pizza. Aber da sind schon alle Kinder auf der Hüpfburg, quietschen, hopsen und gackern.

Was soll ich sagen? Es wurde dann doch noch der schönste Kindergeburtstag, den wir je hatten.

aPRIL

Der Tod kommt am 1. April

*Der Weise betrachtet Leben und Tod
wie Morgen und Abend.*

Ich habe eine neue Chinesischlehrerin: An Ya (ausgesprochen wie Anja). Sie kommt aus Suzhou, einem Vorort von Shanghai, hat ihr Studium fast beendet, trägt eine altmodische Brille, hält nichts von Nasenoperationen, liest gern »verbotene«, regimekritische Bücher auf Englisch (aktuell: »Wilde Schwäne« von Jung Chang, das Portrait dreier Chinesinnen aus drei Generationen), trinkt jeden Abend ein Gläschen ausländischen Rotwein, aber nur eins und nur, wenn sie allein zu Hause ist, lässt sich keine Pizza nach Hause liefern, weil sie keine Fremden in ihrer Wohnung erträgt, mag Caffè Latte und Gemüse-Dumplings, keine dicken Kinder, keine Shanghai-Männer (»zu weich«) und keine ausländischen Männer (»keine Haare auf dem Kopf, dafür umso mehr auf dem Rest des Körpers«), keine Shanghai-Frauen (»zu geldgeil«) und spielt Tennis. Das alles hat sie mir in unserer ersten Stunde erzählt. In unserer zweiten Stunde konnte sie kaum sprechen, denn da hat sie ununterbrochen geweint.

Auf dem Weg von der Uni zu unserem Haus hatte sich ein Kommilitone von ihr, der direkt neben ihr auf dem Bahnsteig stand, vor die U-Bahn geworfen. Er war sofort tot, und sie hat es aus zwei Metern Entfernung live mit angesehen. Ich stelle ihr unseren chinesischen Drachenkopfpapiertaschentuchspender auf den Tisch. Sie schnäuzt wie ein Babyelefant in mindestens 50 Tücher und schluchzt: »Alles nur, weil heute der 1. April ist.« Ich finde das eine äußerst seltsame Art von Aprilscherz, aber sie schnäuzt und winkt ab und weint weiter. Ich weiß nicht, was ich mit dem armen Mädchen anfangen soll, stelle ihr ein Glas heißes Wasser hin, gebe ihr Schokolade und lasse sie ein bisschen weiterweinen. Nach einer halben Stunde scheint sie sich langsam zu fangen und erklärt mir, was es mit dem 1. April in China auf sich hat.

Vor sechs Jahren stürzte sich der Sänger und Schauspieler Leslie Cheung im Alter von 46 Jahren aus dem Fenster des Mandarin Oriental Hotels in Hongkong. Er war und ist einer der beliebtesten Sänger und Schauspieler Chinas, noch dazu schwul oder zumindest bisexuell, woraus er auch nie einen Hehl gemacht hatte. Millionen Chinesen verehren ihn bis heute. Und das offenbar bis in den Tod. Herr Cheung hinterließ einen Abschiedsbrief, in dem er seine Depression als Grund angab und seiner Familie, seinem Psychiater und Mr. Tong, seinem Freund, dankte. Seitdem bringen sich seine Fans am liebsten am 1. April um, um es ihrem Idol gleichzutun.

Unter jungen Chinesen ist Selbstmord inzwischen die Todesursache Nummer eins, mehr Menschen verlieren ihr Leben freiwillig als durch Unfälle. In Zahlen ausgedrückt: 300 000 Chinesen begehen jedes Jahr im Reich der Mitte Selbstmord, das sind mehr als doppelt so viele wie in allen westlichen Industrienationen zusammen. Letzten Schätzungen der WHO zufolge führt China die traurige Suizidrangliste an: 99 von 100 000 Menschen bringen sich jährlich um. Vor kurzem erst hat sich ein Student aus dem Prüfungsraum des fünften Stocks der Songjiang-Universität in Shanghai gestürzt, weil er beim Spicken erwischt wurde. Daraufhin hat das städtische Erziehungskomitee die Sterberaten und -ursachen der Studenten Shanghais im Jahr 2008 veröffentlicht. Das Ergebnis: Auf Platz eins findet man 19 Studenten, die den Freitod starben, gefolgt von akuten Krankheiten (15) und Verkehrsunfällen (12).

Die harmonische Gesellschaft, die die Kommunistische Partei als Ziel ihrer Politik ausgibt, hat mit dem rasanten Wachstum der letzten Jahre tiefe Risse bekommen. Chinesische Psychologen und Sozialwissenschaftler sprechen von einer Gesellschaft, die vom Tempo der Veränderungen überfordert ist und in der die Menschen mit ihren Ängsten vor Arbeitslosigkeit, zerbrochenen Sozialbeziehungen, Krankheit oder Einsamkeit alleingelassen werden. Peking hat lange Jahre versucht, das Problem zu ignorieren, doch in letzter Zeit nimmt man sich seiner zaghaft an. Die »Chinesische Gesellschaft für mentale Gesundheit« wurde beauftragt, verschiedene Suizidstudien durchzuführen, und fand heraus, dass Leistungs- und Prüfungsdruck sowie schulische Überforderung als Hauptgründe angeführt wurden. So ist es in China beispielsweise üblich, nach Klausuren Ranglisten mit den Ergebnissen neben der Tafel aufzuhängen – und mit ihnen den Status eines jeden Schülers in der Klasse. *Bang yi* (Klassenbester) und *Bang er* (Klassenzweiter) werden nicht selten von ihren Lehrern statt mit Vornamen mit ihrem Ranglistenplatz gerufen. Der Druck auf die Schüler wächst weiter bis zum entscheidenden Dreh- und Angelpunkt im Leben eines Chinesen: *gao kao*, dem Tag der gefürchteten Aufnahmeprüfung. Sie entscheidet darüber, ob ein Schüler auf die Uni darf oder nicht. Sie entscheidet über die gesamte Zukunft. In den Städten machen sich zudem die Auswirkungen der Ein-Kind-Politik bemerkbar: Mehr als die Hälfte der Einzelkinder geben an, unter Einsamkeit und dem Gefühl der Verlassenheit zu leiden.

»Er war immer sehr still«, erinnert sich An Ya an ihren

Kommilitonen. »Und er war einer der Besten. Er hat Tag und Nacht gelernt, er wollte etwas Besonderes werden.« Man habe gemunkelt, dass seine Eltern die hohen Studiengebühren nicht mehr zahlen konnten. Der Tod war offenbar die letzte Möglichkeit, sein Gesicht zu wahren.

Etwas Besonderes zu werden ist das Hauptziel jedes chinesischen Studenten beziehungsweise dessen Eltern. Mittelmaß ist von Haus aus verboten, denn damit kann man im Reich der Mitte nicht überleben – zu groß oder vielmehr zu zahlreich ist die Konkurrenz. »Eltern setzen zu hohe Erwartungen in ihr einziges Kind, auch wenn sie es gleichzeitig verhätscheln«, sagte ein Mitarbeiter der Psychologischen Universitätsberatungsstelle kürzlich in einem Interview der *Shanghai Daily*. »Diese Kinder wachsen sehr labil und zerbrechlich heran, können mit Frustrationen wie schlechten Examensergebnissen nicht umgehen.«

Ich muss an das Elterngespräch denken, das letzte Woche im Kindergarten stattfand. Ein Vater aus der Honeybee-Gruppe hat sich beschwert, dass das Leistungsniveau des Kindergartens zu niedrig sei und die Anforderungen an Erstklässler an den meisten internationalen Schulen in Shanghai damit kaum zu erfüllen wären. Ich war bisher eigentlich eher vom genauen Gegenteil überzeugt: In Amélies Kindergarten in Hamburg werden mit Dreijährigen weder das Alphabet noch das Zählen bis 100 gepaukt, geschweige denn auf Chinesisch und Englisch. Doch da die meisten internationalen Schulen von vielen reichen Local Kids besucht werden, haben sich die Schulleiter den aufgebrachten chinesischen Eltern offenbar angepasst: Das Wissen, das vorausgesetzt wird, sowie das Lernpensum sind im Vergleich zu westlichen Ländern, ganz zu schweigen vom PISA-Versager Deutschland, unfassbar hoch.

Das Leben eines Chinesen aus gutem Elternhaus ist bereits ab dem Krabbelalter straff durchorganisiert. Alles, was zählt, ist lernen, lernen, lernen. Die Eltern geben für die Ausbildung schließlich einen beträchtlichen Teil ihres Gehalts aus. In manchen Kindergärten müssen Zweijährige bereits alle Zahlen bis 199 auf Englisch und Chinesisch vorbeten; Dreijährige üben Schriftzeichen, Englisch und Mathematik. Es gibt einen berühmten Kinderarzt in China, Cheng Yue, der über das ganze Land verteilt 150 Lernfabriken für Kleinkinder betreibt. In einem Interview sagte er: »Ich bin davon überzeugt, dass frühes Lernen die Zellen- und Nervenbindungen festigt. Das erhöht die Effektivität des Gehirns für das ganze spätere Leben.« Ich frage mich nur: Wann dürfen Kinder dann Kinder sein? Ein weiteres Mal bin ich sehr froh, dass wir den chaotischsten aller Kindergärten Shanghais gewählt haben. Amélie wird wohl ohne Kenntnis chinesischer Schriftzeichen eingeschult werden. Und ihre Mutter ohne Kenntnis der chinesischen Sprache nach Hause zurückkehren. Denn ich stehe mit *hanyu*, Chinesisch, noch immer auf Kriegsfuß. Auch heute wird sich daran nichts ändern, An Ya und ich kommen einfach nicht zum Unterricht. Immerhin werde ich ein Wort bestimmt nicht mehr vergessen: *si*. Tod. So kurz. Und so nah.

Grüße ins Jenseits

Der Mensch wurzelt in seinen Ahnen,
aber alle Dinge haben ihre Wurzeln im Himmel.

Seit vorgestern verkauft unser Alleshändler und Vier-Quadratmeter-Baumarkt um die Ecke lustige Bastelbogen. Man kann Häuser, Schaukelstühle, Autos und alles Mögliche daraus falten und kleben. Amélie liebt diese Dinger, wir haben bereits ein Laptop, ein Handy, einen Porsche und ein Fitness-Laufbandgerät aus Pappe erfolgreich zusammengebaut. Als Lilly gestern mit Chanel zu uns nach Hause kam und den beachtlichen Bastelberg sah, fragte sie erstaunt:

»Oh, geht ihr am Sonntag auch Gräber putzen?«

»Welche Gräber?«

»Die eurer Vorfahren.«

Stille.

Lilly will mir auf die Sprünge helfen und sagt bedeutungsschwanger: »*Qingming*.«

Ich verstehe nur Bahnhof. Lilly ist die Sache nun peinlich, sie stammelt irgendetwas von Opfergaben und will das Thema wechseln. *Qingming, Qingming.* Mir geht ein Licht auf: *Qingming.* Helles Licht. Natürlich! Totensonntag! Die Pappmöbel und -häuser sind kein Kinderspielzeug, sondern zum Verbrennen auf dem Friedhof gedacht.

All die Papierhandys (90 Cent), -billardtische (2,80 Euro), -gebisse (1,50 Euro) und -Chanel-It-Bags (2 Euro), die man kaufen kann, sollen den Vorfahren im Jenseits zur Verfügung stehen, erklärt Lilly, vor allem aber sollen sie sie freundlich stimmen gegenüber ihren lebenden Nachfahren, deren Geschicke sie leiten. Deswegen werden fleißig Grabsteine und Urnenplatten gefegt, dazu werden Obst, Blumen, Kuchen oder Ingwerbonbons niedergelegt – was auch immer der Großvater oder -onkel zu Lebzeiten gern hatte und jetzt vielleicht gebrauchen könnte. Nach der Begrüßungsfrage »Hast du schon gegessen?« werden zwei Münzen geworfen. Landet eine auf Kopf und die andere auf Zahl, hat der Grabbewohner Hunger, und die Leibspeise wird ausgepackt. Für Chanels Urgroßtante wird es scharfe Hähnchenwürfel mit Erdnüssen geben, erklärt Lilly. Dazu wird jede Menge Goldpapier und Papiergeld verbrannt, denn das Leben dort oben (oder unten) scheint nicht billig zu sein. Lillys Familie hat einen großen

Reisebus gemietet, um alle Angehörigen von Friedhof zu Friedhof, von Urahn zu Urahn kutschieren zu können. Wer nicht mitputzt, läuft Gefahr, den Groll der jenseitigen Verwandtschaft auf sich zu ziehen, und ein beleidigter toter Großonkel bringt offenbar noch mehr Unglück als eine Telefonnummer mit vielen Vieren.

Am nächsten Tag fährt uns Fang zum Bahnhof. Da der chinesische Staat seinen Bürgern nach dem Putzsonntag einen freien Montag spendiert, wollen wir das verlängerte Wochenende nutzen und mit Amélies Freundin Isabelle sowie deren Eltern Ellen und Wolfgang ins benachbarte Hangzhou fahren, angeblich »das Paradies auf Erden«, gelegen an dem romantischen Westsee, umringt von Teeplantagen. Die Chinesen sagen: »Im Himmel ist das Paradies, auf Erden sind Suzhou und Hangzhou.« Wir wollen sehen, ob das stimmt. In den Zeitungen haben sie in den vergangenen Tagen Reisewarnungen gedruckt, es wird mit zwei bis drei Millionen Stadtbewohnern gerechnet, die sich wie Lillys Familie auf den Weg zu den umliegenden Friedhöfen in Suzhou, Ningbo und Shaoxing machen. Zwar gilt es in China traditionell als wichtig, in seinem Heimatort begraben zu werden, da einem angeblich nur dort Seelenruhe und Glück sicher sind, doch nur die wenigsten Shanghainesen finden ihre letzte Ruhestätte in Shanghai selbst.

Das hat mehrere Gründe. Erstens: Platzmangel. Von den gerade mal fünf Quadratkilometern Friedhofsfläche der Stadt (was etwa dem Gelände der Expo 2010 entspricht) sind nur noch 5000 Quadratmeter unbelegt. Zweitens: Geld. Die Grundstückspreise für Urnen und Gräber sind ähnlich unerschwinglich wie die für andere Immobilien. Drittens: Fengshui. Damit die verstorbenen Verwandten glücklich ruhen können, brauchen sie eine optimal gelegene und ausgestattete Ruhestätte. Sie muss zur günstigsten Himmelsrichtung hin ausgerichtet sein (in der Regel Süden) und möglichst an einem schattigen Pinienhügel liegen, damit die größtmögliche kosmische Energie fließen kann.

Tatsächlich nahm das Fengshui, die alte asiatische Lehre vom Leben und Wohnen in Harmonie mit der Umgebung, seine Anfänge nicht, wie man vielleicht denken könnte, in den opulenten Kaiserpalästen, sondern bei der Suche nach dem perfekten Grab. Man wählte ein ideales Grundstück, das ideale Datum und gestaltete den Grabstein nach komplizierten Regeln (etwa nach dem Yin-Yang-Grundsatz mit Licht- und Schattenspielen, hohen und niedrigen Elementen und so weiter). Das Paradebeispiel für eine optimale Grabstätte nach Fengshui-Kriterien ist das über 2 200 Jahre alte Mausoleum des ersten Kaisers der Qing-Dynastie in Xi'an, das von der berühmten Tonkriegerarmee bewacht wird.

Selbst wer seinen Ahnen keine 8 000 tönernen Grabwächter spendiert, muss bei einem Begräbnis tief in die Tasche greifen: Ein Urnenplatz auf dem Friedhof (Erdbestattungen und die dazugehörigen Gräber sind kaum bezahlbar) schlägt mit circa 1 000 Euro zu Buche, Krematoriumskosten exklusive. Dazu kommen Kosten für die Reinigung des Leichnams (30 Euro), für Maniküre und Pediküre (15 Euro) und fürs Aufbahren (60 Euro). Wenn man bedenkt, dass ein durchschnittlicher chinesischer Stadthaushalt ein Jahresnettoeinkommen von 1 500 Euro zur Verfügung hat, ist das ein kleines Vermögen. Die Bestattungsindustrie ist eine der lukrativsten in China, so dass sich in einer Tageszeitung sogar schon ein Mitglied der Regierung, Lou Zhongli, über die Abzockermethoden der Branche beschwerte: »Gräber können teurer als Häuser sein, und Bauherren machen mit der Errichtung von Friedhöfen deutlich höhere Gewinne als mit gewöhnlichen Immobilien.«

In der Praxis läuft es so ab, dass ein Investor einem örtlichen Komitee ein 1000 Quadratmeter großes Grundstück für 30000 Euro abkauft und darauf einen Friedhof errichtet. So kann er schätzungsweise 500 Gräber à 1000 Euro verkaufen, was 500000 Euro macht – ohne Abzüge, denn Friedhöfe sind in China eine steuerfreie Oase. Der Gewinn ist also enorm, so enorm, dass die Bestattungsindustrie bei arbeitsuchenden Universitätsabgängern immer begehrter wird. Vergangenen März veranstaltete das »Shanghai Funeral Service Center« eine Jobmesse, bei der sich 5000 Studenten um 400 Jobs als Grabarchitekten, Make-up-Künstler, Sargverkäufer und so weiter rissen. Welche Branche kann hier schon mitten in der Finanzkrise Gehälter zwischen 300 und 1500 Euro garantieren?

Fang setzt uns hinter 50 Taxen an der South Railway Station ab. Zum Glück hat er Zeit und muss keine Gräber putzen. Er erledige das seit ein paar Jahren im Internet, erklärt er uns auf der Fahrt zum Bahnhof. Um das Verkehrsaufkommen an *Qingming* zu reduzieren, ermutigt die Regierung die Bürger, ihren Ahnen virtuell die Ehre zu erweisen. Die Kommunistische Partei hat zu diesem Zweck extra eine Internetseite eingerichtet, auf der man gefallenen Revolutionshelden Respekt zollen kann, ohne ihre Gräber besuchen zu müssen. Kurz nachdem die Seite online war, hatte sie bereits über zwei Millionen Besucher.

Der Bahnhof ist beeindruckend neu, sehr sauber und überraschend gut organisiert. Die Luft ist stickig und riecht nach Rauch. Kein Wunder, die *Shanghai Daily* hatte vor einem stark erhöhten Air Pollution Index an diesem Wochenende gewarnt; die vielen Friedhofslagerfeuer hinterlassen eben Spuren. Tobis Mitarbeiter Andy zum Beispiel, erzählt Tobi mir im Zug, hat seinem Großvater mütterlicherseits ein sechsstöckiges Haus aus Pappe gebastelt, das er ihm anzünden will. Bei einer Runde Tibet-Quellwasser, das die Fahrkartenkontrolleurin jedem zahlenden Fahrgast spendiert, fragen wir uns, ob man sich im Jenseits mit Untervermietung wohl ein paar Goldblättchen dazuverdienen kann. Andys Großvater väterlicherseits jedenfalls, berichtet Tobi, ginge dieses Jahr leer aus. Der habe letztes Jahr schon ein Haus bekommen.

Zwischen Tobi und Andy hat sich in den letzten Monaten eine, nennen wir es, entspannte Kumpelhaftigkeit angebahnt. Die beiden spielen in der Mittagspause und nach Feierabend regelmäßig Pingpong auf der Tischtennisplatte vor der Kantine. Tobis Ansehen in der Firma ist in den letzten Wochen exponentiell in die Höhe geschnellt, da er inzwischen die meisten seiner Kollegen beim Tischtennis besiegt hat. »Ein Naturtalent«, sagt Andy. Andy ist 28, trägt die Haare nach oben gegelt und hat vor einem knappen Jahr sein Traineeprogramm abgeschlossen. Tobi findet, er würde täglich aufgeschlossener und könne allmählich sogar über West-Sarkasmus und ironische Bemerkungen lachen, was für Chinesen nicht selbstverständlich ist. Als Tobi neulich mit einem neu erstandenen Dior-Dufflecoat auflief, der sogar erstaunlich echt aussieht, sagte Andy zu ihm: »You know, Halloween is over.«

Nach neun Monaten Zusammenarbeit hat Andy offenbar so viel Selbstvertrauen gefunden, dass er es letzte Woche für angemessen hielt, seinen Chef um einen Gefallen zu bitten:

»Tobias, würde es dir etwas ausmachen, meinen Namen richtig auszusprechen?«

Tobi: »Nein, nein, was mache ich denn falsch?«

Andy: »Cao. Ich heiße Andy Cao. T-S-A-O, von unten nach oben gesungen.«

Tobi: »T-S-A-O.« (Singt von oben nach unten.)

Andy: »Du hast es schon wieder gesagt. Fuck.«

Tobi: »Warum Fuck?

Andy: »So wie du es aussprichst, heißt es auf Chinesisch Fuck.«

Tobi: »Du meinst, ich nenne dich seit neun Monaten Andy Fuck?

Andy: »Seit neun Monaten. Andy Fuck.«

Seitdem übt Tobi, T-S-A-O von unten nach oben zu singen. Und bei einem kräftigen Schluck Tibet-Quelle, irgendwo zwischen Shanghai und Hangzhou, gelobt er feierlich, seine Chinesischstunden wieder aufzunehmen.

Hangzhou oder: Von der Kunst, Touristen zu verarschen

Ohne Beschiss kein Business.

Die Fahrt ins 170 Kilometer entfernte Hangzhou kostet mit dem Schnellzug etwas mehr als zehn Euro und dauert eine Stunde und 15 Minuten. Die meisten Fahrgäste haben sicherheitshalber Proviant für zwei Tage mitgebracht. Sie lassen ihre mitgebrachten Refill-Teebecher am Heißwasserautomaten volllaufen und rascheln mit Keksen und undefinierbaren Snacks in Plastiktüten, noch ehe der Zug abgefahren ist. Die Stimmung ist prächtig. Laut Nachrichtenagentur Xinhua bereitet die chinesische Regierung bereits den Ausbau der Transrapidstrecke bis nach Hangzhou vor, so dass die Fahrt nur noch eine halbe Stunde dauern soll. Bisher gelangt man mit der *Cixuanfu lieche*, der Magnetschwebebahn, vom Flughafen Pudong nur 30 Kilometer weit in die Pampa. Der Transrapid ist in Shanghai nicht weniger umstritten als in Deutschland. Anfang letzten Jahres gab es sogar heftige Anwohner- und Bürgerproteste, eine richtige Demonstration also. Man möchte es kaum glauben, aber eben jene Menschen, die klaglos jeden Tag Feinstaubmengen jenseits von Gut und Böse einatmen, fürchten vor allem die Umweltbelastungen: gesundheitsschädliche Magnetstrahlungen und Lärmbelästigung. Die Proteste verzögern den Ausbau immerhin schon um ein Jahr. Die Regierung hat sich nach internen Streitereien auf folgenden Kurs geeinigt: Plan durchziehen, aber mit Kompromissen. So will man den Anwohnern entgegenkommen und die Streckenführung verändern. Große Teile sollen demnach unterirdisch verlaufen, was den Ausbau mit 46 Millionen Euro pro Kilometer fast doppelt so teuer macht wie ursprünglich geplant.

Am Bahnhof Hangzhou erwarten uns überwältigende Menschenmassen. Ein zähflüssiger Strom schiebt sich die Treppen hinunter, um in ein Menschenmeer zu münden und ins Stocken zu geraten. Wir sind gefangen. Ich habe so etwas noch nie gesehen. Die Nanjing Road an einem Samstagnachmittag ist ein Dreck dagegen. Erstaunlicherweise bewegt sich die Masse langsam vorwärts und wir uns mit ihr. Es ist ein Wunder. Alle sind ruhig, alles scheint völlig normal, und irgendwie kommen wir vorwärts bis uns der Bahnhof in einer Tiefgarage ausspuckt. Dort wartet das zweite Wunder: ein Arbeitskollege von Wolfgang, der uns netterweise am Hotel absetzt. An der Rezeption bittet uns die Empfangsdame, nachdem sie alle Reisepässe von vorn nach hinten und von hinten nach vorn studiert, kopiert und noch mal auf den Kopf gestellt hat, um sie dann doch einzubehalten, mit einem unbeholfenen Lächeln, cash zu bezahlen. Tausend Yuan.

Ich: »Wie bitte?«

Sie: »Tausend Yuan. Cash.«

Ich: »Wozu? Das Zimmer kostet doch nur siebenhundert Yuan.«

Sie: »Deposit. For Minibar.«

In unseren Reisepässen muss auf dem Visum ein Vermerk in chinesischen Schriftzeichen stehen: »Alkoholiker«. Ellen diskutiert noch ein bisschen weiter, um ihr Chinesisch zu testen, das Ergebnis ist jedoch das Gleiche: Wir zahlen beide. Nach dem Einchecken machen wir uns auf die Suche nach etwas Essbarem. Draußen regnet es in Strömen, Amélie hüpft in ihrer Tchibo-Regenjacke mit Isabelle durch die Pfützen. Ich muss an Hamburg denken und schmunzeln. Dort konnte ich sie nie finden, wenn sie diese Jacke anhatte, denn 80 Prozent aller deutschen Kleinkinder tragen dieselbe, und jedes Mal schwor ich mir, nie wieder eine praktische Tchibo-Regenjacke zu kaufen.

Die Luft ist klar, es riecht nach Regen, frisch gemähtem Gras und Tee. Hangzhou ist berühmt für seine Teeplantagen und seinen Longjing-Tee. Wir haben Glück: Es ist gerade Erntezeit, und überall auf den Straßen sieht man Teepflückerinnen mit Gummistiefeln und Körbchen voll hellgrüner Blätter herumlaufen. Hinter dem Dunst, den Trauerweiden und den blühenden Kirschbäumen kann man die Umrisse des Westsees erkennen. Es ist großartig. Und die Menschenmassen scheinen verschwunden. Wir steuern auf ein Restaurant mit überdachter Terrasse zu, dessen Tische wie Schlachtfelder aussehen. Ein gutes Zeichen, denken wir zunächst. Zwischen Bergen von Schalen geknackter Sonnenblumenkerne, Essensresten, Zigaretten, Thermoskannen und mit grünem Gestrüpp gefüllten Teegläsern wird lautstark Karten gespielt. Die Kellner werfen uns statt der Tischdecke einen aufgeschnittenen Müllbeutel über den Tisch und halten Tobi und Wolfgang mit großer Geste die Speisekarten vor die Nase. Sie sind Chinesisch. Keine Bildchen.

Das ist Wolfgangs großer Moment. Er packt seinen Rucksack aus und zieht wild beschriebene Zettel, die ihm seine

Chinesischlehrerin vor der Abreise mitgegeben hat, heraus. Der Kellner sieht ihn mit großen Augen an, schüttelt den Kopf und nickt abwechselnd, Wolfgang murmelt etwas von »lokalen Spezialitäten«, die Zettel werden unter dem Personal herumgereicht und mit vielen »Aahs« und Ooohs« bedacht. Dann fragt der Kellner nach: »*Jirou?*« Hühnchen? Wolfgang nickt, sagt auf Englisch: »No bones, please«, denn daran hatte seine Lehrerin nicht gedacht, und klopft mit den Fingerknöcheln seine Unterarme ab. Sicherheitshalber malt er dem Kellner noch einen durchgestrichenen Knochen auf den Zettel. Der nickt und kichert und lacht und bringt: ein ganzes Hühnchen im Tontopf. In der Suppe schwimmen Kopf, Füße und jede Menge Knochen. Wir essen es trotzdem und bestellen zum Runterspülen vier Becher Tee. Die Teeblätter schwimmen in China immer im Glas herum, so dass ich jedes Mal die Hälfte der Blätter mitesse oder sie ausspucke. Der Tee schmeckt bitter, aber man gewöhnt sich dran. Zum Abschluss bringt der Kellner den feierlichen Höhepunkt: die Rechnung. Hundertfünfzig Yuan für die drei Becher Tee. Nach Auskunft unserer Tischnachbarn hat er uns einen fünffachen Langnasenaufschlag berechnet. Dumm gelaufen, den zwei- oder dreifachen hätten wir bestimmt nicht bemerkt. Wir ziehen die Deppenzulage ab und überreichen ihm ein Fünftel der Summe. Er nimmt es an mit einem Schulterzucken und den Worten: »*Wu jian bu shang.*« Ohne Beschiss kein Business.

Mit stolz geschwellter Brust laufen wir zum Ufer des Westsees. Und siehe da, dort sind sie: die Menschen vom Bahnhof. Diesmal haben sie sich in Grüppchen aufgeteilt, tragen rote, karierte und blaue Hütchen, Ansteckknadeln und Fähnchen. Die Reiseführer trampeln den Pfad vor ihnen frei, ohne Rücksicht auf Verluste. Der See ist wirklich hübsch und sehr romantisch in diesem Nebel, aber wir haben keine Zeit, ihn anzusehen, denn wir müssen Amélie und ihre kleine Freundin Isabelle retten. Sie sind von kreischenden Chinesen mit blitzenden Fotoapparaten umzingelt. Zu allem Unglück verirren wir uns auf dem Rückweg noch. Der Versuch, ein Taxi zu bekommen, ist natürlich hoffnungslos; also laufen wir planlos drei Stunden durch den Regen, mit zwei maulenden Kindern im Schlepptau, bis wir endlich das Hotel entdecken.

Erschöpft bestellen wir an der Hotelbar Käsekuchen und Alkohol, glücklich, im Trockenen zu sein und das Ausflugs-Workout gemeistert zu haben. Wir schlafen von halb zehn Uhr abends bis acht Uhr morgens wie die Engel. Ganz im Gegensatz zu Wolfgang und Ellen, die die Rechnung auf ihre Zimmernummer schreiben ließen. Nachts um zwölf fiel der Rezeptionistin auf, dass Zimmer 2608 den bezahlten Vorschuss gesprengt hatte – und stellte Wolfgang und Ellen sofort zur Rede. Anweisung ist Anweisung. Und China ist China.

Der nächste Tag versöhnt mit allem: Die Sonne scheint, und wir beschließen, uns an das öffentliche Leihfahrradsystem zu wagen. Dummerweise ist das Häuschen, an dem man die nötigen Chipkarten dafür kaufen soll, nicht besetzt, also fahren Ellen und ich per Taxi zum nächsten Verkaufsstand. Nach anderthalb Stunden – wir stehen immer noch in der Warteschlange – klingelt mein Handy. Tobi und Wolfgang lassen ausrichten, sie könnten die begehrten Räder mit Kindersitzen nicht länger blockieren, nach einer Prügelei mit zwei Chinesen sei inzwischen die Polizei eingetroffen und hätte bereits mit Holzknüppeln gedroht. Wie durch ein Wunder schaffen wir es, am nächsten Stand doch noch Kindersitzräder zu ergattern, und radeln durch fast menschenleere Teeplantagen, kunstvolle Gärten und idyllische Bier- beziehungsweise Teegärten zu komplett überfüllten Tempeln und wieder zurück. Von einem roten Ein-Gang-Fahrrad aus betrachtet, kommt Hangzhou dem Paradies wirklich erstaunlich nah. So nah, dass wir beschließen, bald wiederzukommen.

Falsche Schlangen und schmutziges Qi

Das Gesicht des Menschen erkennst du bei Licht,
den Charakter im Dunkeln.

Unsere Nachbarschaftsvorsteherin hat von unserem Umzug Wind bekommen. Deshalb ergreift sie heute Morgen ihre letzte Chance und springt, gerade als Tobi ins Auto steigt, zu ihm auf den Rücksitz. Ehe Tobi weiß, wie ihm geschieht, plappert sie auch schon drauflos. Auf Chinesisch, natürlich. Nach einigen zähen Minuten erbarmt sich Fang und sagt: »*Ting bu dong.*« Er versteht nichts. Das hält die Frau allerdings nicht davon ab, weiterzureden. Stattdessen bittet sie Fang zu übersetzen. Fang wird erst leichenblass, dann rot im Gesicht und übersetzt stockend: »This lady has a daughter. This lady thinks you are very handsome.« Sie blubbert weiter. Dass es sehr schade sei, dass er schon eine Frau habe, aber ihre Tochter auch sehr schön sei und gut zu ihm passen würde. Dunkle, glänzende Haare, noch dazu größer und schlanker als ich. Ihre Tochter habe einen gut bezahlten Job am Flughafen in Pudong, habe lange in Paris gelebt und spreche fließend Französisch und Englisch. Er werde also keine Kommunikationsprobleme haben. Und sie sei sehr sanftmütig, mit ihr werde es bestimmt nie Streitereien geben. West-Frauen seien ja, wie sie gehört habe, sehr anstrengend. Ob er sie nicht mal treffen wolle? Ganz unverbindlich. Er müsse sie ja nicht gleich heiraten. Für den Fall, dass er mich nicht verlassen wolle, bietet ihm unsere Nachbarin an, könne er ihrer Tochter vielleicht wenigstens einen Freund vorstellen. Er habe doch bestimmt europäische Freunde hier, oder? Ihre Tochter sei zu schlau und zu erfolgreich, damit hätten viele chinesische Männer ein Problem. Außerdem hätte sie ein ausgesprochenes Faible für Langnasen.

Fang ist die Sache sehr unangenehm, Tobi amüsiert sich köstlich. Er kommt extra noch einmal zurück ins Haus, hält sich den Bauch vor Lachen und erzählt mir die Geschichte brühwarm. Ich bin sprachlos. Die alte Schlange. Guiling, unsere Ex-Ayi, hatte also doch recht, als sie mir die Gerüchte von der versteckten Tochter erzählte. Grüßt mich dieses verlogene Stück von Nachbarin jeden Morgen grinsend wie ein Honigkuchenpferd und versucht bei der nächstbesten Gelegenheit, meinen Mann abzuwerben! Größer und schlanker als seine jetzige Frau. Ha! Ich werde mich rächen. Wenn ich nur wüsste, wie.

Vorerst muss ich mich jedoch um unseren Umzug kümmern. Wir haben ein neues Haus gefunden. Es ist sehr hell und sehr schön – und es scheint professionell renoviert worden zu sein. Die Klobrillen, die Toilettenspülungen, der Wasserdruck und die Klimaanlagen haben alle Tests bestanden. Das Beste aber ist: Wir haben Radiatoren an den Wänden, eine richtige Heizung! Gestern habe ich dort eine neue Ayi zum Vorstellungsgespräch getroffen, denn ich habe beschlossen, Xiao Chen zusammen mit dem Haus auszutauschen. Sie strahlt so eine Kälte und Berechenbarkeit aus, dass es mich jedes Mal friert, wenn sie morgens durch die Tür kommt. Ich fange erst wieder an zu kochen, wenn ich über den riesigen Akku ihres Elektrorads gestolpert bin, den sie immer bei uns im Bad auflädt. Zudem hat Xiao Chen es in vier Monaten geschafft, zwölf weiße Hemden graubraun zu verfärben und Tobis Sportshirts dank moderner Trocknertechnik in Puppenklamotten für Amélie zu verwandeln.

Die neue Ayi-Kandidatin, eine Empfehlung einer Kindergartenmutter, ist sehr reizend, ich kann sie sogar mit meinem rudimentären Chinesisch halbwegs verstehen. Und so höre ich nach fünf Minuten lächelndem Smalltalk, dass sie in diesem Haus leider nicht arbeiten könne.

»Warum?«

»Wegen der Toilette.«

»Wie bitte?«

»Die Toilette ist gegenüber der Eingangstür.«

»Ja und?«

»Das Qi.«

Ich kenne das Qi, meinen Lebensfluss, noch von Dr. Ge Fu Peis Akupuntursitzungen, aber was hat mein beziehungsweise ihr Lebensfluss mit unserer Gästetoilette zu tun? Also antworte ich sicherheitshalber:

»*Ting bu dong.*« Ich verstehe nichts.

»Das gute Qi fließt in die Toilette und wird runtergespült. Danach fließt schlechtes Chi durchs Haus. Schmutziges Qi. Schmutziges Chi im Haus macht alle krank. Ist Fengshui.«

Na wunderbar. Der Mietvertrag ist unterschrieben, und wir haben ein schmutziges Qi im Haus.

Glücklicherweise hat Lilly die Lösung für unser Problem. Als ich ihr nachmittags von unserer unglückbringenden Fengshui-Toilette erzähle, sagt sie ungerührt: »Don't worry, häng einfach einen Spiegel auf, der leitet das Qi um.« Ich liebe den Pragmatismus der Chinesen.

Berufsplanung für Säuglinge

Bohre den Brunnen, ehe du Durst hast.

Ich bin auf eine Geburtstagsparty eingeladen. Venus, eine Chinesin aus dem Yogakurs, zu dem ich mich manchmal schleppe, drückte mir letzte Woche in der Umkleidekabine einen bunten Umschlag in die Hand. Darin war ein Kärtchen mit einem Babyfoto darauf. »Meine Tochter Xiao Hui«, sagte Venus stolz. Aus Xiao Huis Mund kam eine Sprechblase, in der auf Englisch stand: »Join my first grab!« Wie so oft verstand ich nur Bahnhof, und Venus musste mir erklären, was es mit »dem ersten Griff« auf sich hat. In China ist der wichtigste Geburtstag eines Menschen nicht etwa der 18. oder 30. oder 50., sondern der erste. »Aller Anfang ist schwer«, sagt Venus und berichtet, dass man in China jahrhundertelang dem ersten Geburtstag eines Kindes entgegengezittert habe. Aufgrund der hohen Sterblichkeitsquote von Kindern, die in China auf dem Land übrigens auch heute noch fünfmal höher ist als in den Städten, gilt das erste Lebensjahr als erste große Hürde im Leben eines Menschen. Hat er diese bewältigt, glaubt man, dass die Chancen für ein weiteres Überleben gut stehen.

Die panische Angst und Fürsorge um ein Neugeborenes scheint mir indes in der Stadt nicht viel geringer als auf dem Land. Auch in Shanghai dürfen neugeborene Babys in der Regel erst nach vier Wochen aus dem Haus, die Luft könnte ja zu kalt, zu warm, zu feucht oder zu trocken sein. Dreckig wird sie sowieso sein ganzes Leben lang sein. Immerhin gilt die Sorge auch der jungen Mutter. Die tritt direkt nach der Niederkunft den sogenannten Sitzmonat, den *zuoyuezi*, an. Eine rituelle Ruheperiode, die der Rekonvaleszenz dient. Vier Wochen lang darf die Jungmutter Haus und Bett nicht verlassen, nur bestimmte Speisen essen, die extra für sie zubereitet werden (vor allem Fett, Eier und Kräuter, denen eine gesundheitsfördernde Wirkung nachgesagt wird), nichts Kaltes zu sich nehmen (weder in flüssiger noch in fester Form), nicht die Haare waschen, kein Bad nehmen, teilweise nicht einmal Zähne putzen. Fernsehen ist verboten, da es die Augen schädigen könnte, sowie jegliche Form der Hausarbeit. »Es ist stinklangweilig«, bestätigte mir Lilly, deren Mutter und Schwiegermutter samt angeheuerter »Sitz-Ayi« für den Monat nach Chanels Geburt bei ihr zu Hause einzogen. »Ich durfte nur essen und stillen, sonst nichts.« Man glaubt, dass Frauen, die sich nicht an die Vorschriften halten, im Alter schwerwiegende Spätfolgen zu spüren bekommen, etwa chronische Hüft- und Kopfschmerzen.

Im 21. Jahrhundert hat sich der traditionsreiche Sitzmonat zu einer großen Geldmaschine entwickelt: Es gibt eigene Agenturen, die *yuesao* vermitteln (auf *yuezi* spezialisierte Ayis) und »heilende Fertigmahlzeiten« liefern. Und es gibt sündhaft teure *Yuezi*-Kliniken oder besser -Resorts, in die sich betuchte Frauen gern nach der Niederkunft einweisen lassen. Wie die *China Daily* berichtete, hat die Schauspielerin Bao Lei angeblich 40 000 Euro für ihren postnatalen Monat im »Shanghai Xin Yue Hui Noble Yuezi Center« bezahlt. Hat sich die Jungmutter gut erholt, darf sie sich im zweiten und dritten Monat wieder frei bewegen, im vierten fängt sie meist wieder an zu arbeiten, denn nur so lange hält ihr der Arbeitgeber (bei voller Bezahlung) die Stelle frei. Von da an kümmern sich in der Regel die Großeltern um den Nachwuchs.

Auch Venus arbeitet längst wieder in ihrer Werbeagentur, doch für die Vorbereitungen zur First-grab-Party ihrer Tochter hat sie sich zwei Tage freigenommen. Der Name

232

komme daher, erklärt sie mir, dass am ersten Geburtstag nicht nur die Gesundheit des Nachwuchses gefeiert wird, sondern dieser später auch nach seiner beruflichen Karriere »greifen« müsse. Ein Leben ohne Karriereplan ist also nur Säuglingen vorbehalten. Ich bin gespannt. Und sage zu.

Mit einem rosaroten Glitzergeschenk in der Hand, das viel Lärm macht, und einem Strauß Blumen klingle ich am Freitagnachmittag an Venus' Tür in einem der üblichen Apartmenthäuser für Besserverdienende. Es riecht im ganzen Stockwerk nach Essen. Venus öffnet mir freudig, ihre gesamte Familie aus Peking ist gekommen, Großeltern, Tanten, Onkel, ein paar Freundinnen, Arbeitskollegen und eine Inderin aus der Yogagruppe, die genauso verloren wie ich im Flur stehen. In der Küche fuhrwerken zwei Ayis, auf dem Boden robbt ein rosa Knäuel durch die Menschenmenge. »Sie weigert sich zu laufen«, sagt Venus entschuldigend. Ich überreiche Xiao Hui meinen bellenden Glitzerpudel (der auch singen kann), sie läuft ihm quieksend hinterher. Im Wohnzimmer hängt als überlebensgroßes Poster die Geburtsanzeige von Hui inklusive Foto mit zerquetschtem Neugeborenengesicht. Darunter ihr Geburtsdatum: 7. Mai 2008. Wir haben zwar erst Mitte April, aber darüber wundere ich mich inzwischen nicht mehr. Wen interessiert schon der *Yangli*, der gregorianische Kalender? Die meisten Chinesen richten ihr Leben nach dem Mondkalender, dem *Yingli*, aus.

Nach einem Gläschen *Mautai*, chinesischem Reisschnaps, ist es Zeit fürs Essen. Die Ayis und die Großmutter tischen Unmengen auf dem großen Esstisch auf, aber bevor wir zugreifen dürfen, muss erst Xiao Hui gefüttert werden. Der Onkel intoniert auf dem Tisch mit seinen Händen einen Trommelwirbel, dann bringt die Oma eine Schüssel mit Eierreisbrei, den sie abwechselnd mit ihrer Tochter in Xiao

233

Huis Mund flößt. Als Hui die ganze Schüssel aufgegessen hat, johlt die Menge.

Das Essen auf dem Tisch dampft, es riecht köstlich, und am Tischende habe ich meine gebratenen Lieblingsbohnen entdeckt. Gerade will ich mir ein Schüsselchen füllen, da nimmt es mir eine Freundin von Venus wieder aus der Hand. »First Xiao Hui!« Pardon. Die Fütterungsshow geht weiter. Xiao Hui muss noch ein ganzes Entenei essen, denn Eier symbolisieren das Runde, Ganze und damit ein erfülltes, rundes Leben. Xiao Hui scheint nach der Schüssel Eierbrei satt zu sein, jedenfalls dreht sie den Kopf weg, fängt an zu weinen und rülpst ihrer Oma ordentlich entgegen. Es dauert eine halbe Stunde, bis Oma und Mutter dem armen Mädchen das Ei in den Mund gestopft haben. Wieder johlt die Menge. »Ein gutes Zeichen«, sagt Venus. »She will have good life.« Dann ruft Venus' Mann: »*Man man chi!*« (Iss langsam!), was so viel wie »Guten Appetit!« bedeutet, und eröffnet die Schlacht.

Essen ist in China nach wie vor das beliebteste soziale Event. Man geht abends nach der Arbeit keinen heben, sondern essen. Man achtet nicht auf Kalorien, sondern darauf, dass eine Mahlzeit »die Mitte wärmt«. Und im Norden Chinas, wo Venus' Familie lebt, begrüßt man sich statt mit *ni hao* mit den Worten: *Chi fan le ma?* Hast du schon gegessen? (Wer es eilig hat, sagt einfach ja.)

Es gibt *jiaozi* (Peking-Dumplings), Shrimps, Hühnerbeine und -füße, *Ma Po Doufu* (übersetzt: Tofu der pockennarbigen Großmutter), die Spezialität der Ayi aus Sichuan, und als krönenden Höhepunkt trägt die Tante eine Schale *Chou Doufu* herein. Das Gericht ist eine chinesische Spezialität und heißt wörtlich »Stinkender Tofu«, was eine maßlose Untertreibung ist, denn wenn am Monatsende die Jauchegrube unserer Gasse voll ist, riecht es nicht annähernd so schlimm wie aus diesem Gefäß.

Es wird geschmatzt, gejohlt, gesungen, gespuckt und gerülpst. Ein prächtiges Fest. Abgesehen von den Tofugerichten schmeckt alles sehr gut. Ich probiere 90 Prozent und kann inzwischen sogar Shrimps mit Stäbchen essen. Geht so: am Kopf packen, abbeißen, im Mund zerkleinern, mit der Zunge das Fleisch von der Schale trennen, diese dann mit Schwung auf den Tisch spucken. Als sich alle die schweren Bäuche halten, kommt der zweite Teil des Essens: eine heiße Nudelsuppe. Ich lehne dankend ab und sage stolz: »*Chibao le*«, ich bin pappsatt. Meine indische Yogakollegin, die gegenübersitzt, tritt gegen mein Schienbein und flüstert mit aufgerissenen Augen: »Eat it!« Die Sache scheint ernst zu sein, denn die linke Tischhälfte, an der ich sitze, hat mit dem Singen und Rülpsen aufgehört und sieht mich empört an. Also lasse ich mir eine Schale Nudelsuppe einschenken und mich von meiner Tischnachbarin aufklären: »Das sind *Chang Shou Mian*«, sagt sie, lange Nudeln. Sie symbolisieren ein langes Leben und müssen an jedem Geburtstag gegessen werden, zumindest sei das im Norden Chinas so.

Mir ist schon schlecht vor Essen, aber ich bemühe mich, die Langlebensnudeln mit Stäbchen und Schlürflöffel in meinen Mund zu balancieren. Ich erhasche ein Nudelende und beiße schnell ab, ehe alles wieder zurück in die dampfende Suppenschale flutscht. »Uuuuuuh!« Die Tante hat mich beobachtet, hält sich die Hand vor die Augen und stößt einen spitzen Schrei aus. Venus eilt herbei und erklärt mir, dass ich die Nudeln auf keinen Fall abbeißen dürfe, denn damit würde ich das lange Leben des Geburtstagskinds gefährden. Sie müssen im Ganzen geschlürft werden. Ich nicke und schlürfe weiter. Arme Xiao Hui. Und alles nur, weil deine Mama es schick fand, eine Langnase zu deinem ersten Geburtstag einzuladen.

Nach dem Essen beginnt der eigentliche Teil des Geburtstags: das *zhuazhou*, der Griff nach der Zukunft, eine alte chinesische Tradition, die noch aus der Kaiserzeit stammt. Man breitet verschiedene Gegenstände auf dem Boden aus und lässt das Kind darauf los. Was auch immer es greift und seinen Eltern gibt, wird über seine berufliche Zukunft entscheiden, glaubt man. Onkel und Vater treffen bereits die Vorbereitungen und breiten am Boden aus: Stethoskop, Spielzeugauto, Taschenrechner, Stift, Stempel, Orangen, grüne Zwiebeln, Selleriestangen. Xiao Hui lässt das Auto links liegen (keine Ingenieurskarriere); verschmäht das Stethoskop (was zum Ärger des Onkels keine Arztkarriere, die er sich gewünscht hatte, bedeutet); auch für den Stempel, der ein hohes politisches Amt und Macht verheißen würde, interessiert sie sich kein bisschen. Stattdessen greift sie nach dem Sellerie, und die Familie hält den Atem an. »O no«, sagt Venus, »that means a hard-working job.« Glücklicherweise lässt Hui die Stange schnell wieder fallen und kriecht zur Zwiebel weiter, die Intelligenz bedeutet. Schließlich packt sie den Glitzerstift, nimmt den Deckel ab, lutscht daran herum und überreicht ihn feierlich ihrer Mama. Alle klatschen und toben. »Eine Künstlerin! Mein Schatz wird eine Künstlerin!«, ruft die Oma. »Vielleicht auch eine berühmte Schriftstellerin«, sagt der Opa. Bestimmt.

Jetzt ist es Zeit für den Geburtstagsschokoladenkuchen. Mir wird vom bloßen Anblick schlecht. Ich kann nichts mehr essen. Aber ich weiß nicht, was Hui blüht, wenn ich die Torte nicht anrühre. Wir singen »*Zhu ni shengri kuai le*«, die chinesische Version von Happy Birthday. Anschließend lasse ich mir ein Stück geben, um es auf dem Balkon in einem Blumentopf verschwinden zu lassen – in der Hoffnung, dass es keiner bemerkt. Ein Trugschluss, denn hinter mir bricht die Yoga-Inderin in schallendes Gelächter aus.

»Der Kuchen hat keine Bedeutung«, sagt sie und klopft mir auf die Schulter. Kaum jemand hat ihn angerührt. Nur Xiao Hui, die Künstlerin, schiebt ihn sich mit beiden Händen in den Mund. Happy Birthday!

Chinesische Seifenopern

Der Mensch bringt jeden Tag
sein Haar in Ordnung, nicht aber sein Herz.

Sonntagabend. Ich vermisse den »Tatort«. Oh, wie mir Kommissar Borowski und Charlotte Lindholm fehlen! Stattdessen zappe ich mich gelangweilt durch die 16 staatlichen CCTV-Kanäle und 40 lokalen Sender. Chinesisches Fernsehen ist Folter, auf 30 von 56 Sendern laufen billig produzierte Soap-Operas, den ganzen Tag lang. Kein Gemüse- oder Obstladen, dessen Verkäufer nicht gebannt zwischen Bananenkisten sitzt und den neuen Herzschmerz seines Lieblingshelden verfolgt. Es geht dabei meist um tragische Liebesbeziehungen, die Protagonisten heulen dilettantisch und halten im Falle eines Happy Ends maximal Händchen – alles in allem geht es um asexuelle Wesen, die, wenn sie sich tatsächlich einmal küssen sollten, dies vorwiegend hinter Vorhängen oder Bettlaken tun. Schattenrisse sind sehr beliebt in chinesischen Soaps. Bettszenen sind tabu, nackte Schauspieler werden nur bis exakt 13 Zentimeter unterhalb des Kinns gezeigt. Dementsprechend werden auch internationale Kinofilme vor der Ausstrahlung zensiert. So durfte der Spionagethriller »Lust, Caution« (»Gefahr und Begierde«) des taiwanesischen Regisseurs Ang Lee erst in den Kinos gezeigt werden, nachdem Lee zwölf anzügliche Minuten herausgeschnitten hatte. Manche behaupten, er habe die Szenen mit Absicht besonders dilettantisch geschnitten, damit die Zensur noch offensichtlicher würde.

Der Film spielte zwar trotzdem Rekordergebnisse ein, doch die Zuschauer reagierten enttäuscht und wütend auf die Kürzungen. Viele luden sich den Film entweder im Internet unzensiert herunter, kauften sich eine Raubkopie oder reisten sogar nach Hongkong, wo er in voller Länge zu sehen war. Reisebüros verdienten Anfang letzten Jahres nicht schlecht mit organisierten »Lust, Caution«-Gruppenreisen in die chinesische »Sonderverwaltungszone«. Im Internet wurde wochenlang über die zensierten Sexszenen diskutiert, und eine besonders akrobatische Stellung wurde in Diskussionsforen auf den Namen »Büroklammer« getauft. Insgesamt hat der Film mehr für die sexuelle Aufklärung der Jugendlichen getan als jede *Bravo*-Ausgabe in Deutschland.

Doch zurück zum Fernsehen. Die Sender, auf denen keine unschuldigen Soaps laufen, setzen auf Glitzer-Entertainment: grelle Tanz- oder Rateshows oder Gesangswettbewerbe. Natürlich gibt es auch viel Kungfu und große Pekingopern. Irgendwie bleibe ich bei einer komischen Rateshow hängen, nein, Moment, es ist keine Rateshow, es ist »Wetten dass …?« auf Chinesisch. Ein Moderator namens Zhu Jun fragt ein frenetisch klatschendes Publikum: »*Xiang tiaozhan ma?*«, wörtlich übersetzt: Wollt ihr eine Herausforderung?, denn Wetten ist in China offiziell verboten. Die Sendung hat mit Gottschalks Schnarchsofa nicht viel gemein außer den Wetten natürlich; sie ist, während in Deutschland die Quoten sinken, in China seit einigen Jahren der absolute Renner. Jeden Sonntagabend sitzen um 21.15 Uhr 30 bis 50 Millionen Chinesen vor dem Fernseher, um sich die neuesten Wetten anzusehen, bei Open-Air-

Sonderausgaben, die auf riesigen Bühnen live ausgestrahlt werden, fiebern auch schon mal 100 Millionen mit.

Thomas Gottschalks Bruder Christoph hatte dem ZDF die »Wetten dass …?«-Lizenzrechte für China abgekauft und diese vor fünf Jahren an CCTV abgetreten. Nach Angaben Gottschalks zahlten die Chinesen für die Lizenz nichts, im Gegenzug darf seine Firma Dolce Media exklusiv Werbezeiten und Sponsoringpakete an europäische Firmen verkaufen und vermittelt deutsche, österreichische und schweizerische Wettkandidaten an die Sendung. Angeblich entstand die Idee, »Wetten dass …?« in China auszustrahlen, während der Dreharbeiten zum legendären DHL-Werbespot auf der Chinesischen Mauer.

Ich verstehe wenig bis gar nichts, diesmal sind nur chinesische Wettkandidaten dabei, weswegen ich ausschalte, als Tobi von einem Geschäftsessen nach Hause kommt. Er sei schon seit einer Stunde zurück, sagt er, aber vor der Tür noch in ein vertrauliches Gespräch mit Fang verstrickt gewesen. Fang ist in den letzten Wochen regelmäßig zu spät gekommen, und zwar immer mit der gleichen Ausrede: »very much traffic«. Nachdem Tobi am Freitag sogar ein Meeting verpasst hat, weil Fang mit einer Stunde Verspätung eintrudelte, ist ihm der Kragen geplatzt. Fang, der Tobi so noch nicht erlebt hat, ist seitdem sehr kleinlaut; und offenbar hielt er es für besser, Tobi heute die Wahrheit zu sagen. Fangs ganz persönliche Daily Soap geht so:

Seine Freundin, die mit ihm bei seinen Eltern lebt, wünscht sich seit Monaten einen Hund. Fang hasst Hunde, aber weil er wie die meisten Männer in Shanghai ein ausgesprochenes Weichei ist, sind sie vor sechs Wochen zu seinem (!) Geburtstag in einen Pet Shop gegangen und haben einen kläffenden Pekinesen gekauft. Wir haben Fang zum Geburtstag einen selbstgebackenen Kuchen, ein Bild von

Amélie und einen roten Umschlag mit 500 Yuan geschenkt (etwa 50 Euro). Wie sich jetzt herausstellt, musste der arme Kerl das gesamte Geld postwendend im Pet Shop lassen – für eine VIP-Karte für den Köter. Die beinhaltet zehn Hundehaarwäschen samt Kurpackung und Fönfrisur.

Doch damit nicht genug: Kaum war der kleine Kläffer zu Hause, bekam er Haarausfall, Verdauungsprobleme und rote Ohren. Natürlich hatte der Pet Shop die richtige Medizin dafür parat: 20 Spirulina-Pillen für 400 Yuan. Sie haben nichts geholfen. Weitaus schwerwiegender ist jedoch ein anderes Problem: Die Hundedame ist nicht stubenrein. Das heißt, sie pinkelt jede Nacht vor oder ins Bett. Und weil Hausarbeit in Shanghai (im Gegensatz zum restlichen China) Männersache ist, muss Fang jede Nacht Hundepisse aufwischen oder Bettwäsche wechseln, weshalb er nicht mehr schlafen kann und seit sechs Wochen morgens nicht mehr aus dem Bett kommt. Das ist vor allem deshalb skandalös, weil Fangs Freundin seit vier Monaten nicht arbeitet. Sie hat ihren alten Bürojob gekündigt, da er ihr nicht mehr gefiel, sich seitdem aber um keinen neuen bemüht. Sie ist der Meinung, in der Wirtschaftskrise Arbeit finden zu wollen sei sowieso sinnlos.

Tobi ist fassungslos. »Was macht sie dann den ganzen Tag?«, fragt er empört. »Nichts«, sagt Fang. Sie koche und putze nicht, denn das tue ja seine Mutter, allerdings verwalte sie das Geld. Sein Geld. Er müsse schließlich sparen, um eine Immobilie zu kaufen, denn ohne Eigentumswohnung wolle sie ihn nicht heiraten. Immer, wenn er sich etwas kaufen möchte, müsse er seine Freundin um Geld bitten. »Very normal«, sagt Fang, »Shanghai girls are like this.« Bei seinen Freunden sei es genauso. Tobi wird aggressiv vor Wut, möchte Fang am liebsten schütteln und mit ein paar Ohrfeigen zur Vernunft bringen, doch es ist zwecklos. Immerhin hat Fang sich gestern zu einem für seine Verhältnisse äußerst drastischen Schritt entschlossen: Am Wochenende soll seine Freundin samt Hund für drei Monate zu ihren Eltern fahren, damit er endlich mal wieder schlafen kann. Jetzt ist zu Hause das Drama perfekt. Die Freundin heult, der Hund spuckt, die Mutter tobt. Denn wenn die Hochzeit im nächsten Jahr wegen des Köters platzt, wird ihr Sohn schwer vermittelbar. Und die Aussicht auf ein Enkelkind schwindet. Fortsetzung folgt.

Hao du ju du Shanghai? Oder: Fit für die Expo

Wenn der Wind des Wandels weht,
bauen die einen Schutzmauern, die anderen Windmühlen.

Unsere neuen Nachbarn rühren mich fast zu Tränen: ein Haufen rüstiger alter Damen in Stoffschuhen, die sich die lauen Frühlingsnachmittage gern mit Federballkicken, Seil-springen oder Hula-Hoop-Reifen-mit-dem-Kochlöffel-durch-die-Gasse-Rollen vertreiben. Wir sind noch nicht einmal eingezogen, aber sie begrüßen uns jedes Mal so herz-lich, dass ich den Umzug kaum erwarten kann. Überhaupt sind mir die Rentner hier sehr ans Herz gewachsen. Sie sind so fröhlich, so aktiv, so geschwätzig, so kinderlieb, so für-sorglich und lebensbejahend. Manchmal sprechen mich wildfremde ältere Damen auf der Straße an, packen mich mit der einen Hand am Arm, mit der anderen tätscheln sie meine Hand und sagen mir lächelnd, ich solle Socken anzie-hen, sonst würde ich mich verkühlen. Oder ältere Herren begutachten an der Ampel voller Neugier mein olles deut-sches Drei-Gang-Fahrrad und stellen allerlei Fragen zur Herkunft, zur Gangschaltung und so weiter. Meist aber sitzen sie irgendwo auf dem Bürgersteig auf Sesseln oder Sofas, spielen Mahjong und rauchen, als gäbe es kein Morgen.

Aufgrund der Ein-Kind-Politik ist die Überalterung der Gesellschaft in China ein ähnlich großes Problem wie in Deutschland, nur in anderen Dimensionen: 144 Millionen Chinesen, über zehn Prozent der Gesamtbevölkerung, sind heute bereits über 60 Jahre alt. Nach Schätzungen der UN wird im Jahr 2050 fast jeder Dritte über 60 sein, was auch für Deutschland prognostiziert wird. Der Unterschied ist jedoch: Es gibt kaum Altenheime in China. Die Chinesen empfinden uns als hartherzig und kalt, weil wir unsere Eltern in solche Aufbewahrungsanstalten stecken. Doch da die meisten Kinder, um Arbeit zu finden, in die Großstädte ziehen, können sie bereits jetzt nur schwer für ihre in die Jahre gekommenen Eltern sorgen. Und weil sie ohne Geschwister aufwachsen, stehen Millionen junger Menschen vor dem »1-2-4-Problem«, das heißt, ein Kind muss in Zukunft zwei Eltern und vier Großeltern versorgen.

»China ist das einzige Land der Erde, das alt wird, bevor es reich wird«, heißt es in einem Bericht der Akademie der Wissenschaften in Peking. Schätzungen zufolge wird die Zahl der Arbeitskräfte bereits ab 2016 deutlich zurückgehen. Langfristig ist damit der wichtigste Wettbewerbsvorteil des Landes gegenüber anderen gefährdet – die billigen Arbeitskräfte. Und spätestens mit der nächsten Generation wird dann das nächste Gesellschaftsproblem herangewachsen sein: Weil viele Chinesen, die an die Ein-Kind-Politik gebunden sind, sich lieber einen Sohn wünschen, werden immer noch haufenweise Mädchen abgetrieben oder zur Adoption freigegeben. In einigen Provinzen kommen jetzt schon 130 Männer auf 100 Frauen.

Die Damen, die vor unserem neuen Haus auf kleinen

Plastikhockern tratschen, machen sich darüber offenbar keine Sorgen. Ich schätze, sie sind zwischen 60 und 70 Jahre alt, was sie aber nicht davon abhält, zu kichern wie pubertierende Schulmädchen. Als ich heute Morgen eintraf, um die Räume abzumessen, rief mir eine der Ladys auf Englisch zu: »Do you prefer tea or coffee?« Ich verstand nicht recht, sollte das eine Einladung auf eine Tasse Tee in ihrer Freiluftküche sein? Aber sie machte keine Anstalten, mich zu einem Hocker zu geleiten, stattdessen lachte sie sich mit ihren Freundinnen scheckig und wiederholte immer wieder: »Do you prefer tea or coffee?«

Unsere neue Hausverwalterin Bella klärt mich schließlich auf: Die Dame hat sich als Expo-Volunteer gemeldet. Shanghai will zur Weltausstellung Ausländern ermöglichen, ein bisschen »Real Life« zu schnuppern. Dazu sollen in ausgewählten Bezirken Freiwillige, hauptsächlich Rentner, die viel Freizeit haben, Langnasen in ihren Wohnungen an ihrem Alltag teilhaben lassen. »Nature Pavillions« nennt sich das. Einmal im Wohnzimmer gemeinsam Tee trinken und sich unterhalten kostet laut Auskunft des Expo-Ticket-Büros 30 Yuan (drei Euro), eine Führung durch die Longtangs, die alten Gassen, inklusive Einführung in die beliebten Longtang-Sportarten Fußfederballkicken, Seilspringen oder Diabolo-Jonglieren 20 Yuan, ein ganzer Tag mit heimischem Dumpling-Kochen 100 Yuan. Buchung und Bezahlung laufen selbstverständlich über das offizielle Expo-Büro. Ich habe keine Ahnung, ob oder wie viel die Gastgeber davon abbekommen.

Jing'an, unser neues Stadtviertel, ist einer der ausgewählten Bezirke. Deswegen erteilt dort nun ein pensionierter Lehrer gratis Englischunterricht für die Freiwilligen. Neben »Do you prefer tea or coffee?« hat unsere Nachbarin gelernt: »Hao du ju du Shanghai?« Wieder prusten ihre Freundinnen los vor Lachen, ich verstehe nichts, muss aber ebenfalls lachen. Die Dame kratzt sich am Hinterkopf, überlegt und sagt dann: »*bu shi, bu shi*«, nein, nein. Schließlich versucht sie: »Hao du ju laik Shanghai?« Ich zeige meinen Daumen nach oben, und nach allgemeinem Klatschen entlässt mich die Mädchenclique fröhlich winkend.

Ich finde es sehr bemerkenswert, dass sich so viele Freiwillige für die Naturpavillon-Aktion gefunden haben. Schließlich lassen Chinesen gewöhnlich keine Fremden in ihr Haus, was auch ein junger Internetunternehmer leidvoll erfahren musste, der vor zwei Jahren die chinesische Online-Wohnungstausch-Agentur Haoeasy.com gegründet hat. Nach dem Vorbild der westlichen Home-Swapping-Agenturen, bei denen reisefreudige Menschen ihre Häuser oder Wohnungen mit Gleichgesinnten auf der ganzen Welt tauschen, hoffte er auf lukrative Vermittlungsgebühren. In einem Interview in der *Shanghai Daily* klagt er nun: »Zweihunderttausend Yuan stecke ich jedes Jahr in die Website, aber bisher konnten wir faktisch keinen einzigen durchgeführten Wohnungstausch verbuchen.« Die Einzigen, die sich registrieren ließen, seien Westler. Seine letzte Hoffnung sei nun die Expo-Eröffnung im Mai.

Die prägt inzwischen die ganze Stadt. Man spürt eine freudige Aufregung, die irgendwie ansteckend ist. Vielleicht ist es aber auch nur der Frühling, den ich hier noch nie erlebt habe. Denn zum ersten Mal, seit wir hier sind, sehe ich grüne Blätter. Sie schießen überall aus den Platanen und sind nicht weniger grün als an der Hamburger Alster. Wahrscheinlich nur für ein, zwei Wochen, dann wird sich die graue Staubschicht darübergelegt haben, aber immerhin. An allen Straßen werden Bäume gepflanzt und Blumeninseln angelegt. Das neue U-Bahnnetz, das bis Mai auf 400 Streckenkilometer herangewachsen sein wird, frisst sich wie ein gefräßiger Maulwurf durch die Stadt, hinterlässt aber statt kleiner Hügel kilometergroße Baustellen, die die Hauptverkehrsadern blockieren. Auf dem Expo-Gelände am Huangpu vergeht keine Woche, in der sich nicht irgendein grinsender ausländischer Delegierter der Lokalpresse beim Spatenstich zum Pavillon seiner Heimatstadt zeigt; und der Haibo, das blaue Maskottchen, vermehrt sich wie ein hyperaktives Karnickel. Vor dem Jing'an-Tempel rannte mich gestern ein lebensgroßes Plüschexemplar fast über den Haufen, das mich zum Tanzen animieren wollte.

Auch unser Weg zum Kindergarten ist eine einzige Baustelle. Erst wurden neue Abwasserrohre verlegt, dann alle Bürgersteige neu gepflastert und um jede Platane ein Gitter gelegt, das möglichst französisch aussehen soll. Jetzt sind der Reihe nach die Hausfassaden dran. Hässliche Kacheln werden abgeklopft, Fenster gestrichen, Tore neu lackiert. Üblicherweise übernimmt Aufräumarbeiten dieser Art die Abrissbirne, doch weil die French Concession vor allem bei Ausländern so beliebt ist und Teile davon sogar unter einer Art Denkmalschutz stehen, darf hier erstaunlich viel alte Bausubstanz stehen bleiben.

Die meisten Chinesen, die hier wohnen, würden vermutlich lieber in einen neuen Betonbau ziehen, denn Altbauten werden mit der unschönen Ära vor dem großen Aufstieg Chinas verbunden und bieten in der Regel keine Bequemlichkeiten wie Toilette, Badewanne und Einbauküche. Über die umgesiedelten Bewohner, deren Häuser in der Innenstadt Bürokomplexen, Kaufhäusern oder Apartmentanlagen weichen mussten, kommen einem jedoch die unterschiedlichsten Geschichten zu Ohren. Unsere Ayi beispielsweise erzählte, dass ihre Mutter von der Regierung für ihre kleine alte Wohnung im Stadtzentrum 130 000 Yuan (knapp 13 000 Euro) und eine zwar teure, aber bezahlbare Mietwohnung am Stadtrand erhalten habe. Die Entschädigungszahlung sei für sie so etwas wie ein Sechser im Lotto. Von anderen wiederum hört man (oder liest in deutschen Medien), sie seien in grässliche Betonsiedlungen weit vor der Stadt verpflanzt worden, da die bezahlte Summe weit unter dem Marktwert lag und nicht für den Verbleib im Sanierungsgebiet gereicht habe.

Eine Großbaustelle in der Nähe unseres Hauses beobachte ich nun schon seit fast einem Jahr, denn ich fahre jeden Morgen auf dem Weg zum Kindergarten daran vorbei, so dass ich miterleben konnte, wie abgerissen, vermessen und gebaut wurde. Das Absurde daran: In China macht man all das gleichzeitig – ganz nach Maos Theorie der drei Gleichzeitigkeiten. Der Große, ungeduldige Vorsitzende dachte sich nämlich, dass Projekte schneller erledigt seien, wenn man sie gleichzeitig untersuchen, planen und durchführen ließe. Bis November, also sechs Monate, hat es gedauert, bis das meterdicke Fundament samt Betonschicht im Erdgeschoss und Keller gegossen war. Kaum war alles fertig, rollten Abrissbagger auf die Baustelle und fingen an, alles wieder abzureißen und neue Böden zu gießen – selbstverständlich gleichzeitig. Aus purer Neugier bat ich Fang eines Tages, den Wächter am Eingang zu fragen, was dort los sei. Seine Antwort: »Maybe new constructor. Or maybe same constructor, but now different idea.« Der komplette Rückbau dauerte noch einmal vier Monate, jetzt wird fröhlich weitergebaut. Angeblich an einem neuen Kaufhaus.

Weil so viel Bauwut ganz schön viel Dreck macht und die Stadt bis zur Expo glänzen soll, wurde von der Stadtregierung der 15. Tag eines jeden Monats zum »Expo Cleaning Day« ernannt. An diesem Tag schnappt sich jeder, der von seiner Nachbarschaftsvorsteherin nicht schief angeguckt werden will, einen Putzlappen und schrubbt und poliert sinnlos in der Gegend herum. Briefkästen, Telefonzellen, Bushaltestellen, nichts ist vor den Feudeln sicher. Letzte Woche haben ein paar Damen und Herren in einem lebensgefährlichen Manöver doch tatsächlich die Absperrungsgitter, die die Fahrradwege von den Autospuren trennen, geputzt. Einen Tag später waren sie wieder von einer dicken Staubschicht überzogen.

An einigen Verkehrsampeln hat man Schilder aufgestellt, die die wartenden Fußgänger auf Chinesisch und Englisch ermahnen: »You're polite people, please wait here! Don't go until the green light on!« Ein niedlicher bis aussichtsloser Versuch, den Stadtbewohnern vorzeigbares Verkehrsverhalten beizubringen. An Ampeln halten sich eigentlich nur Autos, die auf mindestens sechsspurigen Straßen unterwegs sind. Auf allen anderen Verkehrswegen gilt für Fußgänger, Rad-, Moped- und Autofahrer die Faustregel: Gibt es eine Lücke, so presche hinein! Egal ob mitten auf der Kreuzung, auf dem Bürgersteig, bei rotem, gelbem oder grünem Licht. Die Folge dieser Praxis ist ein totales, aber erstaunlicherweise fließendes Chaos.

Für Zweiräder gibt es an großen Kreuzungen ein weiteres ungeschriebenes Gesetz: Überquere die Straße nie allein! Meist warten an den Ampeln die Fahrrad- und Mopedfahrer, bis sich ein schlagkräftiger Trupp gebildet hat. Wenn es so weit ist, steuert dieser gemeinsam mitten auf die befahrene Straße, natürlich ohne sich um überflüssige Ampellichter zu scheren. Ich finde mich erstaunlicherweise ziemlich gut zurecht in diesem Wust – wenn man sich treiben lässt und keinen Widerstand leistet (wie etwa abbremsen an einer roten Ampel), trägt einen die Masse sicher zum Zielort. Wahrscheinlich ist das sowieso das große Geheimnis, um hier glücklich zu werden: sich treiben lassen und keinen Widerstand leisten.

Was essen wir heute?

Jedes Tier, dessen Rücken zur Sonne zeigt, ist essbar.

Um es gleich vorwegzusagen: Nein, ich habe hier noch kein Hundefleisch gegessen. Um ehrlich zu sein, bin ich noch kein einziges Mal damit in Berührung gekommen. Zumindest in Shanghai scheinen die Menschen Hunde inzwischen lieber an der Leine zu führen und in absurde Pullover zu stecken, als sie in den Ofen zu schieben. Trotzdem kann man hier natürlich die seltsamsten Dinge kosten: Grillen, Rinderpenis, Entenköpfe, Hühnerfüße, Schildkröten, Froschinnereien, Schlangen und so weiter. Eine vollständige Liste der in China erhältlichen Schweinereien kann man in dem wunderbaren Blog »Weird meat Project« (www.weirdmeat. com) nachlesen.

Eigentlich halte ich mich immer an das Fleisch in unserem City Shop, das angeblich nach Biokriterien produziert wird. Zwar kauft unsere Ayi, wenn sie für uns kocht, immer auf dem ganz normalen Wet Market ein, allerdings dachte ich bisher: Na ja, ein-, zweimal die Woche werden wir chinesisches Otto-Normalverbraucher-Fleisch und pestizidbelastetes Gemüse schon verkraften. Doch dann las ich einen Bericht über das »China Meat Research Center«, das in Guangzhou 48 Fleischbetriebe unter die Lupe genommen hat. Seit vor 24 Jahren das Monopol der Regierung auf Fleischproduktion abgeschafft wurde, versuchen die privaten Hersteller alles, um ihren Gewinn zu maximieren. Das Ergebnis der Untersuchung: In allen 48 Betrieben wurde den lebenden Rindern oder Schweinen kurz vor dem Schlachten Wasser in die Mägen gespritzt, um ihr Verkaufsgewicht zu erhöhen. Das Institut geht davon aus, dass das Ergebnis in anderen Provinzen nicht anders ausfallen würde. Natürlich wird für die Injektionen üblicherweise Dreckswasser aus dem nächstgelegenen Fluss verwendet, das voller Industrieabfälle und anderer Giftstoffe ist. Man warnt: »Gewässertes Fleisch kann Krankheiten übertragen.« Ach.

Mit Obst und Gemüse auf dem Wet Market wird übrigens genauso vorgegangen. Gern wird auch gefärbtes Wasser genommen, um labbrige Möhren oder Melonen appetitlicher und frischer erscheinen zu lassen. Dazu passt, dass ich nach dem Orangenpressen schon mehrmals orangefarbene Handflächen hatte. Mich überkam spontane Übelkeit. Als ich dann auch noch auf die nicht gerade vertrauenerweckende Überschrift »Pestizidbelastung von Gemüse unter Kontrolle« stieß, beschloss ich, im Internet nachzuforschen. Wie sich herausstellte, hatte Greenpeace in den vergangenen Monaten stichprobenweise frisches Obst und Gemüse von Gemüse- und Supermärkten in Shanghai, Peking und Guangzhou getestet. Nur fünf von 45 Proben enthielten keine Pestizide, die restlichen einen Giftcocktail mit bis zu zehn verschiedenen Pestiziden auf einer einzelnen Erdbeere! Die immerhin überraschende Reaktion der chinesischen Regierung darauf war – Entwarnung. Schließlich hätten nur zwei Proben die staatlich vorgeschriebenen (viel zu hohen) Grenzwerte überschritten. Ist eben alles eine Frage der Perspektive.

Für mich steht nach diesem Exkurs fest: Wir brauchen nicht nur einen Air Cleaner, eine Wasserreinigungsanlage, sondern auch einen Öko-Gemüselieferanten. Für die meisten Chinesen ist *youji*-Gemüse ein Fremdwort. Zugegeben, es ist ein etwas hilfloser Versuch, den Begriff »organic« ins Chinesische zu übersetzen, aber es gibt kein anderes Wort dafür. Zudem ist Biogemüse in China fünf- bis zehnmal so teuer wie herkömmliches vom Wet Market. Kein Wunder, dass es nur Expats kaufen.

Glücklicherweise ist Suzie (zur Erinnerung: der Star der britischen Hühnernacht) noch hysterischer als ich, was Essen anbelangt. Sie war es auch, die im Kindergarten anregte, das Essen auf »organic« umzustellen. Die Kindergartenleiterin hat daraufhin einen Bus bestellt, der interessierte Mütter heute zu einer Ökofarm in Songjiang bringt. Die Fahrt dauert eineinhalb Stunden, und ich fühle mich dabei wie auf einer Klassenfahrt.

An der Pforte begrüßt uns Eva aus Deutschland, die für Marketing und Farmbesichtigungen zuständig ist. Tatsächlich ist »Shanghai Organic« ein deutsch-chinesischer Joint-Venture-Betrieb. Dementsprechend ist der Rundgang: sehr seriös, sehr deutsch, sehr ökologisch, sehr vertrauenerweckend, sehr langweilig. Jede Mutter darf einen Ökorettich aus dem Boden ziehen und einen Kopfsalat ernten und lernt, wie man Basilikum richtig beschneidet. Zum Abschluss dürfen wir in Tomaten beißen, die nach Tomaten schmecken, sowie in ungeschälte Gurken. Ich bestelle noch vor Ort eine Mischgemüsekiste, die ab sofort jeden Dienstag zu uns nach Hause geliefert wird, dazu ordere ich ein zertifiziertes Biohühnchen und kreuze auf dem Bestellschein die Option »no head, no feet« an. So deutsch habe ich mich schon lange nicht mehr gefühlt. Abends essen Tobi, Amélie und ich den selbstgeernteten Salat mit diesen unglaublichen Tomaten, dazu Vollkornbrot vom deutschen Bäckerei-Lieferservice. Der Air Cleaner dröhnt auf Stufe vier, aus dem Ipod röhrt Peter Fox, und draußen bimmelt der Recyclingmann. Holdrio!

Menschenrechte auf dem Tennisplatz

Ein Chinese allein ist ein Drache.
Viele Chinesen zusammen sind ein Wurm.

Heute hat im Kindergarten Oskar, ein kleiner Holländer aus Amélies Gruppe, seinen Abschied gefeiert. Auch der Arbeitsvertrag seines Vaters wurde wegen der Finanzkrise gekündigt, die Familie muss zurück nach Rotterdam. Zum Abschied hat seine Mutter Buchstabenkekse gebacken (B, Y und E) und im Kindergarten eine kleine Diashow mit Bildern von Holland gezeigt. Als wir zu Hause sind, erzählt mir Amélie ganz aufgeregt, dass in Holland Häuser schwimmen können, Wind in Mühlen gefangen werde und, das Wichtigste: es eine Königin mit einer echten Krone gebe und eine Prinzessin mit langen, blonden Haaren. Amélie ist gerade in einer unerträglichen Prinzessinnenphase (wofür ich natürlich Chanel die Schuld gebe) und saugt alles auf, was mit rosa Tüllkleidern und Kronen zu tun hat. »Mama, gibt es in Deutschland auch eine Königin?«, will sie wissen. »Nein, mein Schatz«, sage ich, »wir haben keine Königin, aber dafür eine Kanzlerin.« Ich weiß, dass ich aus der Nummer nicht so einfach rauskomme, also hole ich ein bisschen weiter aus und erkläre ihr, dass es in Deutschland mal einen Kaiser gegeben habe, dass Wilhelm aber schon lange tot sei und die Deutschen glücklicherweise wählen dürfen, welchen Menschen sie als großen Bestimmer haben möchten. Ich wühle einen *Spiegel* aus dem hoffnungslos veralteten Zeitschriftenhaufen (der letzte Besuch war vor sieben Wochen hier) und suche darin nach einem Bild von Angela Merkel. »Da.« Ich halte ihr ein Foto unserer Kanzlerin unter die Nase, die gerade mit dem Finanzminister scherzt. »Das ist unsere Bestimmerin.« Amélie ist enttäuscht, weil sie kurze Haare UND keine Krone hat. Sie will eine andere Bestimmerin wählen. Ich sage, dass sie dazu erst erwachsen werden müsse, dass aber Papa und ich per Briefwahl mitwählen können, ob diese Frau beziehungsweise ihre Mannschaft weiter in Deutschland bestimmen soll oder nicht. Amélie hört ganz gebannt zu. Dann fragt sie:

»Dürfen die Chinesen auch einen Bestimmer wählen?«

»Nein. Die Chinesen nicht.«

»Warum nicht? Das ist doch dann ungerecht.«

»Ja, das ist … ungerecht.«

Ich muss nachdenken. Ist es das wirklich? Empfinden die Chinesen es wirklich als ungerecht, dass sie nicht wählen dürfen? Ich habe bisher von den Menschen, die uns täglich umgeben, nicht den Eindruck, dass sie unzufrieden sind oder gern etwas ändern würden. Aber ich habe auch noch keinen wirklich gefragt. Es gibt in China über 50 verschiedene Kulturen, die komplett verschiedene Sprachen sprechen, Sachen essen und Bräuche haben. Wie würde eine Wahl ausgehen, wenn Norweger, Italiener und Deutsche sich auf eine Regierung einigen müssten? Wenn eine halbe Milliarde EU-Bewohner sich nicht einmal auf eine europäische Verfassung einigen kann, wie sollten es dreimal so viele Chinesen schaffen?

Als wir vor einem Jahr in Shanghai ankamen, hatte ich eine relativ eindeutige Meinung über China. Ich hätte Amélie, ohne zu zögern, gesagt: Ja, das ist eine himmelschreiende Ungerechtigkeit. Nicht alle Menschen auf der Welt haben so ein Glück wie wir. Doch je länger wir hier sind, umso mehr verschwimmt diese Meinung, dieses klare China-Bild, das ich mir aus den deutschen Medien wie ein Puzzle zusammengesetzt hatte – die Chinesen, das Volk der Unterdrückten, das Volk der Raubkopierer und Hundefresser; China, das Billiglohnland, der Giftspielzeugfabrikant, die große, gelbe, machthungrige, kommunistische, undurch-sichtige Gefahr.

Jeder hat eine Meinung über China. Unsere Freunde, un-sere Eltern, meine alten Kollegen. Und diese Meinung lau-tet: China ist böse, wir sehen es doch täglich im Fernsehen. Plötzlich kommt mir das sehr absurd vor. Und – ungerecht. Wie können wir alle eine Meinung haben, ohne dieses Land zu kennen? Was wissen wir denn schon von China? Ich selbst habe ja das Gefühl, kaum etwas darüber zu wissen. Ich bin keine Sinologin, aber ich versuche seit einem Jahr, jeden Tag ein bisschen mehr zu verstehen. Dieses Land kann einen in den Wahnsinn treiben – was es auch jetzt noch min-destens einmal pro Woche mit mir tut –, aber meine Güte, es gibt hier so viel mehr als Repression, Politwillkür und Pro-duktpiraterie.

Amélie hat sich inzwischen ihrer Polly-Pocket-Puppe zu-gewandt, made in China, vermutlich bleiversucht, dennoch liebt sie sie und bastelt gerade eine Krone aus Alufolie für sie. Mir lassen meine Gedanken keine Ruhe, also beschließe ich, An Ya, meine Chinesischlehrerin, heute Abend nach ihrer Einstellung zu fragen. Politische Diskussionen sind zwar eine heikle Angelegenheit, kein Chinese äußert sich gern darüber, schon gar nicht gegenüber Ausländern. Doch An Ya scheint mir irgendwie subversiv und unkonventio-nell, kurz: ideal dafür.

Wir sind zum Tennisspielen verabredet. Es ist das erste Mal, dass ich auf chinesischem Boden den Schläger schwinge, bisher war es entweder zu heiß, zu nass oder zu versmogt. An Ya rennt wie ein Wiesel über den Platz und spielt sehr gehässig angeschnittene Stoppbälle, deren Flugbahn ich nur von der Grundlinie aus verfolgen kann. Trotzdem schütte ich auf dem verrotteten Hartgummiplatz, den An Ya für uns gebucht hat, eimerweise Glückshormone aus. Es hat etwas Befreiendes, etwas ganz Natürliches, Alltägliches, mitten in diesem 19-Millionen-Moloch, umringt von Hochhäusern, Tennis zu spielen. Da ich mein Sportprogramm in den letzten Wochen schwer vernachlässigt habe, bin ich nach 20 Minuten rot gefleckt im Gesicht und bitte um eine kleine Verschnaufpause. Wir trinken etwas, und ich beschließe, die Sache auf deutsche Art und Weise anzugehen – direkt:

»An Ya, darf ich dich etwas fragen?«

»Ja, natürlich.«

»Würdest du eigentlich gern wählen gehen? Ich meine, würdest du lieber in einer Demokratie leben?«

An Ya verschluckt sich fast an ihrer Banane, dann sieht sie mich an, als würde ich gerade nackt auf dem Platz einen Regentanz aufführen.

»Wie bitte?«

»Ich habe mich heute gefragt, ob Chinesen zufrieden oder unzufrieden mit ihrem politischen System sind.«

»Willst du eine ehrliche Antwort?«

»Ja natürlich.«

»Es ist uns scheißegal.«

Nun bin ich es, die sie verdutzt ansieht. Mit so viel Direktheit hatte ich wiederum nicht gerechnet. An Ya fährt fort:

»Wir interessieren uns nicht für Politik. Solange es uns gutgeht, ist uns alles egal. Wir sind Egoisten. Und wir sind pragmatisch. Solange jeder was zu essen, einen Kühlschrank und einen Fernseher hat, ist uns ziemlich egal, wer dort oben sitzt und was er macht.«

Vor 30 Jahren hatten die meisten Chinesen weder genug zu essen noch Kühlschränke noch Fernseher. Fazit: Allen geht es besser, die dort oben machen ihre Sache gut. Tatsächlich hat China in der Armutsbekämpfung eine beispiellose Erfolgsgeschichte vorzuweisen: 26 Jahre lang versorgte die UNO-Ernährungsorganisation WFP (World Food Programme) mehr als 30 Millionen Chinesen mit Nahrungsmitteln. Seit 2005 braucht die Volksrepublik keine Hilfe mehr, sie ist sogar vom Empfänger zum Spender geworden. Auch die Lebenserwartung hat seit der Machtergreifung der Kommunistischen Partei im Jahr 1949 um 37 Jahre (!) zugenommen: von 35 auf 72.

Für An Ya scheint die Angelegenheit damit beendet. Sie steht bereits wieder und dehnt ihre Oberarme. Macht nichts. Ich frage trotzdem weiter. Auch wenn es jetzt unangenehm werden könnte.

»Und was ist mit Menschenrechten?«

Stille. O je, kein kluger Schachzug. Zu schnell, zu undiplomatisch. An Ya sieht mich mit festem Blick an. Ihre Mundwinkel verziehen sich zu einem leicht verächtlichen Lächeln. Dann antwortet sie:

»Was habt ihr Ausländer nur immer mit euren Menschenrechten? Ist nicht das erste und wichtigste Menschenrecht, am Leben zu bleiben? Genug Essen und Frieden zu haben und zu wachsen?«

»Wachsen?«

»Ich meine, sich weiterentwickeln zu können, zur Schule, zur Universität gehen, Geld verdienen zu können, reich zu werden wie ihr? Was glaubt ihr eigentlich, was in den letzten zwanzig, dreißig Jahren hier passiert ist? Meine Mutter ist jetzt fünfzig. Sie konnte mit Mitte zwanzig von dem Leben, das ich führe, nur träumen. Mal abgesehen davon, dass sie es grässlich findet, dass ich nicht längst verheiratet bin.«

An Ya macht eine kleine Denkpause. Sie redet klar und überlegt, in perfektem Englisch. Ich denke über ihre Mutter nach. Wenn sie jetzt 50 ist, wurde sie geboren, als die Kommunistische Partei gerade an die Macht kam. Davor herrschte in diesem Land 150 Jahre lang Chaos. Die KP war die erste Instanz, die fähig war und ist, China zu regieren, politische Institutionen zu schaffen und einigermaßen für Ordnung und Wirtschaftswachstum zu sorgen. Und die Menschen sind ihr dafür dankbar. Oder besser: Sie finden die Regierung, wie Fang einmal sagte, *tai bucuo le*, nicht allzu übel. Kann man ihnen das verübeln?

An Ya hat ihre Denkpause beendet und fährt fort:

»Ich habe studiert, ich habe ein Auto, ich spare auf ein Apartment, ich kann es mir leisten, zum Arzt zu gehen, wenn ich krank bin, und sogar jeden Abend ein Glas ausländischen Wein trinken. Sind das alles etwa keine Menschenrechte?«

Ich muss zugeben, dass ich die Sache so noch nie gesehen habe. Und ich habe An Ya unterschätzt. Deswegen beschließe ich aufs Ganze zu gehen, die Gelegenheit zu einem so offenen Gespräch scheint mir einmalig.

»Aber was ist mit Meinungsfreiheit, mit Pressefreiheit, Gewaltenteilung und einem Mehrparteiensystem?«

»Wäre nett, ist aber nicht lebensnotwendig.«

»Was mit politischen Gefangenen, mit Folter und mit Todesstrafe?«

»Amerika hat auch die Todesstrafe.«

»Aber in Amerika wird man nicht für das Fälschen von Mehrwertsteuerquittungen hingerichtet und hat vermutlich gerechtere Gerichtsverfahren.«

»Woher willst du das wissen? Warst du bei einem dabei?«

»Nein.«

»Eben. Und warst du bei einem chinesischen Gerichtsverfahren dabei?«

»Nein.«

»Ich auch nicht. Amerika hat all deine Menschenrechte, Gewaltenteilung, Meinungs- und Pressefreiheit und eine

Freiheitsstatue dazu, und trotzdem beschweren sich die Schwarzen, sie würden keine gerechten Gerichtsverfahren bekommen. Trotzdem werden Häftlinge auf Guantanamo gefoltert. Warum regt ihr Langnasen euch nicht darüber auf?«

»Tun wir.«

»Und was hilft das? Nichts. Ich rege mich auch über vieles auf, aber was kann ich allein dagegen schon ausrichten?«

»Du allein wahrscheinlich nichts, aber viele zusammen könnten etwas ausrichten.«

Jetzt lacht An Ya. Nicht herzlich, eher verbittert, und sagt: »Wir haben ein Sprichwort, das heißt: Ein Chinese allein ist ein Drache, viele Chinesen zusammen sind ein Wurm. Wir sind nicht gut in Teamwork. Und jetzt lass uns endlich weiterspielen.«

Ich habe sie verärgert. Und ich habe sie falsch eingeschätzt. Sie mag subversiv sein, aber ich habe ihren Nationalstolz vergessen. Diesen unsagbaren chinesischen Stolz. Sie reagieren empfindlich auf Belehrungen von Westlern.

Als Roman Herzog vor über zehn Jahren dachte, es müsse ein Ruck durch China gehen, und der Volksrepublik einen Besuch abstattete, erging es ihm auch nicht viel anders als mir, obwohl er natürlich weitaus diplomatischer agierte. Er sprach mit dem damaligen Ministerpräsidenten Zhu Rongji über Menschenrechte. Über das Recht auf Achtung des Lebens, das Verbot von Folter, den Schutz vor willkürlichem Freiheitsentzug und so weiter. Deutschland halte an diesem Ziel unverrückbar fest, auch wenn man für die Umsetzung »einen langen Atem brauche«. Diese Haltung gründe in dem deutschen Selbstverständnis und christlich-philosophischen Werten. Zhus Antwort: »Die Bibel gilt in China nicht.«

China kämpft um einen gleichberechtigten Platz in der internationalen Politik, es will als ernstzunehmender Staat anerkannt werden, mitspielen können, und zwar auf Augenhöhe. Im Grunde geht es auch An Ya um nichts anderes, sie will zusammen spielen, keine Lehrstunden bekommen. Ich ärgere mich ein bisschen über mich selbst und erhalte im Gegenzug eine chinesische Lehrstunde: Ich verliere 3 : 6.

Am 4. Juni, dem Tag, an dem wir vor einem Jahr hier ankamen, jährt sich die gewaltsame Niederschlagung der Demokratiebewegung auf dem Pekinger Tiananmen-Platz zum 20. Mal. Natürlich werden die Zeitungen über das Massaker schweigen. Die Regierung ist heute noch der Meinung, dass die Panzer, die über die Studenten hinwegrollten, nichts anderes bedeuteten als »entschlossenes Eingreifen, das die Stabilität des Landes sicherte«. Mir ist bewusst, dass China weit mehr Menschen exekutiert als alle anderen Nationen, die die Todesstrafe anwenden, zusammen. Und dass derzeit 30 Journalisten in Haft sitzen, weil sie kritisch über ihr Land berichtet haben. Wäre ich Chinesin, würde mich dieses Buch vermutlich in den Knast bringen. Mir ist all das klar, und ich will es nicht schönreden. Aber es ist eben nur eine Seite Chinas, die mir jedes Mal begegnet, wenn ich eine der heißbegehrten deutschen Zeitschriften lese. Und diese eine Seite wird dem Land bei weitem nicht gerecht.

ᴍᴀɪ ɪɪ

Neustart

Wer nichts verändern will,
wird auch das verlieren, was er behalten will.

Unser neues Haus liegt auf der anderen Seite der Yan'An
Road, der achtspurigen Hochstraße, die die Stadt von Ost
nach West durchtrennt. Auf dem Weg zum Kindergarten
muss ich nun jeden Morgen meine persönliche Hassstraße
unterqueren. Vorsorglich habe ich Amélie und mir bereits
einen kleinen Mundschutz besorgt, denn je nach Ampel-
schaltung setzt bei uns beiden nach drei Minuten Wartezeit
ein gemeiner Reizhusten ein. Ich muss oft daran denken,
wie wir letztes Jahr das erste Mal mit unseren Fahrrädern,
frisch aus dem Container, auf die Yan'An Road stießen. Wir
wollten in ein Möbelgeschäft auf der anderen Seite, und ich
war so panisch, dass ich Tobi nötigte, beide Fahrräder samt
Amélie über die Fußgängerbrücke zu tragen. Natürlich hin
und zurück. Ich konnte ihm leider nicht helfen, denn mein
Rücken war noch steif von den Leihmatratzen.

Abgesehen von dem Standortnachteil ist das neue Haus
fast zu schön, um wahr zu sein. Es ist wie fast alle Lane-
Häuser hoch und schmal gebaut und hat einen kleinen ver-
wunschenen Garten. Heute Nacht haben wir uns zur Ein-
weihung erst einmal bei den Nachbarn unbeliebt gemacht.
Das kam so: Unsere Vermieterin hat eine Alarmanlage ein-
bauen lassen, deren Bedienung mir fünf Männer in Anzug
und Krawatte, ein Ingenieur im Blaumann und eine Dame in
Kostüm von der Firma »Secom« erklären sollten. Sie standen in unserem Wohnzimmer zwischen Umzugskartons

aufgereiht wie die Orgelpfeifen, als wäre dies ein Staatsempfang. Die Dame verteilte blaue Plastiküberziehschuhe, dann schritten sie feierlich zum Display der Anlage. Der Ingenieur führte stolz alle Sicherheitszonen vor, die auf dem Display rot leuchteten, sobald die Dame im Kostüm hüpfend und klatschend in Highheels den jeweilige Bereich des Hauses durchquerte. Die fünf Herren im Anzug nickten und notierten was auch immer in ihren Notizbüchern.

Dann belehrte mich der Engineer über die Fernbedienung: roter Knopf gleich scharf stellen, grüner Knopf gleich entschärfen. »*Nan bu nan?*« Schwierig, nicht schwierig? Ich schüttelte den Kopf und reckte meinen Daumen nach oben. »*Bu nan.*« Nicht schwierig. Der Mann musste Langnasen für sehr dämlich halten. Die fünf Herren klatschten.

Gerade als ich verstohlen nach einer versteckten Kamera suchte – wer weiß, am Ende gibt es auch eine chinesische »Verstehen Sie Spaß?«-Version –, sagte der Ingenieur: »Nun zweiter Teil. Wenn schlafen gehen, blauen Knopf drücken.« Damit wäre das System nur im ersten Stock aktiv. In China liegt der erste Stock im Erdgeschoss, unser erster ist also ihr zweiter, weshalb ich sicherheitshalber noch dreimal nachfragte, ob wir demnach außer dem Erdgeschoss alle anderen Stockwerke betreten dürften. Die Sicherheitsdelegation nickte, überreichte mir vier Fernbedienungen, sechs Visitenkarten und zwölf Plastikschuhbeutel und verabschiedete sich.

Nachts passiert dann das Unvermeidliche: Tobi muss pinkeln. Er tapert in die Toilette im zweiten Stock. Eine ohrenbetäubende Sirene ertönt, kurz darauf stehen alle Nachbarn sowie zwei Sicherheitsleute in unserem Haus. Die Firma habe sich überlegt, dass es doch sicherer sei, nachts alle Stockwerke scharf zu schalten, und das System umgestellt. Sorry, very sorry, erklärt die Hausverwaltung am nächsten Tag.

Mittags fahre ich zu unserem alten Haus, um unsere Putz-sachen zu holen und unserer Ayi Xiao Chen zu kündigen. Ich werde ihr nicht die Wahrheit sagen, damit sie ihr Gesicht nicht verliert. Was soll ich ihr auch sagen? Dass ich ihr übellauniges Wesen nicht mehr ertrage? Dass ich jetzt, wo das zweite Shanghai-Jahr anbricht, keine Kompromisse mehr will? Ich erfinde eine dumme Ausrede und gebe ihr einen Bonus-Wochenlohn zum Abschied. Sie nimmt das Geld, ohne mit der Wimper zu zucken, packt ihren Kamm, ihr Shampoo und ihren Elektrorad-Akku und sagt mit dem gleichen aufgesetzten Grinsen wie jeden Tag: »Bye bye.« Weg ist sie. Ich atme tief durch. Tabula rasa, Neustart, noch mal alles von vorn, ein großartiges Gefühl. Bis wir eine neue Ayi gefunden haben, werde ich selbst putzen und bügeln.

Tatsächlich habe ich ganz vergessen, wie gut so ein Bügeleisen in der Hand liegt. Es gleitet lautlos über den Stoff, liefert sofort Erfolgserlebnisse und hat etwas sehr Meditatives. Warum habe ich Bügeln in Deutschland eigent-lich so gehasst? Wir haben Halbzeit. In einem Jahr werden wir wieder in unserer Alstertal-Idylle in Hamburg sitzen, und kein Recyclingmann wird mehr vor unserem Garten klingeln und scheppern. Wir werden unseren Müll wieder in drei verschiedene Tonnen sortieren, statt den Beutel mit Schwung vor die Tür zu werfen; und Fang wird nicht mehr morgens vor der Tür stehen und von seinem ungeliebten Hund, seiner Freundin oder dem letzten Online-Game er-zählen. Wir werden wieder selbst Auto fahren, am Wochen-ende Laub harken, morgens joggen gehen, und Amélie wird mit dem Fahrrad am Alsterlauf fahren können, ohne von verrückten Taxifahrern überrollt zu werden. Unsere Nach-barn werden nicht draußen sitzen und Mahjong spielen, sondern sich aufregen, wenn wir sonntags Rasen mähen.

Wir werden mit offenem Fenster schlafen, statt den Air Cleaner anzustellen, Leitungswasser trinken und weiße statt gelber Wäsche tragen. Und wir werden unsere Freunde um uns haben, abends ein Bier trinken gehen, statt zu skypen. Meine Augen werden feucht. Eine Mischung aus Heimweh, Vorfreude auf Hamburg und Traurigkeit, Shanghai dafür verlassen zu müssen, tropft zusammen mit chinesischer Wimperntusche aufs Bügelbrett.

Kai Strittmatter, der ehemalige China-Korrespondent der *Süddeutschen Zeitung*, gibt in seiner »Gebrauchsanweisung für China« den Tipp, bei China-Heimweh in die Garage zu gehen, den Motor anzustellen und tief einzuatmen. Ja, vielleicht werden wir das tun. Ich fürchte, es ist nicht nur die Wäsche, die sich hier gelb verfärbt. Wie viel China wird auf uns selbst abfärben? Werden wir dieselben sein, wenn wir zurückkehren? Ich weiß es nicht.

Als Tobi nach Hause kommt, hat er vier »Suntory«-Bierdosen in der Hand. Der Verkäufer des kleinen Büdchens vor unserer Gasse hat sein Sortiment schnell auf uns umgestellt. Am Umzugstag hatte er nur eine Bierdose kalt gestellt, der Rest des Kühlschranks war mit Cola und Eistee gefüllt. Am zweiten Tag waren es zwei Dosen, heute offensichtlich bereits vier. »Weißt du…«, sagt Tobi. Ich kenne diese Weißt-du-Sätze, sie verheißen selten etwas Gutes. Wir setzen uns in den Garten, öffnen zischend die Dosen, und Tobi beginnt von seinem Tag in der Firma zu erzählen. Sein Projekt, das im Grunde bereits fertig konzipiert war und kurz vor der Umsetzung stand, wurde umgeworfen. Das wundert mich nicht, denn das passiert bereits zum dritten Mal. Das Gesetz der drei Gleichzeitigkeiten (bauen, gleichzeitig einreißen und neu bauen) trifft offenbar nicht nur auf Baustellen, sondern auf den gesamten Arbeitsalltag in China zu. »Was bedeutet das für uns?«, frage ich ihn. »Dass wir nächstes Jahr nicht zurück nach Deutschland gehen. Wir bleiben noch ein Jahr länger in China.«

Ich muss schlucken. Also keine Halbzeit. Ist das jetzt gut oder schlecht? Ich kann mich nicht entscheiden. Vermutlich habe ich überall Heimweh. In Hamburg nach Shanghai, in Shanghai nach Hamburg. Das Reich der Mitte ist wohl irgendwo dazwischen.

Dank

Danke an Hanni und meinen Vater für ihre Unterstützung, an Stövesands für ihr grünes Sofa und noch viel mehr, an Tanja und Dorthe für Care & Pakete, an Steffi und Moni fürs Ertragen meines Gejammers, an Jochen, ohne den es weder Blog noch Buch gegeben hätte, und an die Damen vom Fußmassagesalon in der Anfu Lu.

Inhalt

»Man muss sich die Kunden des Aufbau-Verlages als glückliche Menschen vorstellen.«

SÜDDEUTSCHE ZEITUNG

Das Kundenmagazin des Aufbau Verlags finden Sie kostenlos in Ihrer Buchhandlung und als Download unter www.aufbau-verlag.de. Abonnieren Sie auch on-line unseren kostenlosen Newsletter.

Hong Ying
Die Konkubine von Shanghai
Roman
Aus dem Chinesischen von Claudia Kaiser
Ca. 400 Seiten. Gebunden
ISBN 978-3-351-03269-2

Ein großes Frauenschicksal in einer gefährlichen Welt

Cassia, ein armes Waisenmädchen vom Land, wird 1907 von ihrem Onkel an ein berühmtes Bordell verkauft. Obwohl sie dem Schönheitsideal der Zeit widerspricht, wird sie zur Geliebten Meister Changs, des Anführers der gefürchteten Triade von Shanghai. Nach seiner Ermordung bleiben ihr zwei Wege: ein Leben in Demut und Selbstverleugnung, oder eines voller Prunk, Macht und Leidenschaft.
Mit erzählerischer Kraft und freizügiger Erotik beschreibt Hong Ying den Aufstieg und Fall einer selbstbewussten Frau, die als berühmte Konkubine und Patin von Shanghai in die Geschichte einging.

»Hong Ying spinnt ein faszinierendes, bunt schillerndes Garn, das den Leser mit seiner Heldin fiebern lässt.«
INDEPENDENT ON SUNDAY

Mehr von Hong Ying:
Der chinesische Sommer. AtV 2089
Der Pfau weint. AtV 2317
Die chinesische Geliebte. AtV 2208
Tochter des großen Stromes. AtV 2408

Mehr Informationen erhalten Sie unter
www.aufbau-verlag.de oder in Ihrer Buchhandlung

Ricardo Coler
Das Paradies ist weiblich
Eine faszinierende Reise ins Matriarchat
Aus dem Argentinischen Spanisch von
Sabine Giersberg
165 Seiten. Gebunden
ISBN 978-3-378-01103-8

Im Reich der Frauen

Monatelang lebte der Journalist Ricardo Coler im Süden Chinas
unter den Mosuo, um zu erforschen, wie eine Gesellschaft funktioniert, in der die Frauen das Sagen haben. Mit Autorität und
Charme bestimmen bei den Mosuo die Frauen, wo es langgeht:
Sie arbeiten und tragen Verantwortung, sie stellen die Regeln
für die Gemeinschaft auf, sie werden zum Oberhaupt der
Großfamilie ernannt. Jeden Abend versammeln sich die Mosuo
an den Ufern des Lugo-Sees zu einem Tanz, bei dem die Frau
entscheidet, welcher Mann sie gegen Mitternacht aufsuchen darf.
Nie leben Männer und Frauen hier als Paar zusammen, und da
zur Familie nur zählt, wer blutsverwandt ist, wissen die Kinder
nicht, was ein Vater ist. In einer »Besuchsehe«, wie die Mosuo
eine Liebesbeziehung nennen, sind Eifersucht, sozialer Druck und
Enttäuschungen unbekannt. Dieses Buch entführt seine Leser in
die wunderbare Welt einer Gemeinschaft, die eine überraschend
konfliktfreie Ordnung gefunden hat.

»Ein absolut mitreißender Bericht.« ELLE

Mehr Informationen erhalten Sie unter
www.aufbau-verlag.de oder in Ihrer Buchhandlung

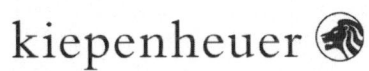